Alexander Osang hat sich mit seinen hintergründigen und pointierten Reportagen ein großes Publikum erobert. In diesem Auswahlband beschreibt der preisgekrönte ›Spiegel‹-Journalist vor allem Menschen, die von einem Neuanfang träumen. Er porträtiert den Schauspieler Ulrich Mühe, der nie seiner ostdeutschen Vergangenheit entfliehen konnte, oder den Musiker Cat Stevens, der sein Heil in einer neuen Religion sucht. Er beobachtete Jürgen Klinsmann als Trainer des FC Bayern München und Angela Merkel bei ihren ersten Schritten in die Politik. Aber auch Menschen wie den Pforzheimer Zuhälter, der als vielfacher Millionär endlich aus dem Rotlicht treten will, deutsche Rentner, die in Thailand das Paradies suchen, oder die junge Frau aus Thüringen, die in Kalifornien zum Pornostar wird.

Alexander Osang, geboren 1962 in Berlin, studierte Journalistik in Leipzig und arbeitete nach der Wende als Chefreporter der Berliner Zeitung. Für seine Reportagen erhielt er mehrfach den Egon-Erwin-Kisch-Preis und den Theodor-Wolff-Preis. Nach sieben Jahren als Reporter für den ›Spiegel‹ in New York lebt er heute wieder in Berlin. Alexander Osangs erster Roman ›die nachrichten‹ wurde verfilmt und mit zahlreichen Preisen, darunter dem Grimme-Preis, ausgezeichnet. Im S. Fischer Verlag und Fischer Taschenbuch Verlag liegen darüber hinaus vor die Romane »Lennon ist tot« und »Königstorkinder« sowie die Glossensammlung »Berlin – New York«.

Weitere Informationen finden Sie bei www.fischerverlage.de

Alexander Osang

Im nächsten Leben

Reportagen und Porträts

Fischer Taschenbuch Verlag

Veröffentlicht im Fischer Taschenbuch Verlag,
einem Unternehmen der S. Fischer Verlag GmbH,
Frankfurt am Main, September 2012

Lizenzausgabe mit freundlicher Genehmigung
des Christoph Links Verlags, Berlin
© Christoph Links Verlag GmbH, 2010

Druck und Bindung: CPI – Clausen & Bosse, Leck
Printed in Germany
ISBN 978-3-596-19416-2

Inhalt

Die ewigen Jagdgründe
Ein Vorwort
— 9 —

Das Leben neben dem anderen
*Wie der Schauspieler Ulrich Mühe selbst im tiefen
Westen den Osten nicht hinter sich lassen konnte*
— 20 —

Die lange Flucht
*Wie eine Gruppe New Yorker nach dem 11. September
nicht mehr ganz so weiterleben wollte wie zuvor*
— 33 —

Die Schläferin
*Wie Angela Merkel sich einst entschied,
ein Leben in der Politik zu beginnen*
— 53 —

Hunderttausend Dollar, plus Spesen
*Wie der amerikanische Spin Doctor George Gorton
vom Politiker zum Politikerverkäufer wurde*
— 74 —

Tod im Paradies
*Wie deutsche Rentner in Thailand
ihrem Alter entfliehen wollen*
— 87 —

Die Erziehung des FC Bayern

*Wie der Fußballspieler Jürgen Klinsmann
als Trainer zum deutschen Meister zurückkehrte*

— 100 —

Pamelas Prinz

*Wie der Zuhälter Markus versucht,
dem Rotlicht zu entkommen*

— 110 —

Deutsche Mädels sind zuverlässig

*Wie eine Studentin aus Jena in Los Angeles
zur Pornodarstellerin wurde und sich mehr
um das HIV-Virus als um Prüfungen sorgen muss*

— 121 —

Beer Forever

*Wie ein paar deutsche Aussteiger auf der
Trauminsel Phi Phi von der Tsunamiwelle
vorübergehend aus ihrem Traum geschreckt wurden*

— 132 —

Der diskrete Charme der Bourgeoisie

*Wie zugezogene Millionäre der Stadt Potsdam
nach und nach einen neuen Geist einhauchen*

— 143 —

Der ewige Krieg

*Wie amerikanische Soldaten aus fünf Jahrzehnten
jede Woche darum kämpfen, Frieden zu finden*

— 157 —

Der Fluch der Teppiche

*Wie der Münchener Kunsthändler
Eberhart Herrmann in seinem neuen Leben beweisen will,
dass er in seinem alten nicht verrückt war*

— 176 —

Der Hollywoodreporter

Wie sich der Journalist Tom Kummer erfand

— 190 —

Mauermädchen

*Wie zwei Berlinerinnen,
die am 9. November 1989 geboren wurden,
langsam in ihrem eigenen Leben ankommen*

— 201 —

Vater und Sohn

*Wie Cat Stevens als Yusuf Islam
unentwegt die Welt rettet*

— 212 —

Das Irrenhaus von Friedrichshagen

*Wie sich ostdeutsche Eltern
eine Traumschule zusammenbauten,
in der es ihre Kinder einmal besser haben sollen*

— 218 —

Das macht der Onkel allein

*Wie der Boulevardjournalist Josef Depenbrock
einmal die Zukunft der Tageszeitung retten wollte*

— 229 —

Die deutsche Maschine

*Wie Wissenschaftler, Archivare und Politiker
darum ringen, welches Bild man
im nächsten Leben vom vorigen hat*

— 241 —

Quellennachweis

— 253 —

Die ewigen Jagdgründe

Ein Vorwort

Vor zweieinhalb Jahren fragte mich der Berliner Regisseur Carsten Fiebeler, ob ich Lust hätte, gemeinsam mit ihm einen Indianerfilm zu schreiben. Ich war gerade aus New York zurückgekehrt, wo ich sieben Jahre gelebt hatte, und dachte, da gäbe es womöglich einen Zusammenhang. Im Grunde war der letzte Mohikaner ja durch die Wälder New Yorks gestreift wie ich. Carsten Fiebeler aber wollte einen Film darüber machen, wie man in den immer schneller werdenden Zeiten in Würde altern kann, sagte er. Zwei alte Indianer sollten gemeinsam zu einer letzten Reise aufbrechen. Die beiden kämen aus verschiedenen, verfeindeten Stämmen. Sie waren von der Jugend verstoßen worden, eine Notgemeinschaft, die sich auf dieser Reise näherkäme. Es sollte ein Film werden, in dem es um Herkunft und Stolz und den Tod geht. Die Hauptrollen sollten die beiden größten Indianer spielen, die das deutsche Kino je hervorgebracht hat, sagte Carsten Fiebeler.

Gojko Mitić und Pierre Brice.

In diesem Moment ahnte ich, wieso er auf mich gekommen war. Es hatte ganz sicher nichts mit den Wäldern New Yorks zu tun.

»Gojko und Winnetou. Verfeindete Stämme. Denkt man da nicht sofort wieder nur an eine Ost-West-Geschichte?«, sagte ich.

»Nicht nur«, sagte Carsten Fiebeler.

Wir saßen im Garten des Restaurants »Brot & Rosen« am Friedrichshain, ab und zu platterte ein sanfter Schuttregen auf den Baldachin über unseren Köpfen, der Hausbesitzer baute das Dachgeschoss aus, von dem aus man sicher einen wunderbaren Blick über die ganze Stadt haben würde. Das Viertel hatte sich in der Zeit, in der ich in Amerika war, komplett verändert. Es gab jetzt zehnmal so viele italienische Feinkostläden und Kinderwagen wie vor meiner Abreise, und im vietnamesischen Lebensmittelladen lag die Wochenendausgabe der *New York Times*. Ich sah auf den Volkspark Friedrichshain, durch den ich als Junge mit Pfeil und Bogen gerannt war. Der Bogen war aus Haselnussholz gewesen, im Pfeil steckte eine lange Stricknadel, die ich meiner Mutter geklaut hatte. Im Sommer schossen wir mit unseren Stricknadelpfeilen auf die verlassenen Wagen des Zirkus Aeros, die auf einem großen Platz hinter unserem Wohngebiet abgestellt worden waren. Dort waren meine Jagdgründe. Ich war klein, dick und sommersprossig, im Herzen aber eine Rothaut. Einmal hätte ich in dieser Rolle Andreas Hohensee aus dem Nebenaufgang unseres Wohnblocks mit meiner Stricknadel fast ein Auge ausgeschossen. Ich sehe noch heute meinen Pfeil, der knapp neben Andreas' Kopf im Zirkuswagenholz zitterte. »Sag' ma, spinnst du oda wat!«, schrie Hohni, wie wir ihn nannten. Ich sah ihn mitleidlos an. Die Sonne brannte auf den Prenzlauer Berg, wir waren zehn oder elf, Charaktere wie aus dem »Herrn der Fliegen«.

Carsten Fiebeler erzählte von einer deutschen Indianerbegeisterung, die weltweit einmalig sei und erstmal nichts mit Ost und West zu tun habe. Ähnlich wie den Italowestern gab es ja den deutschen Indianerfilm, ein eigenes Filmgenre sozusagen. In den deutschen Wildwestgeschichten sind fast immer die Indianer die Helden, sagte Fiebeler, der, wie mir auffiel, selbst ein wenig aussah wie ein älter gewordener Indianer.

Ich dachte darüber nach, wie schnell Pierre Brice und Gojko Mitić momentan aufs Pferd kamen. Es war doch schon sehr lange her. Meine Liebe zum DEFA-Indianerfilm erlosch vor etwa 40 Jahren, als Gojko Mitic nicht mehr Phantasieindianer spielen durfte, sondern nur noch historisch verbürgte Charaktere wie Tecumseh und Osceola, die sich, wie wir, mit dem US-amerikanischen Imperialismus auseinandersetzen mussten. Bis dahin aber hatte ich mich auf jeden Indianerfilm gefreut wie auf Weihnachten. Ich renne heute nicht mehr mit Pfeil und Bogen durch den Park, ich spiele jetzt dort Tennis. Der Indianer in mir war ein wenig hüftsteif geworden, aber er trieb mich immer noch um die Welt. Womöglich konnte ich von den beiden Alten lernen, wo die Reise hinging.

Ja, sagte ich, das interessiert mich sehr.

Wir fingen damit an, dass wir die große Karl-May-Ausstellung besuchten, die gerade im Deutschen Historischen Museum stattfand. Ich lief zwischen den Tipis, Indianerhauben, Fransenwesten und Phantasiewaffen hin und her, dem Bärentöter und der Silberbüchse, ich sah mir die Fotos von Karl May an, las die Briefe und betrachtete die Buchumschläge. Am Ende seines Lebens konnte Karl May das Land seiner Träume schließlich bereisen. Er durchquerte den Staat New York und schaffte es bis zu den Niagarafällen. Kurz danach verlor er den Verstand.

Manchmal denke ich, mir geht es genauso.

Als Junge habe ich Amerika, ähnlich wie Karl May, nur im Geiste bereist. Ich habe Mark Twain verschlungen, Raymond Chandler, Salinger, Updike und Kerouac. Aus dem, was ich dort las, aus dem, was ich im großen amerikanischen Verschwörungskino der 70er Jahre sah, den »Drei Tagen des Condor«, dem »Marathonmann« und dem »Unternehmen Capricorn«, und aus dem, was ich bei Bob Dylan, Lynyrd Skynyrd und Bruce Springsteen hörte, habe ich mir ein Bild vom gelobten Land gebastelt. Ich saß in meinem Ostberliner Kinderzimmer und starrte stundenlang auf das Cover der AMIGA-Lizenzplatte von Simon & Garfunkel. Die Schuhe und die Hosen, die die beiden trugen, der Maschendrahtzaun, vor dem sie saßen, das Licht, so stellte ich mir das vor: The Only Living Boy In New York. Das waren die Bilder, die ich hinter der Mauer vermutete. Ein staubiges Paradies. Entsprechend überrascht war ich, als ich im November 1989 zum ersten Mal Westberlin sah, wo es praktisch gar keinen Staub gab. Und auch Amerika, das ich erstmals im Sommer 1990 bereiste, hatte es nicht leicht, mit meinen Erwartungen mitzuhalten.

Aber mit der Zeit fand ich dort, was ich im Osten zunehmend vermisste. Alles war unfertig, weich, im Übergang, und so schien auch alles möglich.

Eine der ersten Geschichten, die ich in Amerika schrieb, handelte von einem Sioux-Indianer namens Mark White Bull. White Bull lebte in einem Reservat in South Dakota und hatte schon eine Menge hinter sich. Er war als junger Mann zu seiner großen Liebe, einer Pueblo-Indianerin, nach New Mexico gezogen, sie heirateten, bekamen drei Kinder, bei der Geburt des vierten fiel seine Frau ins Koma. Sie lag, an Maschinen angeschlossen, in einem Krankenhaus in Albuquerque, New Mexico. Anfangs besuchte White Bull sie dort, dann hielt er es nicht mehr aus. Er fing an zu trinken, und weil auch das nichts half, zog er mit seinen vier Kindern auf die andere Seite des Landes und begann in seiner alten Heimat Dakota ein neues Leben. Er hörte auf zu trinken, half anderen Indianern dabei, ihre Alkoholsucht mit traditionellen, indianischen Zeremonien zu bekämpfen, er ließ sich von seiner schlafenden Frau scheiden, heiratete neu, wurde Chef des Reservates, zog seine Kinder groß, ließ sich noch mal scheiden, heiratete noch mal. Nach 16 Jahren erwachte seine Exfrau plötzlich aus dem Koma und fragte nach ihm und den Kindern. Er reiste zurück in sein altes Leben und versuchte, sich angemessen zu verhalten.

In den Jahren, die ich in New York zubrachte, fühlte ich mich wieder wie ein Junge. Ich hatte das Gefühl, nicht zu altern, nichts zu verpassen. Man kann gut in so einem Gefühl hängenbleiben, ein Leben auf der Schwelle zum nächsten Leben. Ich kenne eine ganze Menge New Yorker, denen das so geht. Irgendwann gehen wir vielleicht zurück, sagen sie, aber jetzt noch nicht, morgen noch. Morgen fängt es an, das neue Leben. Deutsche sind, glaube ich, besonders empfänglich für diese Art von Leben, vielleicht weil wir so viel haben, was wir zurücklassen können, vielleicht auch, weil wir zuhause so wenig Zuspruch bekommen, wenn wir etwas Neues ausprobieren wollen. Ich kenne einen Malermeister aus Berlin-Mitte, der vor fünfzehn Jahren nach New York ging. Er hat dort in der ersten Woche seinen Pass verloren und kann deshalb nicht zurück, sagt er. Er schlägt sich mit Gelegenheitsjobs durch, wohnt in Absteigen oder bei älteren Damen, die sich irgendetwas von ihm versprechen. In seiner Freizeit trägt er Cowboysachen. Ein Ostberliner Buffalo Bill. Ich weiß nicht genau, wovor er wegrennt, aber nachdem ich einmal anbot, ihm beim Konsulat mit dem Pass zu helfen, hat er sich nie wieder bei mir gemeldet.

Ich ging nach Amerika, weil ich den Osten hinter mir lassen wollte. Ich hatte zehn Jahre lang Geschichten über die Probleme der Ostdeutschen bei der Wiedervereinigung geschrieben. Ich hatte das Gefühl, mich im Kreis zu drehen. Amerika sollte mich retten. Ich reiste kreuz und quer durch das Land, beschrieb seine Politik, seine Kriege, seine Stars und seine Katastrophen. Es ging immer weiter.

Amerika ist ein ewiges Versprechen auf einen Neuanfang. Manchmal erinnert mich das Leben dort an die Nachmittage meiner Kindheit, an denen ich stundenlang im Coverfoto einer alten Langspielplatte verlorenging. Irgendwann schaut man auf, und es ist dunkel.

Die erste Geschichte, die ich schrieb, nachdem ich wieder in Berlin war, handelte vom Schauspieler Ulrich Mühe, der nach der Wende in den Westen ging, um ein neues Leben zu beginnen. Er zog nach Salzburg, nach Hamburg und schließlich nach Berlin-Charlottenburg, ließ sich von seiner ostdeutschen Frau scheiden, heiratete eine westdeutsche, er wurde ein gesamtdeutscher Star und stand auf der Schwelle zu internationalem Ruhm. 16 Jahre nach dem Mauerfall erzählte er in einem Interview, dass seine ostdeutsche Exfrau, die im Sterben lag, einst für die Staatssicherheit gearbeitet hätte. Daraufhin brach ein Sturm der Entrüstung los, in dem Stimmen aus seinem alten und seinem neuen Leben durcheinanderschrien. Ulrich Mühe blieb stehen und versuchte, sich angemessen zu verhalten.

Wir besuchten Gojko Mitić in Schwerin, wo er am Landestheater den Chief Bromden in »Einer flog übers Kuckucksnest« spielte. Das Theater war voll, vor der Bühne hing ein Gitter, Gojko Mitić trug eine lange, graue Perücke. Er wischte den Anstaltsboden, schwieg und riss am Ende ein Waschbecken aus der Verankerung. Er machte das, was die Rolle verlangt, Chief Bromden spricht nicht viel. Nach der Vorführung tranken wir noch einen Kaffee in der Theaterkantine, wo wir McMurphy trafen, den Schauspieler Thorsten Merten, der bei Carsten Fiebeler in der Straße wohnt. Die Filmwelt ist winzig. Gojko erhielt

Blumen von drei älteren Damen, die vor dem Theater auf ihn warteten. Drei Squaws aus Schwerin. Dann fuhren wir los. Carsten nahm auf dem Beifahrersitz von Gojkos altem Mazda Platz, ich fuhr in meinem Auto hinterher.

Es war eine sternenklare Nacht, Gojko kannte den Weg, natürlich. Zunächst verirrten wir uns in der Innenstadt, die Straßen wurden immer enger, es gab überall Baustellen, es war stockdunkel, und irgendwann standen wir auf einem Hof zwischen lauter Betonmischern und Mauern. Wir stiegen aus und sahen uns nach einem Ausweg um, aber da war keiner. Ich bot an, mein Navigationssystem einzuschalten. Doch Gojko, Chingachgook, die große Schlange, schüttelte nur den Kopf. Er trug eine riesige Brille, die seinen Blick milchig machte. Wir verließen den Hof, irrten noch ein wenig durch die schöne Altstadt von Schwerin und erreichten über dunkle Straßen irgendwann ein Neubaugebiet, das aussah, als gehöre es gar nicht mehr richtig zur Stadt, fünfstöckige Häuser, wie sie in den 60er und 70er Jahren gebaut wurden. Gojko Mitic fuhr zügig die Straßen entlang, bog mal hier ab, mal da. Als wir zum dritten Mal an derselben Kaufhalle vorbeifuhren, hielten wir an. Ich stieg aus und bot noch mal an, mein Navigationssystem einzuschalten und vorzufahren. Carsten Fiebeler lächelte schief, es war kurz nach eins. Gojko schaute mürrisch hinter den großen Brillengläsern, gerade hatte er noch McMurphy gerächt und war aus einer gut bewachten amerikanischen Irrenanstalt geflohen, jetzt saß er hier in einem ostdeutschen Neubaugebiet fest. In den Häusern erloschen die letzten Lichter, Gojko schaute nicht zu den Sternen, er studierte seinen Autoatlas. Er erinnerte nun mehr an einen Onkel aus den »Sopranos« als an einen Indianer. Wir drehten noch eine Runde, blieben wieder stehen, schwiegen. Irgendwann fummelte Gojko Mitić ein Navi aus seinem Handschuhfach, steckte es an und fuhr los. Der weitspähende Falke folgte der Frauenstimme aus dem leuchtenden Kasten. Sie brachte ihn nach Haus.

Pierre Brice trafen wir ein paar Wochen später im Literaturhaus in der Berliner Fasanenstraße. Er trug eine riesige Goldrandbrille und einen Zweireiher, er war braungebrannt. Nichts an ihm erinnerte noch an Winnetou, den Apachen-Häuptling, er sah aus, als sei er in der Rolle aus dem Schloss am Wörthersee zu Stein erstarrt, sein letzter großer Erfolg in Deutschland. Er hatte einen Manager mitgebracht, seine Ehefrau und lächelte entspannt. Morgen würde er in der französischen Botschaft zum Ritter der Ehrenlegion ernannt werden. Das machte es für ihn, glaube ich, noch schwerer, gleichberechtigt an der Seite von Gojko Mitić aufzutreten, dem Mazdafahrer aus Berlin-Köpenick. Winnetou, so schien es, hatte Angst um seinen Ruf. Bevor Gojko Mitić als DEFA-Indianer Karriere machte, spielte er auch mal in einem Winnetoufilm mit, ein ernsthafter, junger Krieger mit gewaltigem Brustkorb, der sich, anders als Winnetou, gern mit freiem Oberkörper präsentierte, aber bald sterben musste. Mitić ist gut zehn Jahre jünger als Brice. Nach der Wende übernahm er dessen Rolle als Winnetou in Bad Seegeberg. Brices Frau flüsterte mir zu, dass sie Mitić Indianerinterpretation für zu proletarisch halte, zu derb.

Pierre Brice selbst hatte auf ein paar Bögen Papier niedergeschrieben, wie er seine Rolle als alternder Indianer anlegen würde. Es schlug einen imposanten geschichtlichen Bogen. Er hatte die Geschichte in die amerikanischen Befreiungskriege zwischen Franzosen und Engländern eingepasst. Er selbst spielte eine große historische Figur zwischen den Kampflinien, den zweiten Indianer, Gojko, gab es in Brices Skript praktisch nicht mehr. Er war verdampft. Winnetou hatte seinen roten Bruder verschwinden lassen.

Carsten Fiebeler, der Regisseur, lächelte freundlich und schief, so ähnlich wie er ein paar Wochen zuvor auf dem Beifahrersitz von Chingachgook gelächelt hatte.

Ich saß auf meinem Stuhl im Literaturhaus in der Fasanenstraße, wo Westberlin praktisch noch unberührt von den Barbaren aus dem Osten vor sich hindämmert, und suchte im zufriedenen Gesicht von Pierre Brice nach Winnetou. Ich stellte ihn mir mit langen Haaren vor, aber während Gojko mit seiner grauen Perücke wenigstens noch wie ein alt gewordener, aber durchtrainierter Transvestit ausgesehen hatte, würde Winnetou hier aussehen wie ein Golden Girl. Die wahren Indianer erkennt man im Alter, glaube ich.

Es gibt keine Weißen, die glaubhaft einen Indianer spielen können. Man muss sich nur die Galerie derer anschauen, die es versucht haben. Selbst harte Kerle wie Burt Lancaster, Charles Bronson, Gregory Peck und Mario Adorf sehen aus, als haben sie sich für den Studentenfasching verkleidet.

Vor ein paar Jahren habe ich in einem feinen New Yorker Hotel mal Tommy Lee Jones interviewt, der in »The Missing« einen alten weißen Mann spielte, der zwischen Indianern lebte. Jones hat eine Großmutter, die Cherokee war. Im Film sieht er mit seinen Haarverlängerungen und Federn aus wie ein weißer Mann, aber in seinen Adern fließt Indianerblut. Er trug blank geputzte Schuhe, ein blütenweißes Hemd und ein 2000-Dollar-Anzug, aber seine Augen waren schwarz. Tommy Lee Jones hatte in Yale studiert, wo er mit Al Gore ein Zimmer teilte, er hatte in New York gewohnt, wo er am Broadway Theater spielte, und war dann für ein paar Jahre nach Los Angeles gezogen, um im Film Karriere zu machen. Irgendwann aber hatte er dieser Welt den Rücken gekehrt und war in die Berge von Texas zurückgekehrt, aus denen auch seine Großmutter stammte. Dort lebte er immer noch auf einer Ranch. Ganz in der Nähe spielte auch der Film »The Missing«, und ich dachte, wir könnten über all das ein bisschen reden.

Spielte Ihre Großmutter eine große Rolle in Ihrem Leben?

Sie ist meine Großmutter, sagt er.

Und Texas?

Das ist meine Heimat, sagt er.

Und warum lieben Sie es?

Es ist meine Heimat.

Tut es Ihnen da nicht weh, dass es so einen schlechten Ruf hat?

Hat es das? Bei wem denn?, fragte Tommy Lee Jones.

Na zum Beispiel in Deutschland, wo ich herkomme. Es steht so für die Mentalität von Präsident Bush, wissen Sie.

Tommy Lee Jones sah mich einen Moment aus seinen tiefschwarzen Augen an, dann sagte er: Es ist mir ziemlich egal, was Ihre Leute so denken. Ich betreibe ja kein Reisebüro oder so was.

Damit war das Gespräch im Grunde beendet. Wir redeten noch eine Weile weiter über Haarverlängerungen und die Reitkünste von Cate Blanchett, die im Film seine Tochter spielte, aber das war nur Konversation. Tommy Lee Jones hatte sich meinen Scalp geholt. Er war ein Indianer, ich war ein romantischer Deutscher auf der Suche nach der großen, endlosen Weite.

Ich schaute mir drei Mal hintereinander »Erbarmungslos« mit Clint Eastwood an. Ein Film über alt gewordene Cowboys, denen es nicht mehr leichtfällt, aufs Pferd zu kommen. Sie müssen immer weiter reiten. Ihre Umgebung zwingt sie dazu. Ging es nicht den beiden alten Indianern genauso? Weil wir Deutschen selbst ein bisschen blass sind, haben wir uns unsere Indianer im Süden gesucht, wo wir die Leidenschaft vermuten, und sie dann eingedeutscht. Gojko Mitić ist ein Serbe mit deutschem Pass. Pierre Brice hat sich seinen französischen Ritterorden in Berlin verleihen lassen. Sie sind zwei Spielzeugindianer, die in den Kalten Krieg geraten sind. Sie kämpfen einen Kampf, der nicht ihr Kampf ist, sondern unser.

Ich hoffe für sie, dass in den ewigen Jagdgründen nicht deutsch gesprochen wird.

Ich hatte immer gedacht, dass etwas Neues beginnt, wenn ich mit meiner Amerikaerfahrung nach Deutschland zurückkehre, aber das ist nicht passiert. Ich bin in den letzten Jahren nur selten gefragt worden, was ich aus New York mit nach Berlin bringen konnte, die meisten fragen, ob ich mich wieder gut eingewöhnt habe. Sie haben sorgenvolle Mienen. So, als sei ich nach sieben Jahren aus dem Gefängnis entlassen worden. Neulich hat mir nach dem Fußballspielen ein uralter Kollege in der Umkleidekabine gesagt, er freue sich schon darauf, endlich wieder Texte von mir zu lesen, die hier spielen, bei uns. Dann erzählte er begeistert von einem Programm des Ostberliner Kabaretts »Die Distel«, das er gerade besucht hatte.

In der »Distel« hatte die allerletzte Reportage gespielt, die ich vor zehn Jahren geschrieben hatte, bevor ich das Land verließ. Sie hieß: »Die letzte Akte«, handelte von der Stasi-Tätigkeit der Kabarettistin Gisela Oechelhäuser und sollte einen Schlussstrich ziehen unter mein altes Leben. Sieben Jahre später, am Tag, an dem ich wieder in Deutschland landete, erreichte mich die Einladung zu einer Talkrunde über die Novellierung des Stasiunterlagengesetzes. Ich bin nicht hingegangen. Ich habe nicht mal geantwortet. Aber nicht, weil ich ein neuer Mensch geworden war. Ich war bockig.

Im vorigen Jahr bekam ich bestimmt zwanzig Einladungen, an irgendwelchen Gesprächsrunden zum 20. Jubiläum des Mauerfalls teilzunehmen, und nur eine einzige zum achten Jahrestag des 11. September 2001, als ich in Manhattan in der schwarzen Wolke des einstürzenden World Trade Center stand.

Ich nahm nur die Einladung am 11. September an, weil ich nicht als Ostdeutscher in die Geschichte eingehen will. Sie stammte von der Talkshow »Dickes B.«, die das rbb-Fernsehen aus dem Tipi am Kanzleramt überträgt. Außer mir saßen noch die Komiker Kurt Krömer und Dieter Hallervorden in der Runde sowie der Sänger der Gruppe »Sportfreunde Stiller«, eine Schauspielerin, die im Film »Maria, ihm schmeckt's nicht« mitspielte, und eine junge Frau, die ein Buch darüber geschrieben hatte, in welcher politischen Partei man am schnellsten einen Mann aufreißen kann. Kurt Krömer trug eine Trainingsjacke der polnischen Handballnationalmannschaft, weil er irgendeine lustige Reisereportage aus Polen vermarkten wollte. Alle vermarkteten irgendwas, ihre Bücher, ihre Filme, ihre Theater. Und ich? Ich vermarktete mich als Weltbürger. Ich wurde mit einem kleinen Filmbeitrag vorgestellt, in dem man noch mal sah, wie das World Trade Center zusammenbrach. Der Monitor, auf dem ich das sah, stand hinter dem Sänger der »Sportfreunde Stiller«, und ich glaube, in dem Moment begriff ich, dass man es nicht erzwingen kann. Die Komiker und die Katastrophe, das passte doch alles nicht zusammen. Und so redete ich mehr über meinen Polski Fiat, Angela Merkel und die Wahlen zur Nationalen Front als über den 11. September.

Nach der Show stand ich noch mit Dieter Hallervorden zusammen, der schon ein langes Künstlerleben hinter sich hat und dann doch wieder darüber reden musste, dass er als junger Mann einmal Walter Ulbricht erschießen wollte. Ich dachte daran, wie ich als junger Mann einmal Helmut Kohl erschießen wollte. Wir haben es beide nicht getan. Dieter Hallervorden gründete stattdessen eine Show mit dem Namen »Nonstop Nonsens«, wo er Sketche aufführte, die »Palim, Palim« und »Die Kuh Elsa« hießen, er sang mit Helga Feddersen den Hit »Die Wanne ist voll«, zog sich später auf ein Schloss in der Bretagne zurück, aber das war auf Dauer auch nichts. Ich schrieb Reportagen über Probleme bei der deutschen Wiedervereinigung, zog mich später in ein Reihenhaus nach Brooklyn zurück, aber das war auf Dauer auch nichts. Hallervorden hatte seine Karriere in Westberlin begonnen, ich in Ostberlin. Wir waren zwei Mauerkinder. So standen wir beide hier und tranken Bier, im Tipi am Kanzleramt, dem größten deutschen Indianerzelt, das es gibt, zwei gescheiterte deutsche Attentäter, im Schatten der Mauer. Zwei Indianer aus verfeindeten Stämmen, die sich näherkamen.

Würden Sie auch mal eine Lesung bei mir im Schlossparktheater machen?, fragte mich Dieter Hallervorden.

Gern, sagte ich.

Ich bin irgendwann aus dem Indianerprojekt ausgestiegen, aber Carsten Fiebeler macht weiter. Wir treffen uns einmal die Woche auf ein Bier und reden über andere Filme, die wir zusammen machen können. Ich bin mir sicher, dass es irgendwann klappt, denn wir wollen eigentlich dasselbe. Eine Geschichte finden, die uns herausführt aus diesem Leben. Und so reiten wir weiter, immer weiter wie Chingachgook und Winnetou hinein in die endlosen Weiten der Ebene. Als deutsche Indianer wissen wir: Wild ist der Westen, und schwer ist der Beruf.

Das Leben neben dem anderen

*Wie der Schauspieler Ulrich Mühe
selbst im tiefen Westen den Osten
nicht hinter sich lassen konnte*

Als der Oscar spät in der Nacht die Feier über den Bergen Hollywoods erreicht, ist Ulrich Mühe schon fast auf dem Weg ins Bett. Der Oscar kommt in einer schwarzen Stretchlimousine und liegt in der Hand von Florian Henckel von Donnersmarck. Donnersmarck hüpft um das Auto, lacht und zerrt immer wieder Mitglieder der Filmcrew in seine Nähe und damit auf die Bilder der Fotografen und Kameramänner. Mehr als 50 Mitarbeiter von »Das Leben der Anderen« sind nach Los Angeles gekommen, um diesen Sieg zu feiern. Donnersmarck streckt die Arme nach ihnen aus, drückt sie, küsst sie, er weiß, dass er seinen Oscar mit ihnen teilen muss, und er weiß auch, dass das nicht geht.

Ulrich Mühe und seine Frau Susanne Lothar nähern sich der Traube um Donnersmarck und seinen Oscar von hinten. Susanne Lothar klopft dem großen Mann auf den Rücken seiner Smokingjacke. Donnersmarck merkt es nicht, er küsst gerade einen Direktor des Bayerischen Rundfunks. Susanne Lothar klopft stärker.

»Florian«, ruft sie.

»Lass ihn mal, Suse«, sagt Mühe und lächelt.

»Nee«, sagt Susanne Lothar.

Sie hat in dieser Nacht viel getrunken, gelacht und geweint, sie hat mehrfach gesagt, dass dieser Oscar auch ihrem Mann gehöre, einmal erklärte sie einer älteren Dame aus Süddeutschland: »Ulrich Mühe ist dieser Film.« Also klopft sie weiter auf den Smokingrücken, bis Donnersmarck sich endlich umdreht und auch Ulrich Mühe in seine Arme nimmt. Es gibt ein paar Fotos mit Regisseur und dem Hauptdarsteller, dann steigt Donnersmarck mit seinem Oscar die palmengesäumte Treppe hinauf zu der Villa eines deutschen Hollywood-Regisseurs, um mit den anderen zu feiern. Mühe und seine Frau steigen den Berg hinunter in die Stadt, um zu schlafen. Von hinten sehen sie nicht wie Gewinner aus, eher wie ein Paar, das einen langen Abend hinter sich hat.

Mühes ältester Sohn Andreas aber, der mit nach Los Angeles gekommen ist, sagt, dass er seinen Vater in dieser Nacht seit langer Zeit wieder einmal kraftvoll gesehen habe. Andreas Mühe ist Fotograf, er ist in Karl-Marx-Stadt geboren und in Ostberlin aufgewachsen, er hatte immer Kontakt zu Ulrich Mühe, auch nachdem der seine Mutter für die Schauspielerin Jenny Gröllmann verließ und Jenny Gröllmann für Susanne Lothar, er hat seinen Vater auch durch das vergangene Jahr begleitet. Er war schlapp im Kopf zum Schluss, sagt Andreas Mühe.

Ulrich Mühe hat dem deutschen Oscar-Film »Das Leben der Anderen« nicht nur sein Talent gegeben und nicht nur seine Zeit, das haben alle getan, die dem Film zum Erfolg verhalfen, Mühe hat sein Leben in diesen Film gesteckt. In einem Interview mit dem Regisseur Donnersmarck hatte er seine Ex-Frau Jenny Gröllmann als IM der Staatssicherheit bezeichnet. Es war eine Auskunft, die er von der Birthler-Behörde erhalten hatte, und es passte zum Film, der den Einbruch der Staatsmacht ins Private beschreibt.

Doch Jenny Gröllmann war todkrank, sie kämpfte um ihre Unschuld, und die Aktenlage war nicht so eindeutig, wie Mühe vorgab. Während Jenny Gröllmann im Sterben lag, führte Mühe einen Kampf mit deutschen Gerichten, um weiterhin behaupten zu können, was er für die Wahrheit hielt. Er verlor ihn. Er hätte ihn auch gar nicht gewinnen können, nicht mal, wenn er recht gehabt hätte. Kein Mann gewinnt einen Kampf gegen eine sterbende Frau.

Begleitet von dieser Ehetragödie, traten der Film und sein Hauptdarsteller ihren Weg nach oben an. Mühe wurde erst als bester deutscher und dann auch als bester europäischer Schauspieler ausgezeichnet. Zwischen beiden Ehrungen starb Jenny Gröllmann. Der Film mischte sich mit Mühes Leben. Seine Frau Susanne Lothar hat recht: Ulrich Mühe ist dieser Film.

»Dass ich den ungeheuren Triumph des Films nie reinen Herzens genießen konnte, ist natürlich bedauerlich. Der Erfolg war immer irgendwie angeknabbert«, sagt er. Es blieb noch die Hoffnung auf den Oscar, das Unvorstellbare. Vielleicht würde ihn Hollywood erlösen, die Liebe der ganzen Welt.

Am Freitagnachmittag, kurz nachdem Mühe in Los Angeles gelandet war, besuchte er mit seinem Regisseur das »Wendemuseum« von Culver City, wo ein paar fleißige Kalifornier Strandgut des Ostblocks zusammengetragen haben. In einem Lagerhaus zwischen zwei Autobahnen kann man hier riesige Ölgemälde mit ukrainischen Bäuerinnen bei der Getreideernte betrachten, Brigadetagebücher eines Frankfurter Rangierbahnhofs, den Spind und das Protokollbuch eines Offiziers der NVA-Grenztruppen sowie Büsten von Lenin, Thälmann, Ulbricht und Feliks Dzierzynski, oft mit abgeschlagener Nase. Donnersmarck gab eine kleine Pressekonferenz im Mobiliar einer Parteischule des Zentralkomitees. Damit man sich mal eine Vorstellung machen kann.

Mühe ist zum ersten Mal in Los Angeles. Er wartet still an der Tür, während Donnersmarck noch ein letztes Mal durch die Requisiten der untergegangenen Welt läuft. Mühe ist 14 Stunden um die Welt geflogen, und dann zeigen sie ihm hier zuallererst die Stullenbüchsen von DDR-Grenzern.

»Seltsam«, sagt er. »Fast unheimlich, das hier zu sehen.«

Ulrich Mühe sagt nicht viel auf den Empfängen, Preisverleihungen und Symposien, durch die sie ihn in den folgenden Tagen jagen, vielleicht liegt es am Englisch, aber sicher auch an Florian Henckel von Donnersmarck, der alles sagt.

Es ist nicht so, dass sich der große Mann in den Mittelpunkt drängt. Er ist der Mittelpunkt. Er ist charmant und schnell und selbstbewusst. Er weiß, was man in einer 45-Sekunden-Oscar-Dankesrede sagen kann, was in einer Live-Schaltung zum »heute-journal« und was zu einem aufgeregten spanischen Kamerateam. Er spricht Englisch, Französisch, Russisch, Italienisch und ein bisschen Spanisch. Wie amerikanische Spitzensportler erkundigt sich auch Donnersmarck immer erst nach dem Namen seines Gesprächspartners und vergisst ihn dann nicht mehr.

Ulrich Mühe beherrscht die meisten dieser Fähigkeiten nicht, und so steht er meist an der Seite und lächelt. Auf dem Empfang in der Residenz des deutschen Konsuls wartet er mit seiner Frau neben der Tür wie der Ostbesuch. Der Abend wird von Audi gesponsert, es sind also ein paar Automenschen da, ein paar Filmleute und Thomas Gottschalk.

Gottschalk sagt zu Ulrich Mühe: »Ja, hallo, der Mann sieht ja viel besser aus als im Film.«

Mühe lächelt scheu, seine Frau Susanne Lothar klammert sich in seine Armbeuge.

»Liegt vielleicht an der Jacke, die er im Film anhatte«, sagt Gottschalk, grinst und setzt sich an den Tisch, an dem auch Donnersmarck und der deutsche Konsul sitzen. An Mühes Tisch sitzen keine Prominenten. Später sagt ein deutscher Gast leise zu einem anderen: »Der Mühe ist mir unheimlich. Ich denke die ganze Zeit, der ist wirklich bei der Stasi.«

Am Tag vor den Oscars trifft Mühe zum traditionellen Oscar-Empfang in der Feuchtwanger-Villa Aurora ein, als Donnersmarck gerade weg ist. Mühe kommt zu spät zur Party, weil er im Gegensatz zu Donnersmarck keine Polizeieskorte gestellt bekam. Er isst etwas, gibt ein paar Interviews und möchte dann schnell zurück ins Hotel, um sich vor dem Sony-Empfang am Abend ein bisschen auszuruhen. Wir fahren in einem Mietwagen den langen, gewundenen Sunset Boulevard zurück nach West Hollywood, wo das Filmteam wohnt. In 24 Stunden ist die Oscar-Verleihung.

Mühe sagt, er wisse nicht, ob er und Sebastian Koch mit auf die Bühne gehen. Seine Frau und sein Sohn beschließen: Er muss mit auf die Bühne. Mühe nickt. Als wir durch Beverly Hills rollen, reden sie über die hohen Hecken, die Swimmingpools und die Schwierigkeiten der deutschen Stars, sich hier durchzusetzen.

»Es hat doch keinen Zweck hierherzugehen, um zu warten, dass sie auf dich aufmerksam werden«, sagt Susanne Lothar.

»Was willst du uns damit sagen, Suse?«, fragt Mühe.

»Dass es nur eine Handvoll Schauspieler gibt, die wirklich einzigartig sind. Die anderen sind einfach nur gut«, sagt sie.

Mühe sieht aus dem Fenster, irgendwann sagt er: »Ich würde hier gern vier, fünf Jahre leben und arbeiten.«

Ulrich Mühe wurde in Grimma geboren, einer sächsischen Kleinstadt zwischen Leipzig und Dresden, er lernte auf der Betriebsberufsschule »Makarenko« in Leipzig Baufacharbeiter mit Abitur. Matthias Oehme, der heute einen Verlag in Berlin leitet, war in seiner Klasse. Er erinnert sich, wie Mühe mörtelbeschmiert auf den Leipziger Baustellen erklärte, dass er Schauspieler werden wolle. Auf der Schauspielschule in Leipzig war Mühe ein heiterer, lustiger und fleißiger Student, sagt Heike Jonca, die damals in seinem Studienjahr war. Er habe viel Einsatz darauf verwandt, seinen sächsischen Akzent wegzuschleifen. Die beiden gingen zusammen ans Theater in Karl-Marx-Stadt, wo Mühes Talent schnell auffiel. Er war ein agiler, sehr körperbetont spielender Schauspieler, sagt Corinna Harfouch, die Mühe in Karl-Marx-Stadt traf.

Mühes erste Frau war Dramaturgin am Karl-Marx-Städter Theater, sie brachte Freunde wie Volker Braun und Christoph Hein mit in die Beziehung, sagt Heike Jonca. In Berlin wurde Mühe an der Volksbühne, am Deutschen Theater und später auch beim Film zum Star. Ulrich Mühe heiratete Jenny Gröllmann, deren Poster über seinem Bett gehangen haben soll, als er ein Teenager war. Sie bekamen eine Tochter und galten als Traumpaar des DDR-Films. Sie zogen ins Nikolaiviertel, wo auch Markus Wolf lebte.

Ab Mitte der achtziger Jahre durfte Mühe auch in den Westen reisen. In einem Gespräch mit dem *Neuen Deutschland* sagte er, dass er ein politischer Schauspieler sein möchte, jemand, der »keine Ruhe geben, aufstöbern und stören möchte«. Er suchte die Nähe zu Heiner Müller. In den Wendetagen spielte er unter Müller den Hamlet, den auch andere, ältere Kollegen gern gespielt hätten.

Am 4. November 1989 sprach Mühe auf der großen Demonstration auf dem Alexanderplatz. Dann fiel die Mauer. Zunächst sei er über den Mauerfall enttäuscht gewesen, fast depressiv geworden, sagt er, und auch sauer auf das eigene Volk, das bei den ersten freien Wahlen ausgerechnet die CDU wählte.

Bei einer Inszenierung von Thomas Langhoff in Salzburg lernte Mühe die westdeutsche Schauspielerin Susanne Lothar kennen, Tochter der Schauspielerlegende Hanns Lothar und damals gerade ein Star mit »Lulu« von Zadek. Er verliebte sich in sie, trennte sich von Jenny Gröllmann und dann auch vom Deutschen Theater. Mühe ging jetzt nicht nur weiter nach Westen, er verließ den Osten. Und sein Blick auf seine Vergangenheit begann sich zu verändern.

»Ich wollte noch mal neu anfangen«, sagt Mühe. »Wir haben ja in unseren Inszenierungen alles immer auf die DDR reduziert. Shakespeare ist schon mehr gewesen als dieses kleine, verpisste Land. Ich wollte das hinter mir lassen. Auch weil es am Deutschen Theater so eine Bunkermentalität gab. Da stand die Luft. Ich hab ja bis 1996 als Gast gespielt. Ich war immer mal im Hause, das war total unangenehm, wenn ich da in die Kantine kam. Ein bisschen, nur ein bisschen ist es so wie bei den Emigranten, die nach '45 zurückkamen. Denen wurde aus dem Weg gegangen.«

»Uli wirkte immer alleene. Er hat nie mitjesoffen«, sagt Michael Gwisdek, mit dem Mühe am Deutschen Theater spielte.

»Mir wird schnell schlecht«, sagt Mühe.

Mühe zog nach Wien, nach Hamburg und nach Charlottenburg. Anna, seine Tochter aus der Ehe mit Jenny Gröllmann, begleitete ihn, mit Susanne Lothar bekam er zwei weitere Kinder. Er spielte in »Schtonk« und zwei Hauptrollen in verstörenden Filmen von Michael Haneke. Er machte Fernsehen, Filme und Theater und führte in einer Inszenierung von Heiner Müllers »Auftrag« zum ersten Mal Regie. Ulrich Mühe schien im Westen angekommen zu sein. Die alten ostdeutschen Kollegen traf er bei Premierenpartys, sie grüßten sich freundlich, auch ein bisschen distanziert, weil Mühe bei öffentlichen Gelegenheiten manchmal sagte, er habe in einer Diktatur gelebt. Manche von ihnen sagen, Mühe habe berühmte Frauen und Regisseure gesammelt, um immer weiter aus der sächsischen Provinz wegzukommen. Mühe sagt, er habe versucht, einen klaren Abstand zu formulieren, zu dem, was war. Er glaubte, den Osten hinter sich gelassen zu haben, bis er den Hauptmann Wiesler in

Florian Henckel von Donnersmarcks Film »Das Leben der Anderen« spielte.

Es war sein erster Westfilm, der seine Ostvergangenheit unmittelbar berührte, und er sagt, alles sei wieder aufgebrochen. Marie Gruber, eine andere Ostdeutsche, die im Film mitspielte, las das Drehbuch als Komödie, Mühe aber spürte, »dass ich in der DDR eigentlich immer Angst hatte, Angst vor Willkür und Übergriffen«, sagt er.

Er hat mit Florian Henckel von Donnersmarck über das Drehbuch geredet, und mit der Zeit wurde er mehr als ein Hauptdarsteller. Donnersmarck war jung und aus dem Westen, er versuchte, sich in dem Gestrüpp der DDR-Vergangenheit zu orientieren, wo jeder eine andere Geschichte zu erzählen hatte. Donnersmarck sprach mit Opfern und Tätern, am Ende folgte er seinem Gefühl.

Ulrich Mühe wurde sein Zeuge, sein künstlerischer Beistand in der Fremde, obwohl Donnersmarck zunächst gar nicht gewusst hatte, dass Mühe aus dem Osten kommt. Es war mehr eine Haltungsfrage. Donnersmarck wollte einerseits ein Königsdrama erzählen, ein Märchen von Gut und Böse, das die ganze Welt versteht, doch er schien es auch mit dem richtigen ostdeutschen Leben unterfüttern zu wollen. In Ulrich Mühe bündelte sich beides. Die Kunst und das Leben. Mühes Kopf war auf allen Filmplakaten und auch auf dem Umschlag des Filmbuchs von »Das Leben der Anderen«.

Für das Buch gab Mühe seinem Regisseur ein Interview, in dem er über seinen Abschied von der DDR redete, seine Illusionen, Ängste, Träume und auch über Jenny Gröllmann. Mühe hatte bereits 2001 in einem Artikel der *Super Illu* gelesen, dass seine Ex-Frau für die Staatssicherheit gearbeitet haben sollte, ohne dass sich je jemand darüber beschwerte. Er wollte trotzdem erst nicht darüber reden. Donnersmarck sagt, er habe vier Stunden mit ihm gesprochen und immer gehofft, dass Ulrich Mühe allein darauf zu sprechen komme. Aber der kam nicht drauf, und so fragte Donnersmarck danach. Und Mühe antwortete.

»Ich habe im Nachhinein erfahren, dass meine damalige

Frau die ganze Zeit über bei der Staatssicherheit als IM gearbeitet hat«, sagte Mühe am Ende des Gesprächs. Er hat es eingeordnet, verpackt, erklärt. Die Stelle ist inzwischen verboten worden, Bücher wurden geschwärzt, und Mühe hat sich verpflichtet, dies nie wieder zu behaupten. In einer überraschenden Presseerklärung vom Anfang des Jahres räumte er das ein, nicht ohne es mit einem verkürzten Heiner-Müller-Zitat zu kommentieren: »Die Worte fallen in das Getriebe der Welt, uneinholbar.«

Jenny Gröllmann war zu diesem Zeitpunkt ein halbes Jahr tot. Warum konnte er nicht einfach Ruhe geben?

»Man versucht das, was man getan hat, wozu man beigetragen hat, wozu man steht, zu dieser Rolle, zu diesem Film, eben zu beglaubigen über die eigene Biografie«, sagte Mühe bei einem Gespräch vor drei Wochen in Berlin. »Was wahrscheinlich zu großen Missverständnissen führt.«

Es war nicht leicht, sich damals mit Ulrich Mühe in Berlin zu verabreden. Die Stadt war ein Minenfeld. Es gab die Kollegen, die Mühe als Verräter an der Zeit sahen, die sie zusammen erlebt hatten, als Geschichtsklitterer. Es gab die Freunde Jenny Gröllmanns, die sie in den Tod begleitet und sich geschworen hatten, ihren Ruf zu schützen, solange sie leben. Es gab Anwälte, die darauf warteten, dass Mühe ein falsches Wort sagt.

Die Dinge waren außer Kontrolle geraten. Mühe sagte, er würde sich gern in einem Hotel treffen, aber die meisten Hotels lagen ihm zu sehr im Osten, und so führte uns schließlich ein Page irgendwann in einen völlig weißen Raum im achten Stock eines Hotels am Ku'damm. Es gab nur einen weißen Tisch in diesem Raum, an dem sich zwei Stühle gegenüberstanden, eine Verhörsituation. An der Wand gab es eine Taste, das sei die »Service-Event-Taste«, sagte der Page, wir sollten sie drücken, wenn wir etwas bräuchten. Dann ließ er uns in unserer weißen Zelle allein. Es war fast, als träfe man sich im Cleanroom einer Computerfirma oder in einem großen Ei.

Hat er jemals bereut, den Kampf gegen seine Frau angefangen zu haben?

»Natürlich gab es Momente, wo ich dachte: Hätt ich es nur

nicht gemacht«, sagte Mühe. »Wenn es um die Arbeit geht, die Schauspielerei und die Kunst, bin ich gern bei Projekten, die polarisieren, die provozieren, die aufregen, als Person selber bin ich dafür überhaupt nicht geschaffen, wenn das dann zurückschlägt. Aber ich muss doch die Wahrheit sagen dürfen. Wenn mir ein Schornsteinfeger entgegenkommt, und ich sage zu dem, du bist ein Schornsteinfeger, und der sagt, das musst du mir erst mal beweisen, dann stimmt was nicht.«

Hat es ihn kaltgelassen, dass Jenny Gröllmann sterbenskrank war?

»Ach, nein. Ich musste es unserer Tochter Anna doch 1998 sagen, die damals noch bei mir lebte.«

Mühes Emotionen flackerten wie eine Lichtorgel in dem weißen Raum. Er war traurig, wütend, entschieden, ratlos, beherrscht, verwirrt. Manchmal hatte man den Eindruck, er stritte mit sich selbst wie Jerry Lewis als verrückter Professor.

Eine Kollegin aus Karl-Marx-Stadt sagt, dass Mühe seine erste Frau manchmal aufforderte, ihn in seinem Zimmer festzubinden, damit er sie nicht betrügen könne. Der erste Mann von Jenny Gröllmann sagt, Ulrich Mühe habe von ihr zuletzt gefordert, dass sie ständig im Deutschen Theater sitzen müsse, um zu kontrollieren, dass er sie nicht verlasse. Man müsse Schauspieler vor sich selber schützen, hat Mühe einmal gesagt. Jetzt sagt er: »Natürlich hätte man sagen können, dass man die letzten Fragen in diesem Interviewbuch hätte weglassen sollen.«

Mühe wirkt mitunter wie ein Spielball äußerer Kräfte. Vielleicht ist er deswegen so ein großer Schauspieler. Ein Kollege sagt, Mühe habe sich auch außerhalb des Theaters immer verkleidet. Er wollte auch aussehen wie ein politischer Künstler. Zu DDR-Zeiten sei er herumgelaufen wie Brecht, später dann wie Peymann.

Als Ulrich Mühe die Unterlassungserklärung zugeschickt wurde, hieß es zunächst, er unterschreibe. Eine Stunde später hieß es, er unterschreibe doch nicht. Wenn man das hört, sieht man ihn schwanken, zittern. Ulrich Mühe ist eigentlich kein mutiger Mensch, sagen Kollegen, die ihn von früher kennen. Er habe lange überlegt, ob er auf der Demonstration am 4. November wirklich reden solle. Jenny Gröllmann habe ihm zugeraten. Man fragt sich, wer ihn heute berät. Mühe sagt, er habe eigentlich keine Freunde. Er habe seine Familie.

Seine Frau Susanne Lothar mag den Osten nicht. Sie fühlt sich von ihm nicht angenommen. Sie war 1983 einmal in Ostberlin, um am Deutschen Theater »Gespenster« zu sehen, mit dem Mühe berühmt wurde. Bei der Einreise wurde ihr israelischer Begleiter stundenlang am Checkpoint Charly festgehalten, sagt sie. »Und nach der Vorstellung habe ich dann noch irgendwelche schlechten Hackbällchen in einem Restaurant Unter den Linden gegessen. Die Kellner waren grauenvoll. Das war das erste und letzte Mal, dass ich drüben war.« Man kann sich vorstellen, was sie Mühe geraten hat. Auch Mühes erste Frau habe ihn bestärkt, standhaft zu bleiben, sagt ihr Sohn Andreas Mühe. Jenny Gröllmann war die Frau in der Mitte, vielleicht erklärt das etwas, wer weiß.

Es heißt, seine Tochter Anna habe ihn gebeten aufzuhören, ihre Mutter zu bekämpfen. Mühe bekam Briefe der Regisseure Dominik Graf und Caroline Link, die ihn baten, seine Ex-Frau in Ruhe zu lassen. Er erhielt einen Brief des Westjournalisten Peter Pragal, auf den Jenny Gröllmann angesetzt worden sein soll. Pragal machte ihn auf die Ungereimtheiten in der Stasi-Akte aufmerksam, er bot an, sich mit ihm zu treffen. Mühe antwortete nicht.

Die ehemaligen Ostkollegen grummeln still, wie sie es immer getan haben. Es gibt ein kollektives Unbehagen, dem der Schauspieler Henry Hübchen seine Stimme gegeben hat. Er findet es schäbig, wie sich Mühe seiner Ex-Frau gegenüber verhalten hat, er mag den Film nicht, weil er eine DDR zeige, die es so nicht gegeben habe. Henry Hübchen möchte nicht, dass seine Kinder und Enkelkinder einmal glauben, er habe in so einem Land gelebt. Es gibt ein paar Schauspieler, die Rollen in Filmen abgesagt haben, weil Ulrich Mühe mitspielte.

Ulrich Mühe hat einen hohen Preis dafür bezahlt, dass er politischer Schauspieler wurde. Mühe saß in seiner Wohnung, nur 200 Meter von seiner sterbenden Ex-Frau entfernt, und wartete auf Gerechtigkeit. Karin Pragal, eine der Frauen, die

Jenny Gröllmann in ihren letzten Lebenstagen betreuten, sagt, dass die kranke Frau sich »Das Leben der Anderen« auf DVD angeschaut habe. Der Film habe ihr sehr gut gefallen. Es wirkt alles so sinnlos. Heiner Müller hat einmal gesagt: »Ulrich Mühe wird den ersten Schritt in eine Rolle nicht tun, bevor er vom letzten Schritt eine Ahnung hat, der ihn vielleicht aus der Kurve trägt.« Aber Müller ist tot.

Ende des Jahres rief Ulrich Mühe bei Donnersmarck an und sagte: »Florian, ich kann nicht mehr.«

Am Vormittag nach der Oscar-Nacht holt Ulrich Mühe seinen Regisseur im Beverly Wilshire Hotel ab, wo »Pretty Woman« spielte und Donnersmarck mit seiner Frau wohnt. Mühe wartet im Wagen.

Ulrich Mühe ist nicht mit auf die Bühne gestürmt, als sein Film den Oscar gewann.

Er kann aber sagen, wie hoch Florian Henckel von Donnersmarck sprang, als Cate Blanchett »Germany« rief. Er erzählt, wie sie nach der Preisverleihung den Weg aus dem Kodak Theater zum Governor's Ball gegangen sind. Donnersmarck hat mit Paul Haggis diskutiert, dem Mann, der im vorigen Jahr den Oscar für »L.A.Crash« bekam. Mühe staunt darüber, wie selbstverständlich sich sein Regisseur in dieser Welt bewegt. Er selbst hat Clint Eastwood getroffen und ihm gesagt, dass er seine Filme sehr mag.

Und was hat Eastwood gesagt?

»Danke«, sagt Mühe.

Donnersmarck trägt immer noch seinen Siegersmoking, die Fliege liegt offen überm Hemd, er hat den Oscar in der Hand und sagt, er habe praktisch nicht geschlafen. Mühes Sohn Andreas will die beiden Männer auf dem Dach eines Sendegebäudes fotografieren, wo Donnersmarck zu zwei Interviews erwartet wird. Für eine Viertelstunde liegt der Oscar in Ulrich Mühes Schoß. Donnersmarck sagt, dass er ihn nicht gravieren lassen will. Er will ihn nicht mehr hergeben. Mühe nickt. Auf dem Dach des Sendegebäudes knöpft sich Mühe sein schwarzes Hemd auf und zeigt das T-Shirt, das er drunter trägt. »Grimma – Sachsen« steht auf dem T-Shirt. Er hatte es auch gestern Abend an. Es sollte Glück bringen, sagt er. Der Bürgermeister von Grimma hat auch schon eine SMS geschickt. Donnersmarck lächelt. Es liegt viel Platz zwischen Eastwood und Grimma. Er hat alles bekommen, was er wollte, den Oscar und den Segen der Kanzlerin. In Berlin diskutieren sie gerade darüber, Donnersmarcks Königsdrama im Geschichtsunterricht zu zeigen.

Die beiden Männer stellen sich für das Foto einander gegenüber. Der riesige Donnersmarck beugt sich über den kleinen, schmalen Mühe. Es ist fast so, als dokumentierten sie hier auf einem Dach in Los Angeles die deutsche Einheit.

Mühe hat mal erzählt, wie es ihm gefallen habe, dass die Schauspieler bei den Proben im Westen ihre Erfahrungen von Indienreisen oder Frankreichstudien in die Arbeit einfließen ließen, während er jahrelang in seinem Spiel immer nur auf irgendwelche Erich-Honecker-Äußerungen reagiert habe. Er hatte plötzlich das Gefühl, dass seine Westkollegen viel mehr gelebt hatten als er. Man kann sich vorstellen, wie ihn das Leben des jungen, großen Mannes beeindruckt hat, der ihm hier gegenübersteht.

Donnersmarck ist ein Ministrant, der mit Marx, Lenin und Trotzki aufwuchs, weil seine Mutter Kommunistin war und sein Vater Katholik, seine Familienwurzeln lassen sich bis ins 14. Jahrhundert verfolgen, er hat in Oxford und Leningrad studiert, er ist verheiratet, hat zwei Kinder und hat als Junge in New York mit seinem Bruder in den Gummizellen der ehemaligen Irrenanstalt auf Roosevelt-Island gespielt, einer Insel im East River, wo die Familie lebte. Donnersmarck ist ein beeindruckender Mann, und manchmal schaut ihn Ulrich Mühe an wie seinen Vater.

Zwischen den Interviews für das »heute-journal« und die »Tagesthemen« soll Donnersmarck die Frage beantworten, ob er manchmal daran gezweifelt habe, Ulrich Mühe diesen Kampf kämpfen zu lassen.

»Ja, natürlich gab es diese Momente«, sagt Donnersmarck, und für einen Augenblick wird sein Gesicht erstaunlich ratlos, doch dann strafft er sich und sagt: »Es wäre ein Zeichen der Schwäche gewesen. Man muss für die Dinge einstehen, die man für richtig hält. So bin ich erzogen worden, und so lebe ich mein Leben.«

Das Problem ist nur, dass es nicht nur sein Leben ist. Es ist auch das Leben des anderen.

Am Abend vor seiner Abreise sitzt Ulrich Mühe in einem Restaurant in West Hollywood. Seine Frau und sein Sohn sind einkaufen gegangen. Mühe ist zum ersten Mal seit Tagen ganz allein. Der räumliche Abstand zu Deutschland habe ihm gutgetan, sagt er. Und in der Nacht hat auch seine Tochter angerufen, um ihm zu gratulieren. Mühe sieht entspannt aus. Irgendwo in der Stadt plant sein Regisseur das weitere Leben. Am 2. Mai wird Donnersmarck 34 Jahre alt. Danach möchte er das Wort Stasi nicht mehr in den Mund nehmen, sagt er. Für sein nächstes Filmprojekt wird er mit seiner Familie wahrscheinlich nach Los Angeles ziehen.

»Es wäre toll, wenn ich wie Florian die Chance hätte, das abzulegen und zu sagen: anderes Thema«, sagt Mühe. »Aber das geht nicht.«

Es sieht nicht so aus, als hätte ihn Hollywood erlöst.

Heute Morgen im Bett, als er aufwachte und alle anderen noch schliefen, habe er einen Moment wach gelegen und sich nur über den Oscar gefreut, sagt Mühe. Er schaut dabei wie Hauptmann Wiesler in der Schlussszene von »Das Leben der Anderen«. Als er begreift, dass nicht alles umsonst war.

Die lange Flucht

Wie eine Gruppe New Yorker nach dem 11. September nicht mehr ganz so weiterleben wollte wie zuvor

Theatre Alley hat nur Hintertüren. Es gibt keine Geschäfte, keine Schaufenster, keine Eingangshallen, alle Gebäude wenden der schmalen, kurzen Gasse ihren Rücken zu. Deshalb auch trifft man hier vor allem Ratten, Tauben und Penner.

Wer Theatre Alley betritt, fällt aus dem schnellen Leben Manhattans in einen dunklen Brunnen. Von der Mitte der Straße aus sieht man an den Rändern schnelle, geschäftige Menschen vorbeihuschen, wie Geister aus einer anderen Welt. Theatre Alley hat kein Straßenschild, und auch auf vielen Stadtplänen New Yorks ist sie nicht verzeichnet. Solche Straßen sucht man nicht, ich bin zufällig in sie geraten.

Am 11. September 2001 rannte ich die Ann Street hinunter, auf meinen Fersen folgte die Lawine des zusammenfallenden World Trade Center Nummer zwei. Als sie nur noch 50 Meter weg war, bog ich in die kleine Straße ein, weil ich dachte, dass der Staub die breiteren Straßen bevorzuge. Aber als ich in der Mitte von Theatre Alley angekommen war, stellte ich fest, dass es so nicht funktionierte. Von links und rechts näherten sich turmhohe Staubwände und schlugen über mir zusammen. Dann war alles schwarz. Theatre Alley war jetzt eine Sackgasse. Ich hielt den Atem an. Bis es hell wird, atme nicht, dachte ich. Aber es wurde nicht hell. Irgendwann konnte ich die Luft nicht mehr anhalten, ich atmete den dicken, warmen, schwarzen Staub ein und wartete darauf, das Bewusstsein zu verlieren.

In diesem Moment entschloss ich mich, meinen Beruf aufzugeben.

Andere wurden zur gleichen Zeit als Christen wiedergeboren, beschlossen Kriege zu führen, Kinder zu kriegen, Morde zu begehen, Bücher zu schreiben oder vielleicht auch nur, endlich mit dem Rauchen aufzuhören. Irgendetwas musste man machen.

Ich habe in diesen Stunden so viele E-Mails aus Deutschland bekommen wie nie zuvor, wahrscheinlich hat mir jemand auch genau in diesem Moment geschrieben, in dem ich in der Theatre Alley im Staub versank. Leute, von denen ich seit Jahren nichts gehört hatte, wollten wissen, wie es mir geht. Viele beschrieben, was sie gerade machten, als die Türme zusammenfielen, wo sie waren, was sie dachten. Jeder wollte sich zum Unvorstellbaren in Beziehung setzen. Sie waren jetzt ganz dicht bei mir, die ganze Welt war zusammengerückt auf diesen kleinen Flecken an der Spitze der Insel Manhattan. Es war ein richtiges, echtes Millennium, nicht so langweilig und ereignislos wie das im Jahr 2000.

Später, als der Irak-Krieg vorbereitet wurde, erzählte mir die Sängerin Patti Smith von ihrem Plan, Menschen auf der Welt zur gleichen Zeit das Wort »Peace!« rufen zu lassen. Der 11. September wäre ihr Tag gewesen.

Aber lange können sich so viele Menschen nicht einig sein. Die E-Mails aus Deutschland, die mich in den nächsten Tagen erreichten, waren schon nicht mehr so herzlich, sie sorgten sich nicht mehr um mich und New York, sondern um den Weltfrieden und sich selbst. Aber in diesem Augenblick in der Dunkelheit, Sekunden, nachdem der zweite Turm fiel, waren alle Gewissheiten vorbei, nichts war mehr, wie es ist, es war ein Moment für gute Vorsätze.

In meinem Fall dauerte er fünf Minuten, vielleicht zehn.

Ich wohne in Brooklyn, auf der anderen Seite des Flusses. Ich sah den ersten Einschlag im New Yorker Lokalfernsehen. Während ich mit meiner Frau noch darüber diskutierte, ob es notwendig sei, deswegen loszufahren, schlug das zweite Flugzeug ein. Meine Frau holte die Kinder aus der Schule. Ich nahm unser Auto und fuhr der kleinen schwarzen Wolke am strahlend blauen Himmel entgegen. Ein Blau, das inzwischen immer wieder beschrieben wurde, wahrscheinlich, weil es für unsere Unschuld stand, unsere Naivität, für das Gute.

Ich stellte den Wagen im Parkverbot in Brooklyn Heights

ab und drängte mich an den Polizisten vorbei auf die Brooklyn Bridge, die mit Menschen in staubiger Bürokleidung gefüllt war. In meiner Erinnerung bin ich der Einzige, der nach Westen läuft. Als ich in der Mitte der Brücke war, fiel der erste Turm. Ich bin mir bis heute nicht sicher, ob ich in diesem Moment überhaupt wusste, was passiert war. Aber ich dachte an Geschichte, den Absturz der »Hindenburg«, die Explosion des Spaceshuttles, nur größer, viel größer. Ich lief weiter, dem noch stehenden Turm entgegen. Manhattan war weiß und still, fast weihnachtlich, ich lief immer weiter, bis ich direkt vor dem brennenden Turm stand. Ein Feuerwehrmann stellte sich vor mir auf und fragte: »Was willst du hier, Junge?« Ich sagte: »Dichter ran«.

Und das genau wollte ich, dichter ran. Keine Ahnung, was ich dort, ganz dicht, vermutete, Exklusivität wahrscheinlich, oder Wahrheit. Ein paar Sekunden später schrie der Feuerwehrmann: »Rennt! Wir verlieren den zweiten Turm!« Und ich rannte, vom Gefühl beseelt, so dicht dran gewesen zu sein, wie es ging.

In dem Moment, als ich die schwarze, giftige Luft in der Theatre Alley einatmete, verstand ich, dass ich wie eine Motte dem Licht entgegengerannt war. Ich war kein Zeuge der Weltgeschichte, ich war ein Insekt. Das war alles nichts für mich. Ich musste ein neues Leben anfangen. Irgendwann brach jemand eine der verrammelten Hintertüren auf und führte mich über verschlungene Kellergänge zu einer Tür, unter der ein schmaler Lichtschein lag. Hinter der Tür befand sich ein Hausmeisterzimmer, in dem etwa 15 Menschen hockten. Es gab einen Schreibtisch, auf dem ein großes, schwarzes Telefon stand und ein kleines Radio.

In einer Ecke weinte eine Frau, in einer anderen saß ein stiller Mann mit einer jüdischen Kipa, zwischen seinen Beinen eine Aktentasche. Ein kleiner Asiate rannte hin und her, auf dem Boden saß eine kräftige schwarze Polizistin und erbrach sich, am Schreibtisch stand ein Mann mit dem Footballjersey New York Jets und einer dicken Goldkette, an der eine Polizeimarke hing. Der Mann mit der Marke schien die Kontrolle zu haben. Er spülte mir die Augen aus und riet mir, den Dreck auszuhusten. Ich ging in den Waschraum, und als ich wieder rauskam, entschied ich mich, doch noch diese eine Geschichte aufzuschreiben. Die letzte Geschichte. Ich hole meinen Block heraus.

Die Zeit, in der nichts mehr war, wie es ist, war verstrichen.

Die weinende Frau in der Ecke hieß Eileen McGuire, eine Technologin von Marsh, dem größten Versicherungsmakler der Welt, der auf acht Etagen im Nordturm arbeitete. Mitten in diese Etagen war das Flugzeug eingeschlagen. Eileen McGuire arbeitete im 96. Stock, ihr Mann John im 99. Er fing gewöhnlich früher an als sie. Er hatte ihre Wohnung in der Upper East Side um 7 Uhr verlassen. Eileen erst um 8.15 Uhr. Als sie aus der Subway stieg, brannte der Turm bereits. Sie rannte ihm entgegen, wollte hinein, zu ihrem Laptop, ihren Kollegen, ihrem Mann, aber die Polizisten hinderten sie. Sie lief hin und her, dann fiel der erste Turm und hüllte sie ein. Minutenlang stand sie orientierungslos im Staub, bis Steve Weiss sie mit sich riss und in das Foyer eines Bürogebäudes schob, von wo sie in diesen Keller kam.

Steve Weiss, Sohn einer Philippinerin, war in Manhattan, um Wahlkampf für Mark Green zu machen, den demokratischen Kandidaten für die Bürgermeisterwahl, die an diesem Tag stattfand. Steve Weiss war 18 Jahre alt, studierte an der Penn State University und fuhr an jenem Morgen mit zwei anderen jungen Wahlkämpfern durch Manhattan, um Flyer zu verteilen. Als sie am Rathaus waren, begriff Steve Weiss, dass die Wahlen heute wohl nicht das Wichtigste waren. Er beschloss, nach Hause zu gehen, nach Staten Island. Auf halbem Weg zur Fähre brach der Turm zusammen, Weiss irrte durch die Wolke, sah Eileen McGuire und brachte sie in Sicherheit. Er rief vom Hausmeistertelefon seinen Vater an, der ihn zusammenbrüllte, weil er die Universität schwänzte. Steve gab das Telefon an Sammy Fontanec weiter, den Mann mit der Polizeimarke und dem grünen T-Shirt der New York Jets.

»Seien Sie froh, dass Ihr Sohn am Leben ist, Mann«, sagte Fontanec und legte auf.

Fontanec war ein Polizeibeamter aus dem Rauschgiftdezernat von Harlem. Er war an diesem Morgen mit ein paar Kollegen in Downtown, weil er vorm Staatsanwalt gegen einen Crackdealer aussagen sollte, den sie in der Woche zuvor in

Harlem gefasst hatten. Sie standen auf den Stufen des Gerichtsgebäudes, als das erste Flugzeug kam. Sie steckten sich ihre Polizeimarken an die Zivilsachen und rannten zur Unglücksstelle. Sie verloren sich in der Staubwolke. Fontanec tastete sich durch die Dunkelheit, bis er eine Tür fand, die zu einem Foyer führte, wo sich sieben, acht Leute versammelt hatten, die ihn ansahen. Er führte sie in den Keller und lief dann nach draußen, um zu sehen, ob noch jemand seine Hilfe brauchte. In der Wolke des zweiten Turms fand er zwei Kollegen.

Officer Tonya Daire, eine kräftige schwarze Frau, war mit ihrem Captain und einem Kollegen aus ihrem Polizeirevier in East New York nach Manhattan gerast, um zu helfen. Sie parkten das Auto zwei Blocks neben dem World Trade Center. Der Captain sagte ihr, sie solle auf den Wagen aufpassen, dann rannte er mit seinem Kollegen weg. Aus dem Funkgerät kamen Notrufe. Menschen flehten um Hilfe, schrien, wimmerten, husteten.

Tonya Daire wusste nicht, was sie ihnen sagen sollte. Sie war ja nur die Sekretärin eines Polizeihauptmanns aus East New York. Sie wartete. Kurz bevor der erste Turm zusammenbrach, rannten Menschen an ihrem Auto vorbei, sie überlegte, ob sie sich ihnen anschließen sollte, aber ihr Chef hatte ja gesagt: »Bleib hier, Tonya«, und sie wollte den Job nicht verlieren. Sie hatte drei Kinder, keinen Mann und brauchte das Geld. Dann war alles schwarz. Sie wartete weiter. Die Luft klärte sich. Kurz bevor der zweite Turm fiel, kam der Captain zurück und schrie: »Was machst du denn noch hier, Tonya? Renn!« Sie rannte, bis die Wolke sie stoppte.

Officer Daniel Velasquez, ein Rauschgift-Cop aus Williamsburg, wurde von einem Kollegen über den Haufen gefahren, als alle vor dem zweiten Turm wegrannten. Das Auto kam aus dem Staub, rammte ihn und fuhr einfach weiter. Velasquez flog über eine der blauen Polizeiabsperrungen. Als er sich aufrappelte, konnte er nicht mehr sehen und nicht mehr atmen. Halb bewusstlos taumelte er durch die Dunkelheit. Irgendwann sah er im Rauch das schwache Licht der Stabtaschenlampe von Sammy Fontanec. Da brach er zusammen. Fontanec und Weiss schleppten den schweren Polizisten die Treppen runter in den

Keller, banden ihm den Pistolengurt und all die anderen schweren Dinge ab, die an einem New Yorker Cop befestigt sind. Sie zogen ihm die Uniformjacke aus, wuschen ihn. Und da lag er, auf dem Rücken, wie ein Käfer.

David Liebman und Steven Garrin wurden auf dem Weg zur Arbeit vom zusammenfallenden Turm überrascht. Liebman ist ein Programmierer, der im Gebäude der Deutschen Bank Software installierte. Garrin ist Jurist, der ein Büro am Ground Zero hat. Letztlich hatte uns alle unsere Arbeit hierhergeführt. Nur der Hausmeister, der Mann, der hier eigentlich arbeitete, war nicht da.

Etwa eine Stunde verbrachten wir in seinem Raum, benutzten sein Telefon und sein Radio. So erfuhren wir, dass Terroristen die Flugzeuge gesteuert hatten, dass es weitere entführte Flugzeuge gab. Dass auch Washington getroffen wurde und Pennsylvania. Dort oben schien ein Krieg ausgebrochen zu sein, und wir saßen in einem Luftschutzkeller.

Eileen McGuire weinte um ihren Mann. Steven Garrin erzählte mir leise, dass er vor einer Woche aus Israel zurückgekommen sei, wo er einen philosophischen Vortrag gehalten habe. Er habe ein paar Verwandte getroffen, die nach Tel Aviv kamen, weil er nicht in die Siedlungen der West Bank fahren wollte. Er habe es für zu gefährlich gehalten, sagte er und lachte vorsichtig. Er bekam schlecht Luft, weil er Asthmatiker ist. Irgendwann erreichte Eileen McGuire ihren Mann, er hatte einen Arzttermin, den sie vergessen hatte, er war in ihrem Apartment in der Upper East Side.

Sie saß wie versteinert am Telefon.

»Hey, Eileens Mann ist am Leben, Leute«, rief Fontanec. Und wir jubelten und klatschten, als sei jetzt alles wieder gut. Kurz danach wurde Steven Garrin von zwei Männern abgeholt und in ein Krankenhaus gebracht. Fünf Minuten später gingen wir nach oben.

Es war wieder der helle, strahlend blaue Tag. Der Boden war mit weißem Staub bedeckt. Die Nacht war vorbei. Wir standen vor dem Gebäude und warteten einen Moment. Dann sagte Sammy Fontanec: »Los. Ihr könnt jetzt gehen, Leute.«

Es klang, als treibe er Kühe von der Weide. Eileen McGuire verteilte ihre Visitenkarten, wie nach einem Business-Meeting. Auf der Karte stand eine Adresse, die es nicht mehr gab. Dann gingen alle langsam los, zurück in ihre Leben, vorsichtig, als würden sie den Mond betreten. Ich drehte mich noch einmal um und notierte den Namen des Gebäudes, in dem wir Zuflucht gefunden hatten. Temple Court Building.

Abends, nachdem ich meine letzte Geschichte aufgeschrieben hatte, rief mich ein Redakteur aus Hamburg an und überlegte, was die nächste Reportage sein könnte. »Das wird jetzt wie nach dem Mauerfall«, sagte er. »Es wird ein halbes Jahr lang Geschichten geben, Hunderte Geschichten.« Ich fühlte mich müde. Ich hatte eigentlich alles aufgeschrieben, was ich wusste. Ich hätte jetzt aufhören können. Dann ging ich schlafen, und am nächsten Morgen fing ich an, die Geschichten aufzuschreiben.

Ich interviewte fünf Männer, die in einem Fahrstuhl im Nordturm festgesteckt hatten. Eine Frau spielte mir immer wieder die Nachricht vor, die ihr Mann auf dem Anrufbeantworter hinterlassen hatte, bevor er starb. Ich liebe dich. Ich liebe dich. Ich liebe dich. Die rote Lampe meines Diktiergeräts zitterte leicht dazu. Im Wohnzimmer der Witwe spielte ihr Kind, ein zweites trug sie im Leib. Ich besuchte vier Trauerfeiern. Ich sprach mit Rudolph Giuliani, dem New Yorker Bürgermeister, der die Stadt nach dem Anschlag beruhigte, als wäre sie ein Baby. Er war inzwischen weltweiter Berater im Kampf gegen das Böse und bewohnte eine halbe Etage eines Hochhauses am Times Square. In den Zimmern neben ihm residierten seine Gefährten des Katastrophentages, sein Polizeichef, sein Feuerwehrhauptmann, seine Pressesprecherin. Der 11. September hörte nicht auf.

Als ich zu den Olympischen Winterspielen 2002 nach Salt Lake City flog, durften wir uns aus Sicherheitsgründen eine Stunde vor der Landung nicht mehr von den Sitzen erheben. Zur Eröffnungsfeier arbeitete ich mich durch so viele Stacheldrahtzäune und schwerbewaffnete Soldaten vor, dass ich aus Angst das Stadion verließ, als die amerikanische Mannschaft gerade einmarschierte. Zweimal floh ich auch aus der New Yorker Subway, weil ich davon ausging, dass der Mann mir gegenüber sich gleich in die Luft sprengen würde. Dreimal war ich bei meinem Hausarzt in Brooklyn, weil ich überzeugt war, Krebs zu haben. Der Doktor redete mit mir über meine Arbeit, maß meinen Blutdruck, beruhigte mich und kassierte jedes Mal 120 Dollar. Vier Jahre später sagte mir der Leiter einer Therapiegruppe für Kriegsveteranen in Massachusetts, dass ich wahrscheinlich unter posttraumatischem Stress leide. Er selbst war im Drogenrausch durch den vietnamesischen Dschungel geschlichen. Wir meditierten zusammen in seiner Garage.

Zehn Minuten bevor ich im November 2001 im Deutschen Theater in Berlin ein paar New-York-Texte vorlas, begann die amerikanische Armee, Afghanistan zu bombardieren. Aus Solidarität – mit wem, wusste ich auch nicht genau – überlegte ich, die Lesung abzusagen, machte sie dann aber doch. Am Ende erhob sich eine Frau im Publikum und fragte, wie ich hier lustige Kolumnen aus New York vorlesen konnte, während in Afghanistan Menschen starben. Ich wusste es auch nicht. Der 11. September wurde immer größer.

Im Winter 2003 saß ich im Saal des Uno- Sicherheitsrates, als die Amerikaner ihren nächsten Krieg verkaufen wollten. Wieder war New York die Kulisse. Die Fernsehreporter standen in ihren blütenweißen Hemden und steifgesprühten Frisuren vorm East River in der Wintersonne. Niemand glaubte mehr an die Gründe für diesen Krieg, aber alle wussten, dass er trotzdem stattfinden würde. Eine Woche lang taten die Diplomaten so, als kämpften sie.

Ein Vierteljahr später interviewte ich im Irak Soldaten und Offiziere, die hierhergekommen waren, um Massenvernichtungswaffen zu finden, die es offenbar nicht gab. Sie hatten keine Ahnung, worauf sie sich eigentlich eingelassen hatten. Viele von ihnen hatten sich nach dem 11. September zum Dienst gemeldet, weil sie irgendetwas tun wollten. Man musste ja reagieren. Sie standen im Wüstensand, die dicken Oberarme vom Oberkörper abgespreizt. Bereit. Die meisten waren nie in ihrem Leben in New York gewesen.

2004 nutzte George W. Bush New York noch einmal – um wiedergewählt zu werden. Ich sah ihn auf einem Acker in Ohio vor zehntausend Leuten die Schrecken des 11. September heraufbeschwören. Die Landbevölkerung hielt den Atem an. Der Wahlparteitag der Republikaner fand im Madison Square Garden statt, der abgesperrt war wie ein undichter Atomreaktor. Alles, was Bush brauchte, war die Kulisse der Stadt. Am Auftaktabend des Parteitages marschierte Rudolph Giuliani wie eine Museumsfigur auf die mit Fahnen geschmückte Bühne und spielte noch einmal den Heldenbürgermeister. Giuliani benutzte Bush, Bush benutzte Guiliani. Später kam noch Arnold Schwarzenegger und beschimpfte die grübelnden Demokraten als »girlie men«.

Der 11. September war zu einem Totschlagargument geworden. Ein Vorwurf. Die New Yorker wandten sich angewidert ab. Sie wählten mit großer Mehrheit John Kerry. Es hat nicht gereicht. Die Landbevölkerung von Ohio war wichtiger als sie. Am Tag nach der letzten Präsidentenwahl wirkte die Stadt so müde und niedergeschlagen wie nach dem Anschlag.

Die Politiker, Leitartikler, die Soldaten, Verschwörungstheoretiker, Filmemacher und Architekten hatten den Tag ausgeweidet, bis er jede Würde verloren hatte. Die unendliche Baulücke am Ground Zero illustriert das.

Im Frühjahr 2006, als sie das erste Haus am World Trade Center wiedereröffnet haben, sang Lou Reed hier mit grimmigem Gesicht auf einer Bühne, die direkt neben dem Loch stand: »Just a Perfect Day«. Es klang in meinem Kopf wie die perfekte 9/11-Hymne, ein New-York-Lied über das Blau, die wunderbare Stadt, die kleinen Pläne für den Tag, den heraufziehenden Schrecken und all die verpassten Chancen. Ein perfekter Tag. »Du erntest, was du säst«, sang Lou Reed. Hinter ihm wehte das Tuch der verhängten Fassade des Deutsche-Bank-Gebäudes wie ein Leichentuch im Frühlingswind. Sie finden dort immer noch Knochen.

Ich bin nicht wieder in die Theatre Alley gegangen, obwohl ich oft am Ground Zero war. Weil wieder irgendwelche Architekturmodelle enthüllt wurden, Jubiläen anstanden oder ich im Discountkaufhaus Century 21 einkaufte, wo es die billigsten Paul-Smith-Hemden und Kenzo-Socken auf der Welt gibt. Ich kannte fünf Jahre lang nicht mal den Namen der Straße.

Im Dezember 2001, nach einer Weihnachtsfeier, die in einer Bar am Ground Zero stattfand, wollte ich meiner Frau die Stelle zeigen, an der mein Leben von vorn anfangen sollte. Wir irrten in unseren Weihnachtsfeiersachen durch die mit Bauscheinwerfern ausgeleuchteten Straßen, bis uns ein Polizist mit mitleidigem Lächeln wegschickte. Ich kam mir vor wie ein Katastrophentourist, wie George W. Bush, Gerhard Schröder und all die anderen Politiker, die mit Tränen in den Augen am Rande des Abgrunds standen.

Fast fünf Jahre nach dem 11. September lief ich zum zweiten Mal im Leben in die Theatre Alley. Es war ein heißer, heller Julitag. Die Hälfte der Straße war mit Baugerüsten gefüllt. Ein Penner, der auf einem Klappstuhl in einer Ausfahrt saß, schaute ausdruckslos zu, wie ich an den Hintertüren entlanglief und schließlich vor einer stehenblieb, die meine hätte sein können. Ich sah auf die Tür, durch die ich mich gerettet hatte, und hoffte, dass vielleicht irgendetwas passiert mit mir, dass ich meinen Frieden finden oder noch mal von vorn anfangen kann oder etwas in der Art. Aber es passierte nichts.

Es roch nach Urin, und auf der Schwelle der Tür lag eine halbverweste Ratte. Ich fühlte mich wie Noodles, der in »Es war einmal in Amerika« nach über 30 Jahren in ein New York zurückkommt, das er nicht mehr kennt.

Ich entschloss mich, die Leute zu besuchen, mit denen ich damals im Keller gesteckt hatte. Vielleicht hatten sie einen Weg gefunden, das Loch zu füllen.

Steve Weiss schlug ein Café im East Village vor, wahrscheinlich, weil er mich nicht in seinem Kinderzimmer in Staten Island empfangen wollte, wo er immer noch lebte. Sein Kandidat Mark Green wurde bei den Wahlen, die ein paar Wochen nach dem 11. September wiederholt wurden, von Michael Bloomberg geschlagen. Bloomberg hatte sich den Sieg über millionenteure Werbespots gekauft, aber er ist ein guter Bürgermeister für New York geworden, entschieden, aber nicht so fiebrig wie Giuliani. Steve Weiss lächelte mitleidig, als ich ihm das sagte. Ihm war jetzt klar, dass Politik institutionalisiert ist, machtlos. Er würde künftig nicht mehr wählen, sagte er. Es sei sinnlos.

Höchstens Barack Obama, den schwarzen Messias aus Chicago. Aber nein, nicht mal den.

Steve Weiss' Weg aus dem Keller in diesen Julitag 2006 erinnert an ein Tischfeuerwerk. Zuerst ist er mit Eileen McGuire in die Upper East Side gelaufen, 90 Blocks weit. Ein großartiges Paar, die 43-jährige Versicherungsbrokerin und der 18-jährige Wahlkampfhelfer. Er hat eine Nacht bei seinem Onkel in der 86. Straße geschlafen und ist dann zurück nach Staten Island gefahren. Am 13. September hat er sich da in einem Army Shop eine kleine amerikanische Fahne gekauft und sie an seinem Rucksack befestigt. Damit hat der Streit mit seiner Freundin begonnen, die das lächerlich fand. Sie haben sich wenig später getrennt. Am 14. fuhr er nach Pennsylvania, um weiterzustudieren. Er sprach der Redakteurin einer Studentenzeitung auf den Anrufbeantworter, dass er am 11. September mit mehreren Menschen in einem Keller festsaß, aber sie rief nie zurück. Danach hat er seine Geschichte nicht mehr erzählt.

Im Sommer 2002 arbeitete er für den grünen US-Aktivisten Ralph Nader. 2003 organisierte er den Widerstand gegen den Irak-Krieg an seinem College. 2004 arbeitete er ein paar Wochen lang beim demokratischen New Yorker Generalstaatsanwalt Eliot Spitzer und bei einer Modezeitschrift. Das letzte halbe Jahr verbrachte er in Spanien, wo er ein Mädchen kennenlernte, das ihm vielleicht nach New York folgen wird, vielleicht aber auch nicht. Jetzt ist er gerade ohne Arbeit. Er interessiert sich für Journalismus, und er mag Amsterdam.

Hat ihn der 11. September verändert? »Er hat mich politischer gemacht«, sagt Weiss.

Wenig später erzählt er, dass er Investmentbroker werden will. Als ich ihn frage, ob das nicht ein Widerspruch sei, sagt er, dass er das viele Geld an die Leute verteilen werde, die es wirklich brauchen. Steve Weiss will Robin Hood werden. Er ist jetzt 23 Jahre alt.

David Liebmans und Steven Garrins Wege aus dem Keller wirken dagegen fast langweilig. Sie sind nach Hause gegangen. Liebman nach Long Island, Garrin in die Upper West Side. Sie haben geduscht und sind nach ein paar Tagen wieder nach

Downtown gefahren, um weiterzuarbeiten. Es hat bei beiden ein wenig gedauert, Fuß zu fassen, denn die meisten ihrer Mandanten waren nach New Jersey verschwunden. Aber jetzt, sagen sie, sei eigentlich alles wie immer.

Sie besuchen mich hintereinander in meinem Büro in Manhattan, Liebman am Vormittag, Garrin am Nachmittag, und obwohl sie sich nicht ähnlich sehen, könnte man sie verwechseln. Zwei mittelalte, unaufgeregte Männer mit Aktentaschen und Hobbys. David Liebman, der Software für Finanzinstitute entwickelt, hat eine 60 Jahre alte Cessna, mit der er jedes Wochenende die Küste von Long Island hoch und runter fliegt. Steven Garrin verdient sein Geld mit Patentrecht, aber seine Leidenschaft sind Thomas Mann und Stefan Zweig. Er unterrichtet nebenberuflich deutsche Literatur und Geschichte an einem staatlichen College. Garrin und Liebman sind Juden, Liebmans Vorfahren kamen aus Russland und Polen nach Amerika, Garrins Mutter stammt aus Berlin. Sie haben beide zwei Kinder – Liebman zwei Jungs, Garrin zwei Mädchen – und arbeiten beide gern allein. Liebman ist der einzige Angestellte seiner Software-Firma, Garrin der einzige Anwalt seiner Kanzlei.

Sie erzählen beide, dass sie nie seelische Schwierigkeiten nach dem 11. September hatten. Terroranschläge sind zufällige, willkürliche Akte, sagt Garrin. Die Menschen waren zur falschen Zeit am falschen Ort, sagt Liebman. Es hätte genauso gut den Sears Tower in Chicago treffen können. Sie hätten sich beide gewünscht, dass New York wütender, ärgerlicher auf den Anschlag reagierte. Aber sie haben nicht eine Sekunde darüber nachgedacht, New York zu verlassen. Garrin hat immer auf der Upper West Side gelebt, Liebman auf Long Island. Eigentlich hat sich ihr Leben nicht verändert, sagen sie.

Aber man kann sie dann doch unterscheiden. Liebman ist Demokrat, Garrin Republikaner. Steven Garrin war für den Irak-Krieg. Er mag George W. Bush. »Er ist ein anständiger Präsident«, sagt er. »Jemand, der sich von seinen tiefen religiösen Überzeugungen leiten lässt. Es gibt verschiedene Arten von Intelligenz. Bush hat eine intuitive Intelligenz. Wie Reagan. Das war ein brillanter Präsident. Kein brillanter Mann.«

David Liebman war gegen den Krieg. Er findet Bush gefährlich. »Sie haben den 11. September ausgenutzt, um unsere harterkämpften bürgerlichen Freiheiten zu beschneiden. Der Patriot Act ist eine Katastrophe. Wenn wir so weitermachen, enden wir als eine Diktatur«, sagt er.

Am Ende nehmen sie ihre Aktentaschen und gehen zurück zur Arbeit, vorbei an dem schwerbewaffneten Soldaten, der an diesem Tag vor unserem Haus in Midtown steht, weil sich wahrscheinlich irgendjemand bedroht fühlt. Zwei mittelalte Männer aus New York. Sie können sich nicht aneinander erinnern, sagen sie.

Officer Tonya Daire weiß noch, dass sie am 11. September dreimal duschen musste; einmal in einem Krankenhaus in Manhattan, einmal zu Hause und dann noch einmal abends, als sie sich auf ihrem Revier in East New York zurückmeldete. Sie musste all ihre Sachen abgeben und die kleinen Zöpfe öffnen, die ihr ein Friseur erst zwei Tage zuvor geflochten hatte. Aber die Stimmen in ihrem Kopf waren nicht rauszuwaschen. Es waren die Stimmen aus dem Funkgerät.

»Die Leute flehten um ihr Leben, sie wollten unsere Hilfe, aber ich saß da im Auto, sah nichts, wusste nichts. Ich habe mich noch nie in meinem Leben so hilflos gefühlt«, sagt sie.

Die Stimmen gingen nicht weg. Sie waren am 13. September 2001 da, als sie ihren 38. Geburtstag feierte. Sie hörte sie, wenn sie die Briefe für ihren Captain tippte, wenn sie ihre Töchter ins Bett brachte und auch, wenn sie die beiden weckte. Sie war manchmal wütend, ohne zu wissen, warum. In einer Therapiegruppe für Polizisten erfuhr sie, dass sie unter posttraumatischem Stress leide. Sie solle alles meiden, was mit dem 11. September in Verbindung stehe. Sie hielt sich daran, sie sah keine Filme über den Tag, las nichts und war nie wieder in Downtown.

Die Stimmen wurden leiser, und als sie im Jahr 2004 noch mal ein Kind bekam, verstummten sie. Es war wieder eine Tochter. 2005 hörte Tonya Daire als Sekretärin des Captains auf, und damit war die letzte Verbindung zum 11. September gelöst. Sie kümmert sich jetzt um die Kriminalstatistiken von East New York. Es ist keine besonders gute Gegend. Die Kriminalitätsrate fällt, wenn sie die Verbrecher ins Gefängnis stecken, sagt sie, und steigt, wenn sie wieder draußen sind. Die Bewegung dieser Kurve ist die heftigste Welle in Tonya Daires Leben. Sie hat den Tag hinter sich gelassen, sagt sie. Aber in der letzten Woche, als sie zum Lungentest war, hat eine Ärztin ihr ein paar Fragen zum 11. September gestellt, und Officer Tonya Daire hat angefangen zu weinen und konnte nicht mehr aufhören.

Wenigstens sind ihre Lungen in Ordnung.

Viele der Polizisten, die am 11. September und danach am Ground Zero halfen, haben Atembeschwerden. Einige sind an Krebs erkrankt, das erste offizielle Todesopfer der Staubwolke war ein Polizist aus New Jersey. Ein Gerichtsmediziner fand Giftstoffe aus dem World-Trade-Center-Staub in seinen vernarbten Lungen. Niemand weiß genau, wie giftig die Wolke wirklich war. Vor ein paar Monaten hat die *New York Post* das Hemd eines Mannes, der am Ground Zero half, analysieren lassen. Es hatte viereinhalb Jahre in einer Plastiktüte gelegen und war immer noch hochgradig mit Asbest verseucht, schrieb die *Post*. Die Polizeigewerkschaft bereitet eine Sammelklage gegen die Stadt vor.

Tonya Daire sagt, sie habe mehr Allergien als früher, Sammy Fontanec leidet unter Atemnot, und David Liebman hat vor einem Dreivierteljahr eine Nasennebenhöhlenentzündung bekommen, die nicht mehr weggeht. Steve Weiss und Eileen McGuire sind gesund, soweit sie wissen, Steven Garrins Asthma hat sich nicht verschlimmert, aber Daniel Velasquez hat der 11. September krank gemacht.

Velasquez ist 34, empfängt mich im Apartment seiner Mutter, die in einem Sozialbau in Williamsburg, Brooklyn, wohnt. Seine Mutter starrt auf den kleinen rauschenden Fernseher, wo eine mexikanische Schlagerparade läuft. Sie ist sehr dick, zahnlos und spricht kein Englisch. Velasquez sinkt vorsichtig auf das Sofa, ein Zweisitzer, den er allein füllt. Er ist groß, schwer und so ziemlich überall tätowiert. Velasquez hat sich am 12. September am Rücken röntgen lassen, dort, wo ihn der Polizeiwagen traf, er hatte sich ein paar Rippen gebrochen und blieb für einen Monat zu Hause, bis alles geheilt war.

Als er wieder einsatzfähig war, schickten sie ihn auf die Müllkippe in Staten Island, wo die Reste der Türme nach den Überbleibseln menschlichen Lebens durchsiebt wurden. Es war ein richtiges großes Militärcamp, das sie da in Staten Island aufgebaut hatten, mit Leichenschauhaus, Pathologiezelt, Ruheräumen und Kantine. Als alles durchgesiebt war, ging er zurück auf sein Polizeirevier in East New York und arbeitete ein Jahr weiter als Drogen-Cop. Aber dann wurden die Schmerzen im Rücken zu groß. Er wurde operiert und wechselte zu Internal Affairs, eine Abteilung, in der Polizisten sich gegenseitig überprüfen. Niemand will da arbeiten, aber es war ein Schreibtischjob, und so machte er ihn. Es wurde nicht besser. Er wurde wieder krank, zuletzt kamen Atembeschwerden hinzu. Er war praktisch nur noch die Hälfte der Zeit im Dienst, sagt Velasquez. 2005 schickten sie ihn in den Ruhestand. Mit 33.

Er wohnt jetzt bei seiner Mutter in Williamsburg und manchmal bei seiner Freundin in Queens. Er kann nicht schlafen, sagt er. Er hatte alle Sorten von Schmerztabletten ausprobiert, 90 Besuche beim Chiropraktiker hinter sich, das letzte Mal durchgeschlafen hat er, als er sich fast eine Überdosis der Schmerzmedikamente gab.

Er sitzt da, festgeschweißt in seinen Sessel. Er hat noch die riesigen Oberarme aus seiner Footballer-Zeit, aber damit kann er jetzt wenig anfangen. Der Kollege, der ihn umgefahren hat, habe nicht mal angehalten, sagt er. Seine Mutter schaut in den Fernseher, und auch seine Freundin, die später noch kommt, hört nicht zu, als er seine alten Geschichten erzählt. Vielleicht hat sie sie schon zu oft gehört, vielleicht versteht sie sie auch nicht. Sie war ja nicht dabei.

Eileen McGuire und ihr Mann John McLane sitzen auf der Terrasse ihres Hauses an der Nordküste von Long Island. Sie haben es zwei Jahre nach dem 11. September gebaut, um Ruhe zu finden. Es ist ein großes Haus, das man über eine lange, geschwungene Kiesauffahrt erreicht. Der Blick geht über Weingärten, aber Eileen McGuire beschreibt die Aussicht aus dem 96. Stock des World Trade Center. Sie sahen nach Süden auf die Freiheitsstatue, sagt sie, den Hafen, die Verrazzano Bridge, das Meer.

John McLane erzählt, dass er einmal beobachtete, wie einer der Falken, die auf dem Dach des Nordturms nisteten, an seinem Fenster vorbeischoss und eine Taube riss. Sein Schreibtisch stand direkt am Fenster. Auf den Knien seiner Frau liegen die Etagenpläne von Marsh, alle acht Etagenpläne. Jeder Schreibtisch ist dort verzeichnet, jeder Schreibtisch, jedes Waschbecken. Es sind die Karten einer untergegangenen Welt.

Am Abend des 11. September, als Eileen McGuire nach Hause kam, fingen sie und ihr Mann an, Kollegen anzurufen, um festzustellen, wer am Leben war. Dann schrieben sie auf, wer fehlte und gingen am nächsten Tag zu einem der Vermisstenstützpunkte. Als die Frau hinterm Schreibtisch die lange Liste sah, bat sie das Ehepaar in ein Hinterzimmer und erkundigte sich nach ihrem Befinden. Eileen McGuire weiß noch, dass sie ihnen riet, viele Vitamine zu essen. Am 13. September fingen sie wieder an zu arbeiten. Marsh richtete provisorische Büros in Midtown ein.

An seinem ersten Arbeitstag erfuhr John McLane, dass er seinen Chef ersetzen soll, der im World Trade Center gestorben war. Wahrscheinlich gestorben war, muss man sagen, denn zu diesem Zeitpunkt gab es ja noch keine Gewissheit. McLane nahm den Posten an. Fünf Tage später ging er zur Trauerfeier seines Vorgängers. Das machte die Sache etwas einfacher für John McLane, obwohl der Sarg seines Chefs leer war. Er ging insgesamt zu 4 Trauerfeiern, seine Frau besuchte über 50. Sie hätte gern noch mehr besucht, aber viele der Feiern überschnitten sich. 295 Mitarbeiter von Marsh starben am 11. September. 12 von ihnen waren Gäste auf Eileen und Johns Hochzeit gewesen. Eileen McGuire wollte sich angemessen verhalten.

Es war schwer. Die Versicherungsbranche ist ein hartes Geschäft. Etwa eine Woche nach der Katastrophe begann das Gerangel um die freigewordenen Stellen. Eileen McGuire beobachtete, wie Mitarbeiter sich vor ihren Vorgesetzten mit der Arbeit ihrer verstorbenen Kollegen schmückten. Sie wechselte ihre Abteilung, weil sich ihr Chef von ihr immer nur die Trauerfeiern raussuchen ließ, an denen seine Vorgesetzten teilnahmen.

Marsh ist eine riesige Firma, die pausenlos kleinere schluckt, die Fluktuation im Versicherungswesen ist hoch. Die toten Kollegen wurden schnell ersetzt. Nur ein Fünftel der Mitarbeiter ihrer Abteilung war schon am 11. September bei Marsh, sagt Eileen McGuire. Immer öfter fragt jemand, wo ist denn die und die Akte, und wenn Eileen McGuire dann sagt: »Auf der Müllkippe in Staten Island«, versteht sie keiner mehr.

2003 zog das Unternehmen nach Hoboken, New Jersey, um. 2004 begann der New Yorker Staatsanwalt gegen Marsh wegen Versicherungsbetruges zu ermitteln. Die Firma nutzte das, um 3000 Leute zu entlassen. Eine neue Katastrophe. Der 11. September geriet immer mehr in Vergessenheit. Im vorigen Jahr ging dann auch John McLane zu einem Konkurrenzunternehmen.

Eileen McGuire will in dieser flüchtigen Welt des Versicherungswesens ein Anker sein. Sie trifft sich regelmäßig mit ein paar Kollegen von damals zum Essen. Manchmal schaut sie sich die Etagenpläne aus dem World Trade Center an und überlegt, wer wo saß. Sie hat all die Zeitungsausschnitte mit den Kurzbiografien ihrer verstorbenen Kollegen gesammelt, auch Programme von den Trauerfeiern, die sie besucht hat. Einige Zeit hatte sie noch Kontakte zu Familienangehörigen der Toten. Aber es wurde immer schwieriger. Vielleicht, weil sie und ihr Mann gewissermaßen ein Vorwurf sind.

»Es ist ja schon fast übersinnlich, dass wir beide überlebt haben«, sagt sie.

Sie glaubt, manchmal Kollegen auf der Straße zu sehen, die in Wahrheit tot sind. Erst neulich hat sie sich wieder eingebildet, eine junge, tote Frau aus ihrer Abteilung im Supermarkt zu sehen. Gertrude. Sie hat Schwierigkeiten, sich auf Dinge zu konzentrieren. Ihr Mann kommt besser mit all dem klar, vielleicht weil er vier Jahre lang Offizier auf einem Nuklear-U-Boot war, bevor er in die Versicherungsbranche einstieg. Aber auch er hat sich den Zettel aus einem chinesischen Glückskeks aufgehoben, den er eine Woche nach dem Unglück auf der Straße fand. »Du bist der Auserwählte«, steht auf dem kleinen weißen Papierband. McLane zeigt es wie einen Beweis für seine Unschuld.

Eileen McGuire sieht auf den Weingarten, vielleicht sieht sie die späte Sonne auf den Long Island Trauben, vielleicht das Meer.

Anderthalb Jahre nach dem 11. September hat sie eine Schatulle aus Sterling-Silber gekauft und den Namen von Sammy Fontanec hineingravieren lassen. Sie hatte plötzlich gespürt, wie wichtig Fontanec für sie gewesen war, die einzige Autorität im Chaos. Sie ist nach Harlem gefahren und hat die silberne Schatulle auf Sammy Fontanecs Polizeirevier abgegeben. Es ist schwer, sich die hellhäutige Irin mit den glattgefönten Haaren und dem Business-Kostüm im Drogendezernat von Harlem vorzustellen. Aber sie war da.

Fontanec weiß nicht, wo die Schatulle abgeblieben ist. Er sieht auch nicht aus, als habe er Verwendung für Sterling-Silber-Döschen, auf denen sein Name steht. Er sitzt auf einem Ledersessel in seinem Wohnzimmer. Ein Drittel des Raums ist von einer Hausbar gefüllt, ein weiteres Drittel von einem riesigen Fernseher.

»Ich hätte Eileen aber sowieso nicht vergessen«, sagt er. »Ich dachte immer, ihr Mann muss glücklich sein. Die Frau sorgte sich mehr um ihn als um sich selbst. Außerdem erinnere ich mich noch an ihren Seidenschal. Ich hab ihn zerrissen, nass gemacht und an verschiedene Leute als Atemmaske verteilt. Das Ding war bestimmt 200 Dollar wert, fühlte sich gut an. Eileen hat nicht mit der Wimper gezuckt. Gute Frau.«

Fontanec hat die heisere Stimme, die sich New Yorker Polizisten antrainieren. Er trägt eine hellblaue Trainingshose mit Schlag, seine Arme sind tätowiert, seine dunklen Haare sind zurückgepeitscht, er hat die dicke Goldkette am Hals, an die er sich damals seine Marke klemmte. Als die anderen aus dem Keller zurück in ihre Leben trabten, ging Fontanec zum Ground Zero, um dort zu helfen. Das machte er drei Monate lang, meistens stand er am West Side Highway und kontrollierte die Leute, die in die Sperrzone wollten, die man um das Loch in Manhattan gezogen hatte. Die Aussage gegen den Crackdealer, dessentwegen er damals am 11. September nach Downtown gekommen war, hat er erst viel später machen können. »Es war die perfekte Zeit für Verbrecher«, sagt Fontanec und grinst.

2003 haben sie ihn aus dem Rauschgiftdezernat in die Mordkommission geschickt und zum Detective befördert. Er trägt jetzt keine Football-T-Shirts und tiefsitzenden Jeans im Dienst, sondern Anzüge und Krawatten. Die Arbeit ist härter geworden, er sieht schlimmere Sachen als damals. Aber nach seiner Schicht setzt er sich in seinen Honda und fährt am Hudson hoch, 100 Kilometer bis nach Middletown, wo er mit seiner Frau und den beiden Kindern seit zehn Jahren lebt. Sie wohnen in einem schönen zweistöckigen Holzhaus, weiß, mit einem gepflegten Garten davor. Es sind jeden Tag drei Stunden Fahrt hin und zurück, aber er kann die ganze New Yorker Scheiße hinter sich lassen. In sieben Jahren will er das für immer tun. Das ist der Plan.

Sammy Fontanecs Eltern kamen aus Puerto Rico nach New York, er wuchs in Harlem auf und in der Bronx. Sein älterer Bruder wurde Cop, deswegen wurde auch er Cop. Er wollte kein Held werden, er wollte die Rente, die man nach 20 Jahren beim New York Police Department bekommt. Er ist jetzt seit 13 Jahren Polizist, 7 Jahre hat er noch. Dann ist er 42. Kein schlechtes Alter, um noch mal von vorn anzufangen. Vor ein paar Jahren hat er ein Haus in North Carolina gekauft. Da könnte er sich vorstellen zu leben. Es ist nicht so heiß wie in Florida und nicht so kalt wie in New York. Das ist sein Klima, mittelwarm.

An einem Sommermorgen im Jahr 2006 treffen wir uns alle im Keller wieder. Dort oben fliegt die Welt auseinander wie damals. Schlimmer noch. Nordkorea baut Atomwaffen, der Libanon versinkt im Krieg, der Irak im Chaos. Die Leitartikler nennen es die »Post 9/11-World«. Der Tag ist immer noch da.

Hier unten ist es kühl, still und dunkel.

Es ist seltsam, ein bisschen wie ein Klassentreffen. Eileen McGuire hat ihren Mann John mitgebracht, weil er ja dazugehört. Alle suchen in den Gesichtern der anderen nach vertrauten Spuren. Aber wir waren staubig damals, verzweifelt, jünger, anders. Wir gehen mit Taschenlampen durch den leeren Keller. Das Hausmeisterzimmer ist weg, es wurden neue Mauern hochgezogen, alte abgetragen. Das Temple Court Building ist eine Baustelle, es wird in ein Apartmenthaus umgewandelt. Downtown wird zur Wohngegend, New York erfindet sich immer wieder neu. Es sieht anders aus, aber David Liebman weiß sofort, wo der Schreibtisch stand, er findet sogar noch die Telefonleitung. Eileen McGuire stöckelt vorsichtig über den bröckelnden Boden. Steve Weiss rennt wie aufgezogen durch den Keller, erklärt alles, fotografiert mit seinem Handy jede Ecke. Tonya Daire ist nicht gekommen, vielleicht wegen der Kinder, vielleicht wegen des Captains. Steven Garrin steht still an der Seite, seinen Aktenkoffer in der Hand, hüstelt, der Staub ist nicht gut für sein Asthma. Nach zehn Minuten weiß niemand mehr richtig, was er sagen soll.

Wir kennen uns ja nicht. Wir hatten nichts miteinander zu tun.

Eine schwarze Polizistin aus East New York, ein jüdischer Anwalt von der West Side, eine irische Versicherungsmanagerin von der East Side, ein philippinischer Student aus Staten Island, ein dominikanischer Vorruheständler aus Queens, ein puerto-ricanischer Mordkommissar aus Harlem, ein jüdischer Software-Entwickler aus Long Island und ein deutscher Journalist aus Brooklyn. Eine New Yorker Gesellschaft, zufällig zusammengewürfelt wie auf einer Subway-Fahrt. Der Hausmeister, der uns in den Keller ließ, sieht uns interessiert an. Es ist ein schwarzer Mann aus der Bronx, der erst seit zwei Jahren hier ist.

Was ist aus seinem Vorgänger geworden, in dessen Zimmer wir damals unterkamen?

Der ist tot, sagt er. Er kam aus Indien und hat 30 Jahre in dem Haus gearbeitet. Als er zum ersten Mal wieder nach Hause fuhr, hat er einen Herzinfarkt bekommen. Einfach umgefallen.

Nach einer Stunde gehen wir wieder nach oben. Wir bestaunen noch ein bisschen das wunderschöne alte Treppenhaus, eine Art Atrium mit einer riesigen Glaskuppel. In anderthalb Jahren werden hier Menschen wohnen, sagt der Hausmeister. Dann schließt er uns die Tür auf, und wir gehen ins Licht. Es ist ein heller, heißer Morgen, Manhattan dampft. Ein perfekter Tag. Eine perfekte Stadt. Gleich treten wir in unsere Leben zurück. Nur einen Moment lang noch stehen wir auf der Schwelle.

Die Schläferin

*Wie Angela Merkel sich einst entschied,
ein Leben in der Politik zu beginnen*

An einem Wochenende im September 1989 traf sich eine Gruppe von DDR-Physikern im Pastoralkolleg Templin, um über ethisch-philosophische Fragen der Naturwissenschaften zu reden. Der Arbeitskreis tagte einmal im Jahr, man diskutierte hinter Kirchenmauern Probleme, die man draußen nicht wahrhaben wollte. Das Thema des Jahres 1989 im Templiner Kolleg hieß: Was ist der Mensch?

Die meisten aus der Gruppe waren Physiker geworden, weil ihnen das die Möglichkeit bot, sich dem Staat zu entziehen, ohne das Land zu verlassen. Sie wollten in Ruhe gelassen werden und dennoch etwas tun. Aber das funktionierte immer weniger. Das Land, in dem sie lebten, zerfiel vor ihren Augen, Zehntausende flüchteten in den Westen, die Parteiführung verharrte im Schock, sie schien gefährlich und angeschlagen. Jetzt, da es zum ersten Mal die Chance gab, wirklich mitzumachen, stellte sich die Frage, was sie denn sein wollten, wenn sie nicht mehr Physiker sein mussten, in einem Staat, dem man sich nicht mehr entziehen musste, womöglich nicht mehr entziehen durfte. Einige der Wissenschaftler am Tisch hatten sich bereits entschieden.

Hans-Jürgen Fischbeck, Physiker an der Akademie der Wissenschaften in Berlin, hatte gerade mit ein paar Freunden Demokratie Jetzt gegründet; Günter Nooke, Physiker aus Forst, würde in sieben Tagen mit 16 Gleichgesinnten in einer Altbauwohnung in Berlin-Mitte den Demokratischen Aufbruch gründen. Die Physiker befanden sich an diesem Wochenende auf dem Sprung in die Politik, sie landeten später in kleineren und größeren Parlamenten, aus denen sie sich inzwischen fast alle wieder zurückgezogen haben.

Diejenige am Tisch aber, die damals schwieg, ist heute Bundeskanzlerin.

Der Herbst '89 ist die letzte unscharfe Phase im Leben der Kanzlerin. Angela Merkel war mehr oder weniger zufällig in die Runde geraten. Sie arbeitete an der Akademie der Wissenschaften in Berlin und besuchte an jenem Wochenende ihre Eltern in Templin. Ihr Vater Horst Kasner leitete das Kolleg, auch ihr Bruder Marcus Kasner, ebenfalls ein Physiker, saß in der Runde, die diesmal kaum über ethisch-philosophische Probleme der Naturwissenschaften stritt, sondern darüber, ob es auch in der DDR einen Platz des Himmlischen Friedens geben könnte. Marcus Kasner und Günter Nooke kannten sich vom Physikstudium und von gemeinsamen Wanderungen in der ČSSR. Die Welt war klein damals, manchmal nur so groß wie eine Familie. Erst recht, wenn man von außen darauf schaute, wie Professor Christofer Frey, ein Theologe aus Bochum, der von Anfang der Achtziger an von Kasner ins Kolleg eingeladen wurde.

Der Westprofessor saß am Herbstwochenende 1989 direkt neben Angela Merkel und erinnert sich an eine Frau mit rundem, freundlichem, aber verschlossenem Gesicht. Er kannte sie aus den Erzählungen des Vaters und war erstaunt, wie jung sie wirkte und wie unpolitisch, sagt er. Angela Merkel habe sich überhaupt nicht an den Gesprächen beteiligt, was er heute als strategisches Vorgehen bewertet. Sie habe gewartet, sagt Frey, und als die Männer einmal nackt in einen uckermärkischen See sprangen, habe sie seiner Frau anvertraut: Am meisten störe sie an der DDR, dass es keinen anständigen Joghurt gebe. Alles, was er politisch aus ihr herausholen konnte, war, dass sie es hier im Osten ganz anders machen müssten als in seiner Bundesrepublik.

Es fällt Professor Frey schwer, in der riesigen Weltpolitikerin von heute eine einfache, junge Frau zu erkennen, deren Probleme darin bestanden, H-Milch zu bekommen und Lampenschirme, die nicht auch in allen anderen ostdeutschen Wohnzimmern hingen. Wie konnte sich eine Frau, die sich gerade in Washington beim amerikanischen Volk für die deutsche Einheit bedankt, einst, als es darauf ankam, um Joghurt sorgen? Er scheint enttäuscht zu sein von Angela Merkel, aber es ist nicht klar, ob er von der Kanzlerin enttäuscht ist, von der Frau in Templin oder von der Tatsache, dass eine Frau wie die, die er damals kennenlernte, Kanzlerin seines Landes werden konnte.

Angela Merkel selbst kann sich nicht an das Treffen im Spätsommer 1989 erinnern.

»Wenn Nooke und die andern sagen, ich sei dabei gewesen, wird's wohl so gewesen sein«, sagt sie. »Bei meinem Vater war ja immer viel los.«

Fast auf den Tag genau 20 Jahre nach dem Templiner Wochenende sitzt sie am Konferenztisch ihres Büros im Kanzleramt. In fünf Tagen sind Bundestagswahlen, übermorgen fliegt sie zum Weltwirtschaftsgipfel nach Pittsburgh, und die kleine silberne Kanne mit ihrem Pfefferminztee ist leer. Das ist die Lage. Ihr gegenüber sitzt Regierungssprecher Ulrich Wilhelm, ein paar Meter weiter hängt ein Kokoschka-Porträt Konrad Adenauers über ihrem Schreibtisch an der Wand wie eine Gedenktafel. Draußen scheint die Sonne auf den Kanzlergarten, die ostdeutsche Vergangenheit liegt im Nebel.

Sie soll über die Zeit reden, in der sie ihr altes Leben verließ und ein neues begann wie so viele ihrer Landsleute damals. Ist es wirklich möglich, dass gesellschaftliche Umbrüche unpolitische Menschen an die Spitze eines Landes spülen?

»Ich war ja nie unpolitisch«, sagt Angela Merkel. »Ich war aber lange nicht politisch aktiv. Ich habe zusammen mit meinem Bruder Hauptstädte auswendig gelernt, um uns ein Bild von der großen weiten Welt zu machen«, sagt sie, lächelt, strafft sich und rüttelt ihre kindlichen Erinnerungen in eine tragende Formulierung: »Durch den inneren Widerstand zur DDR war das Leben schon viel politischer, als es in einem demokratischen Land gewesen wäre.«

Sie erzählt nun von den DDR-Besuchen Helmut Schmidts und Willy Brandts, von der Weizsäcker-Rede im Jahre 1985, und es scheint fast so, als entspannte sich Konrad Adenauer an der Wand ein wenig. Es gibt keine andere Erinnerung an die deutsche Geschichte in diesem Raum als ihn, kein Mauerstück, kein Foto aus den Wendetagen, kein Ampelmännchen, nichts, was irgendwie mit ihrer Vergangenheit zu tun hätte. Man muss an das riesige Gemälde von Willy Brandt im Büro von Wolfgang Thierse denken, dem anderen ostdeutschen Politiker, der es ziemlich weit in der bundesdeutschen Politik gebracht hat. Thierse sitzt gern vor dem Bild, und manchmal hat man den Eindruck, er würde sich am liebsten vollständig in das Gemälde zurückziehen. Es ist kompliziert, in eine Geschichte zu schlüpfen, die gar nichts mit der eigenen zu tun hat. Es ist ein Leben wie in einem Zeugenschutzprogramm.

Sie erzählt, wie Helmut Kohl sie auf einer Amerika-Reise am Anfang ihrer politischen Karriere vor Journalisten fragte, was sie denn damals von ihm gehalten habe, zu DDR-Zeiten. Sie stockte, wurde rot, sie konnte nur an eine große Birne denken, die Karikatur eines Kanzlers. Sie hatte ja nie mit ihm zu tun. Da waren keine Abhängigkeiten, Wünsche oder Bindungen, kein ostdeutsches Mädchen war Kohl-Fan, nicht mal eines, das Kunstpostkarten sammelte und Diktatorennamen auswendig lernte. Wenn es überhaupt einen westdeutschen politischen Helden in ihrer Jugend gab, dann war das Willy Brandt. Sie sagt schnell, wie gut ihr gefallen habe, dass Kohl die Teilung Deutschlands nie akzeptierte. Aber das klingt so, als wolle sie nicht vollständig aus der Rolle fallen.

»Auf welche Traditionen soll sie sich auch berufen?«, fragt Michael Schindhelm, der in den achtziger Jahren mit Angela Merkel an dem kleinen Akademieinstitut in Adlershof zusammenarbeitete. »Die Westdeutschen tun immer so, als seien wir in irgendwelchen Massai-Dörfern in Tansania aufgewachsen, aus deren Wurzeln wir unsere Lebenskraft ziehen. Aber bei mir war da nur Leere. Wir hatten keine ostdeutsche Identität. Wolf Biermann hat bei seinem Kölner Konzert pausenlos Hölderlin zitiert, weil er in eine romantische Zwischenwelt geflüchtet ist, die jenseits aller politischen Sphären der DDR lag. Dieses Gefühl der unvollständigen kulturellen und politischen Identität hatten auch wir beide, Angela und ich«, sagt Schindhelm.

»Romantische Zwischenwelt?«, sagt Angela Merkel und schaut ungläubig. »Ich weiß nicht. Ich habe unter der umfassenden Enge gelitten, darunter, dass man den ganzen Tag irgendwas plappern musste. Der Deutschlandfunk bringt ja jetzt in diesen Tagen morgens immer diese ›Mauersplitter‹. Heute ging es um den Erlass von Honecker an die Genossen Kreissekretäre. Wenn ich heute allein diese Sprache höre! Mit der mussten wir uns damals jeden Tag beschäftigen. Ein Wunder, wie man das überhaupt wieder verlernen konnte. Gelitten habe ich darunter, dass von der Tischdecke bis zur Gardine alles hässlich war. Man hat immer nur gedacht, wo kriegst'e jetzt die nächste vietnamesische Bastmatte her?«

Sie erzählt, wie es sie bedrückte, nach den Leipziger Studienjahren ihr Arbeitsleben in Berlin zu beginnen. Es war Herbst, die Tage wurden kürzer, sie fuhr im Dunkeln los und kam im Dunkeln wieder zu Hause an, kämpfte um irgendwelche Raritäten beim Einkaufen, sagt sie, aß, schlief und fuhr wieder los.

»Da habe ich gedacht, jetzt ist dein Leben zu Ende. Irgendwann ist die Kraft erlahmt.« Sie blieb dennoch. Der Westen war nur eine Rückversicherung, sagt sie, wenn es mal ganz schlimm kommen sollte.

Michael Schindhelm sagt, sie hätten sich in einer Art Speicherschlaf befunden. Es ging in ihren Gesprächen und in ihrem Denken nicht pausenlos um politische Verhältnisse, sagt er, und schon gar nicht darum, sie zu verändern. Sie hätten kein aggressiv kritisches Verhältnis zur DDR gehabt, eher ein distanziertes. Sie hielten sich aus dem Glutkern heraus, sagt er. Angela Merkels Lebensgefährte Joachim Sauer beispielsweise sei damals ein Vorbild für sie gewesen, ein Mann, der an der Akademie anerkannt war, ohne irgendwelche politischen Zugeständnisse zu machen. Sauer habe seine kleine Welt mit klassischer Musik ausgestaltet. Die Wagner-Oper als Nische. Die Nische, sagt Schindhelm, war ein Inkubator für ihr heutiges Leben.

Schindhelm hat viel Energie gespeichert in seinem DDR-Schlaf, sie hat ihn aus seinem alten Leben im Zickzackkurs in die Welt geschossen wie einen Harzer Knaller. Er leitete Theater in Nordhausen, Gera und Basel, eine Opernstiftung in Berlin und eine Kulturorganisation in Dubai, im Moment lebt er in Rom und im Tessin. Er blickt aus großer Entfernung auf jene Jahre zurück, er beschreibt sie mit Worten, die er über die Zeit in Stein meißelte.

Jeder pickt sich aus Merkels Leben das, was am besten zu seinem eigenen passt. Und ihr Leben gibt das her. Hans-Jörg Osten erinnert sich an eine junge Frau, die sich eifrig in der FDJ-Gruppe der Akademie engagierte, die er leitete. Sie waren nicht zufrieden, aber auch nicht hoffnungslos, sagt er. Sie organisierten Streitgespräche im FDJ-Studienjahr und waren zusammen Betreuer im Kinderferienlager der Akademie. Er hat geholfen, die Wohnung zu renovieren, die Angela Merkel besetzte, nachdem sie sich von ihrem ersten Mann trennte, und er hat sogar überlegt, sie für seine Partei zu werben, die SED.

Osten redet heute nur noch widerwillig über diese Dinge, weil er befürchtet, eine Fußnote im Lebensbuch der ersten deutschen Bundeskanzlerin zu werden, ein kleiner Widerhaken. Er hat ein eigenes Leben. Er hat in Polen Physik studiert, bevor er an der Akademie anfing, er war zu DDR-Zeiten ein Jahr an einem Institut in Chicago, und als er zurückkam, wollte ihn niemand mehr einstellen, ohne dass er jemals die Gründe erfuhr. Er organisierte die größte Wendedemonstration in Frankfurt (Oder), wo er im Halbleiterwerk untergekommen war. Er ist heute Professor in Hannover. Auch er ist ein Physiker mit Wendevergangenheit, aber als Zeitzeuge ist er nur der Mann, der bestätigen kann, dass Angela Merkel Agitatorin der FDJ-Gruppe war, die er leitete, und nicht Kultursekretärin, wie sie behauptet.

Es gehe ihm nicht darum, Angela Merkel anzugreifen, sagt Osten, er will nur genau sein. Vielleicht freut er sich, dass es ein Propagandist im Westen ganz nach oben schaffen kann, aber er hat die Dinge nicht mehr in der Hand. Alles, was er sagt, gerät in einen Kontext, in dem Agitation und Propaganda klingen wie scharfe Waffen. Es ist weder sein Kampf noch der von Angela Merkel, aber was sollen sie machen.

»Nach meiner Erinnerung war ich Kultursekretärin. Aber was weiß ich denn? Ich glaube, wenn ich 80 bin, weiß ich gar nichts mehr«, sagt sie. Ulrich Wilhelm tippt irgendetwas in sein Handy. Nach den letzten Umfragen schmilzt die Mehrheit. Jetzt nur keine Fehler mehr machen, hat er vorhin im Foyer des Bundeskanzleramts gesagt, die kann man nicht mehr ausbügeln.

Ausflüge in ihre Vorwendevergangenheit sind wie Ausflüge auf unregelmäßig zugefrorene Seen. Anfang der neunziger Jahre hat sie in einem Gespräch mit Günter Gaus gesagt, dass sie gern in der FDJ war. Man kann sich das auf alten Videobändern ansehen, aber man glaubt es nicht mehr. Es wirkt heute, 18 Jahre später, wie ein Versprecher, und sie weiß das. An manchen Tagen scheint das Eis schon so dick zu sein, dass man darauf tanzen kann. Vor ein paar Wochen fand eine dieser vielen Wendeveranstaltungen in der Berliner CDU-Zentrale statt. Es gab ein paar Gesprächsrunden mit Schülern, die in der Wendezeit geboren wurden, und ein paar historische Ostfiguren. Hildigund Neubert, die den Demokratischen Aufbruch mitbegründete, war da, die CDU-Politiker Arnold Vaatz und Lothar de Maizière. Angela Merkel rauschte in den Saal, schüttelte ein paar Hände, hielt eine kurze Rede, und dann ging das Licht aus, man sah Bilder von Ruinen, Rosinenbombern, Mauerbau, Stacheldraht, Chruschtschow, Ronald Reagan und dann Fanfaren: Helmut Kohl am Reichstag, Feuerwerk, und Angela Merkel, die erste ostdeutsche Kanzlerin, auf Staatsbesuch. Die deutsche Nachkriegsgeschichte in vier Minuten. Als das Licht wieder anging, war Angela Merkel verschwunden, zur Geburtstagsfeier von Helmut Schmidt. Hildigund Neubert erklärte einer Schülerin aus Pankow das Leben in der Diktatur.

Hildigund Neubert lebte in den Wendejahren zusammen mit ihrem Mann Erhart und ihren drei kleinen Söhnen in einer Wohnung in der Ostberliner Wilhelm-Pieck-Straße, die heute Torstraße heißt. Die Wohnung gehörte der evangelischen Kirche, für die Erhart Neubert als Pfarrer arbeitete, und sie ist, wenn man so will, ein historischer Platz. Dort wurde am 1. Oktober 1989 der Demokratische Aufbruch gegründet. 17 Aufrechte versammelten sich in der Wohnung, draußen auf der Straße patrouillierte die Staatssicherheit. Hildigund Neubert war mit den Kindern zu Freunden an den Berliner Stadtrand gefahren, weil sie befürchtete, gemeinsam mit ihrem Mann verhaftet zu werden. Die Kinder waren noch sehr klein damals, sagt sie. Sie sollten nicht beide Eltern auf einmal verlieren. Sie kam spät in der Nacht nach Hause, als die Partei bereits gegründet war, in der zweieinhalb Monate später Angela Merkels politische Karriere beginnen sollte.

Die meisten der 17 Gründungsmitglieder haben Angela Merkel nie getroffen. Sie fühlten sich schon nicht mehr zu Hause im Demokratischen Aufbruch, als sie dazukam. Vielleicht ist das kein Zufall. In den knapp drei Monaten von Oktober bis Dezember '89 entwickelten sich der Demokratische Aufbruch und Angela Merkel aufeinander zu, bis sie füreinander in Frage kamen.

Es wird kaum hell, wenn sie darüber spricht. Es war dunkel, wenn sie zur Arbeit fuhr, und dunkel, wenn sie nach Hause kam. Sie springt auf den zugefrorenen Inseln durch die flüssige, schwarze Zeit. In den Tagen um den 7. Oktober besuchte sie ein- oder zweimal die Gethsemanekirche in Prenzlauer Berg, sagt sie. Da war ihre Gemeinde, da war ihr Familienkreis, da ging sie auch manchmal zum Gottesdienst, aber nicht oft.

»Zwischen Oktober und Dezember? Tja, ich weiß auch nicht«, sagt sie. »Ich war Beobachterin, ich hab dem Braten noch nicht so ganz getraut. Das war nicht meine Sache, so kurz vor Toresschluss noch abzuhauen. Aber ich war noch nicht entschlossen, mich zu organisieren. Ich konnte mich nicht aufraffen, bei den Bürgerbewegungen mitzumachen. Ich bin mal zu Eppelmann in die Samariterkirche gegangen, aus Solidarität, weil man da eben hinging, wenn man mit der DDR nicht konform war.«

Mit vielen Leuten in der Berliner Bürgerbewegung konnte sie nichts Richtiges anfangen, das war ihr alles viel zu schwärmerisch, zu pazifistisch, zu links, und sie mochte auch die Radtouren nicht. Als die Mauer fiel, ging sie in die Sauna. Danach lief sie mit dem Kulturbeutel nach Westberlin, saß mit irgendwelchen fröhlichen Leuten in einem Weddinger Wohnzimmer, aber nur kurz, weil sie ja am nächsten Tag wieder arbeiten musste. Am ersten Samstag nach dem Mauerfall besuchte sie eine Geburtstagsfeier in der Bornholmer Straße, sagt sie, und wunderte sich, dass alle so bekümmert waren, weil nun der Dritte Weg verschüttet war und alle in den Westen rannten. Sie dagegen freute sich von ganzem Herzen über die neuen Möglichkeiten, ärgerte sich, dass Helmut Kohl vorm Schöneberger Rathaus ausgepfiffen worden war, und begriff langsam, dass sie anders tickte als ihre Freunde, sagt sie.

Mitte November fuhr Angela Merkel auf eine Dienstreise nach Polen, danach ging sie auf Parteientour. Sie sah sich die Grünen an, das Neue Forum und besuchte zusammen mit ihrem Akademiekollegen Klaus Ulbricht eine SPD-Veranstaltung in einer Neuköllner Kirche. Ulbricht blieb da hängen, wie sie das nennt, er wurde später SPD-Bezirksbürgermeister von Köpenick. Angela Merkel aber erschien die SPD zu fertig, zu eingefahren, zu langweilig. Sie redeten über Kinderspielplätze und duzten sich, sagt sie. Sie zog weiter, irgendwann, wahrscheinlich Ende Dezember, stand sie in der Marienburger Straße 12 vor einem Laden, in den der Demokratische Aufbruch eingezogen war. Sie kann sich nicht erinnern, wie sie dort hinkam, sagt sie, sie stand einfach da. Es klingt schlafwandlerisch. Man erwacht nur langsam aus so einem langen Speicherschlaf.

Sie ging hinein und fragte einen Mann, ob sie irgendwas helfen könne.

Klar, sagte der Mann.

Sie weiß nicht mehr, wer das war. Sie weiß nur noch, dass er einen Bart trug. Sie setzte sich einen Moment hin und beobachtete den Laden. Das Chaos gefiel ihr, sagt sie. Sie hatte den Eindruck, gebraucht zu werden. Gleich in der ersten Woche besuchte sie eine Vorstandssitzung, die in den Räumen der Volkssolidarität in der Christburger Straße stattfand. Andreas Apelt, der damals zu den Wortführern des Demokratischen Aufbruchs gehörte, erinnert sich, dass sie schweigend und skeptisch in der Ecke saß. Er war sich sicher, dass sie nie wiederkommen würde. Aber sie kam wieder und blieb. Sie kümmerte sich um die neuen Computer, die gerade aus dem Westen eingetroffen waren. Sie packte sie aus und schloss sie an. Das war ihre erste Aufgabe.

»Ich fand die wabernde politische Lage da spannend«, sagt sie. »Die waren nicht so entschieden links wie beim Neuen Forum oder bei Demokratie Jetzt. Es gab auch konservative Strömungen. Das ganze Prozedere war nicht so furchtbar basisdemokratisch, es war bodenständiger. Außerdem waren da interessante Personen.«

Die interessanten Personen waren neben Andreas Apelt, einem jungen Historiker, der als Friedhofsgärtner arbeitete, und der Berliner Publizistin Daniela Dahn Friedrich Schorlemmer, ein rhetorisch begabter Pfarrer aus Wittenberg, Rainer Eppelmann, ein kämpferischer, bärtiger Pfarrer aus Friedrichshain, Edelbert Richter, ein Erfurter Pfarrer, der sich mit Marx auskannte, Erhart Neubert, der Pfarrer aus der Wilhelm-Pieck-Straße, und Wolfgang Schnur, ein Dissidentenanwalt mit Krawatte und großer schwarzer Brille, der, wie sich wenig später herausstellen sollte, Informeller Mitarbeiter der Staatssicherheit war.

Das Parteiprogramm stammte vom Marx-Experten Richter, das Statut schrieb Schnur, vermutlich in Abstimmung mit seinem Führungsoffizier.

Auf dem Parteitag des Demokratischen Aufbruchs, der Mitte Dezember in Leipzig stattfand, explodierte die Partei fast. Es waren Fernsehteams und Politiker aus dem Westen da und Delegierte aus Thüringen und Sachsen, die deutlich konservativer waren als die Gründungsväter aus der evangelischen Kirche des Nordens. Sie forderten lautstark, das Wort Sozialismus aus dem Programm zu streichen und dafür die deutsche Einheit als Ziel zu formulieren. Erwin Huber redete irgendwelches Zeug, und Friedrich Schorlemmer stürzte aus dem Versammlungsraum, um in die wartenden Fernsehkameras zu sprechen: Mit dieser nationalistischen Partei habe ich nichts mehr zu tun! In einer wilden Abstimmung wurde Wolfgang Schnur zum Vorsitzenden des Demokratischen Aufbruchs gewählt, seine Stellvertreterin wurde Sonja Schröter, eine junge Ärztin aus Leipzig.

»Ich habe mich einfach gemeldet, so wie ich mich sonst zum Nachtdienst in der Uni-Klinik meldete«, sagte Sonja Schröter, die heute Süß heißt und als Psychotherapeutin in Berlin-Wilmersdorf arbeitet.

Sie sitzt in dem kleinen Sprechzimmer, der Teppich zwischen dem Therapeuten- und Patientenstuhl ist grün wie Gras. Sie sagt, dass die Partei plötzlich nach rechts rückte und sie dagegenhalten wollte. Sie hätte fast gewonnen, vier Stimmen nur fehlten, so ein Zufall. So war die Zeit damals. Sie lacht. Einen Moment lang, während draußen der Berliner Feierabendverkehr summt, stellt man sich vor, dass es diese stille Frau mit den dunklen Augen geworden wäre und nicht die abwägende Pastorentochter aus der Uckermark. Aber sie hatte ja kein Telefon, sagt Sonja Süß, sie saß in Leipzig, und sie hörte auch nie auf, Ärztin zu sein. Wahrscheinlich war sie einfach zu früh dabei. Sonja Süß hätte Positionen und Ideale verraten können, die Angela Merkel nie vertreten hat.

In den Tagen, als Merkel in der Marienburger Straße anklopfte, traf Sonja Süß Helmut Kohl in Dresden. Der Bundeskanzler empfing am Rande seines Riesenauftritts eine Gruppe handverlesener Bürgerrechtler in einem Konferenzraum des Hotels Bellevue. Sonja Süß vertrat zusammen mit Wolfgang Schnur den Demokratischen Aufbruch. Sie sagt, dass Schnur wie elektrisiert von Kohl war. Helmut Kohl brachte die Autorität in den Raum, nach der der schwergestörte Wolfgang Schnur ein Leben lang suchte, sagt Sonja Süß. Er habe den Kanzler regelrecht angehimmelt. Sonja Süß ermahnte Kohl, endlich die Oder-Neiße-Grenze anzuerkennen, Wolfgang Schnur warf sich ihm in die Arme.

Ein IM der Staatssicherheit führte die Partei des Demokratischen Aufbruchs in den Schoß der West-CDU, die händeringend nach einem Partner in Ostdeutschland suchte. Kohl beauftragte seinen Generalsekretär Volker Rühe mit der Brautschau. Rühe aber kannte niemanden im Osten außer Erich Honecker, mit dem er sich Mitte der Achtziger in Berlin getroffen hatte. Er hatte im Palasthotel gewohnt, er hatte den Alexanderplatz gesehen, das Schloss Sanssouci und als Jugendlicher mal gegen eine Mecklenburger Auswahl Handball gespielt.

Der Osten der Bürgerrechtler war ein Dschungel, und Volker Rühe blinzelt heute noch nervös, wenn er sich an die Kontaktaufnahme mit den Wilden erinnert. Er traf sich mit Wolfgang Schnur in irgendeiner Discothek zum Tanzen. Lothar de Maizière, der gerade zum neuen Vorsitzenden der Ost-CDU gewählt worden war, erzählte ihm unentwegt von Militärisch-industriellen Komplexen im Kapitalismus. Das war alles verstörend, fremd und durcheinander. Um ein bisschen Ordnung hineinzubringen, dachte sich Rühe die »Allianz für Deutschland« aus, wo neben DSU und der Ost-CDU auch der Demokratische Aufbruch zur Volkskammerwahl antrat.

Angela Merkel hatte mit alldem nichts zu tun. Im Januar 1990, als sie alle Computer angeschlossen hatte, waren die Gründungsmitglieder, die einen demokratischen Sozialismus wollten, weg und der Demokratische Aufbruch die große Konservative unter den Bürgerbewegungen.

»Angela hat sich die Glaubenskämpfe gespart«, sagt Rainer Eppelmann. »Sie hat damals nicht gesagt, was sie wollte, aber das kann man ihr jetzt nicht vorwerfen. Sie hat gemacht, was man ihr gesagt hat. Sie war 'n junget Mädel. Allerdings nicht so jung, wie ick dachte. Ein politisches Gen habe ick nicht gesehen, aber wir waren auch alle sehr mit uns selbst beschäftigt.«

Eppelmann sitzt in seinem Büro in der Stiftung zur Aufarbeitung der SED-Diktatur in Berlin-Mitte. Es ist morgens um zehn, aber immer noch nicht richtig hell. Er sagt, dass er nicht viel Zeit habe, ein wichtiger Mittagstermin. Er habe viel zu tun, sagt er. Er mache das alles ehrenamtlich, weil man nie vergessen dürfe, was in diesem Land passiert sei. Er habe Angela Merkel zum 20-jährigen Jubiläum des Schweriner Parteitags vom Demokratischen Aufbruch 2010 eine Einladung geschickt. Das sei jetzt acht Wochen her, sie habe noch nicht mal geantwortet.

»Wir könnten es ohne sie machen, natürlich, aber es wäre eine Geste«, sagt Rainer Eppelmann.

»Sie gehörte nicht zu den ersten 500, nicht zu den ersten 5000, nicht zu den 50 000, nicht mal zu den 2 Millionen, die vor dem 9. November auf der Straße waren, um zu sagen: ›Is allet Scheiße.‹ Is nicht schlimm, aber auch kein Grund, alles zu vergessen. Ich weiß nicht, ob Angela und Thierse den Druck ausgehalten hätten, den wir aushalten mussten.«

Als die Gesprächszeit vorbei ist, kommt ein junger Mann mit einer großen Mappe vorsichtig ins Büro. In der Mappe klebt nur ein kleiner gelber Zettel, auf dem steht, dass der wichtige Mittagstermin ausfällt.

Wie geht's danach weiter?, fragt Eppelmann.

Wir haben erst mal nichts, sagt der junge Mann.

Eppelmann nickt, streicht sich mit den Händen über seine

weiche Weste und sagt: »Wir haben uns verbraucht. Im juten Sinne verbraucht.«

Angela Merkel kann sich nicht an die Einladung von Eppelmann erinnern. Sie wird ja jetzt, in dem Jahr, das mit deutschen Jubiläen nur so vollgestopft ist, zu vielen Dingen eingeladen. Sie kann nicht zu allem hingehen, und sie glaubt wohl auch nicht, dass sie ihre Karriere auf dem Fundament aufbaute, das Männer wie Eppelmann gossen. Oder zumindest glaubt sie nicht so fest daran wie er. Männer wie Eppelmann und auch Schorlemmer, der heute ganz ähnliche Sachen über sie sagt, kannte sie eigentlich schon als Kind. Von zu Hause.

Friedrich Schorlemmer sitzt in seiner Wohnung in Wittenberg wie ein Ausstellungsstück, zwischen Jugendstiltischchen und Sekretären, auf denen sich Papierberge türmen. Es gibt den alten Plattenspieler und das Radio Rema Andante, die Platten stapeln sich auf dem Fußboden, es gibt die Karaffe mit dem schweren Wein, die bis unter die Decke vollgestopften Bücherregale, die getrennten Zeitungsstapel von *Süddeutscher Zeitung* und *Neuem Deutschland,* die er abonniert hat, dazwischen thront der Hausherr, lächelnd, mit lockigem Haar, der die Welt in Gut und Böse einteilt, der lustig ist und charmant und klug und unnachsichtig, wenn es um die Konkurrenz geht. »Eppelmann hat ja ein Buch schreiben lassen«, sagt Schorlemmer. »Keine Ahnung, ob das jemand wahrgenommen hat.« Zweimal ruft jemand an. Einmal ist es der Weinhändler, einmal jemand, der eine Jubiläumsveranstaltung organisiert, auf der er reden soll. Er hat Angela Merkel später einmal im Rias-Gebäude getroffen, sagt er und lacht. Sie fuhr mit dem Paternoster nach oben, er nach unten. Sie hat sich in der Wende auch von diesen Männern befreit.

»Sie kommt aus einem protestantischen Pastorenhaushalt. Da redet der Pfarrer am Frühstückstisch, aber am Ende entscheidet seine Frau, was gemacht wird«, sagt Hans-Christian Maaß, der zu den wenigen Bonnern gehörte, die die DDR kannten.

Maaß wuchs in einem ostdeutschen Pfarrhaus auf, wurde als junger Mann in die Stasi-Haft gesteckt, 1974 in den Westen freigekauft und arbeitete im Herbst 1989 als Sprecher des CSU-Verkehrsministers Jürgen Warnke in Bonn. Im Dezember führte Maaß seinen Minister zum Laden des Demokratischen Aufbruchs in der Marienburger Straße. Die zerschossenen Fassaden in Prenzlauer Berg, die bärtigen Männer, die qualmenden Autos; CSU-Minister Warnke fühlte sich, als sei er ins Herz der Finsternis gereist. Er war aufgeregt wie ein kleiner Junge und dankbar, das alles erleben zu dürfen. Maaß wurde Ostexperte der CDU. Er organisierte für den ostdeutschen Nachwuchs Politikseminare in Westberlin, und Angela Merkel war eine seiner eifrigsten Schülerinnen.

Wahrscheinlich kam ihr die Führung des Demokratischen Aufbruchs anschließend noch dilettantischer vor. Als der fahrige Wolfgang Schnur einen Termin mit Bonner Journalisten vergessen hatte, sagte sie ihm, dass eine richtige Partei auch einen richtigen Pressesprecher brauche.

Dann machen Sie das, sagte Schnur.

Können Sie das einfach so festlegen?, fragte sie.

Selbstverständlich, sagte Schnur und rannte weiter.

Es war ihre erste Funktion, das politische Leben griff nach ihr, und sie beriet sich mit ihrem Mann, Joachim Sauer, ob sie weitermachen sollte.

»Er hat mir zugeraten«, sagt sie. »Er hatte die Sorge, dass wieder nur die Leute, die früher in der Politik waren, alles übernähmen. Er hat gesagt: ›Mach mal.‹ Es war klar, dass er von uns beiden der leidenschaftlichere Wissenschaftler war.«

Das war der erste, grobe Plan. Ein Familienplan. Du machst das. Ich mach das. Jeder, was er kann. Dann sehen wir weiter. Als feststand, dass es im März freie Volkskammerwahlen geben würde, ließ sich Angela Merkel von der Akademie der Wissenschaften vorübergehend freistellen.

Wenige Tage vor der Wahl tauchte bei Volker Rühe im Bonner Adenauer-Haus ein Journalist auf und erklärte, dass Wolfgang Schnur IM der Staatssicherheit sei. Er bat Rühe, das für sich zu behalten. Ha, ruft Rühe, für mich behalten! Drei Tage vor der Wahl! Er informierte sofort Helmut Kohl. Kohl rief Eberhard Diepgen von der Berliner CDU an und forderte den offiziellen Rücktritt von Schnur. Diepgen fuhr mit seinen Kollegen Thomas de Maizière und Bernd Neumann ins Berliner Hedwig-Krankenhaus, in das sich Schnur zurückgezogen hatte, um den DA-Vorsitzenden zum Rücktritt zu bewegen.

»Schnur war regelrecht erleichtert«, sagt Thomas de Maizière. »Er bestand sogar darauf, die Rücktrittserklärung persönlich zu schreiben. Es war ein Vormittag, so gegen neun oder zehn, für zwölf beriefen wir eine Sitzung der Fraktion des Abgeordnetenhauses der Westberliner CDU ein. Das war natürlich ein Fehler, es hätte was im Osten stattfinden müssen. Aber so weit haben wir damals nicht gedacht.«

De Maizière sitzt in seinem Büro im Kanzleramt und lächelt entrückt. Er kann sich nur vage daran erinnern, dass Angela Merkel damals bei der CDU-Sitzung dabei war. Seltsam, jetzt ist sie seine Chefin. Sie hat ihn hierhergeholt auf ihre Etage im Kanzleramt, und in ein paar Wochen wird sie ihn zum Innenminister machen. Damals war sie eine unscheinbare Frau in einem verschossenen Rock, die einfach sitzen blieb, als Diepgen aus dem Krankenhaus gerauscht kam und rief: »Jeder, der hier nicht hergehört, raus!«

Sie hat viel gelernt an diesem Tag, sagt Angela Merkel. Sie kann kaum reden vor Lachen, wenn sie erzählt, dass sie an jenem Morgen ein Pressefrühstück organisiert hatte, in dem das Verhältnis des Demokratischen Aufbruchs zur europäischen Frage dargestellt werden sollte. Sie muss immer wieder aufhören, so komisch findet sie sich selbst, wenn sie sich beschreibt, damals, so ohnmächtig, so unverhältnismäßig. Die Maus und Europa. Mitten in ihr Frühstück platzte die Nachricht von Schnurs Rücktritt. Sie hatte Schwierigkeiten, Eppelmann ans Telefon zu bekommen, der ja plötzlich zum ersten Mann der Partei geworden war. Wenn sie durchkam, brüllte Eppelmann nur, er lasse sich von den Westlern gar nichts sagen. Und in den Westen fahre er sowieso nicht. So fuhr sie. Am Nachmittag dann gab es eine Pressekonferenz im Haus der Demokratie. Der Ansturm war gigantisch. Angela Merkel begriff zum ersten Mal, worauf sie sich wirklich eingelassen hatte.

Sie rief ihren Mann an, um sich beruhigen zu lassen. Sie besprachen, was sie sagen würde. Bei der Pressekonferenz hatte sie sich wieder halbwegs im Griff, Eppelmann saß blass neben ihr. Sie ist ihm nicht positiv aufgefallen, aber auch nicht negativ, sagt Thomas de Maizière. Das war schon was für einen Ostler.

Angela Merkel war in diesem Moment Teil einer Entscheidung, die ganz tief und ganz oben im Westen getroffen worden war. Sie war, noch bevor der Osten zum ersten Mal frei gewählt hatte, Rädchen eines gesamtdeutschen Politikgetriebes. Womöglich haben sie deswegen an sie gedacht, als sie eine stellvertretende Pressesprecherin für die erste frei gewählte Volkskammer suchten. Es gibt verschiedene Versionen, und am Ergebnis ihrer Partei kann es nicht gelegen haben. Der Demokratische Aufbruch bekam bei den ersten freien Wahlen der DDR 0,9 Prozent. Angela Merkel erinnert sich nur noch, wie sie in der Wahlnacht von einer Party zur anderen taumelte und wie scheußlich sie die weißen Schuhe vom Bauernpartei-Vorsitzenden Günther Maleuda fand, der im Palast der Republik den Wahlsieg der CDU feierte.

Weiße Schuhe mit grauen Socken. Allein für deren Verschwinden lohnte sich der ganze Kampf.

Matthias Gehler glaubt, dass Angela Merkel ihr altes Leben endgültig hinter sich ließ, als sie ihm schrieb, dass sie das Angebot, stellvertretende Regierungssprecherin zu werden, annehme. Gehler wurde ihr Chef. Er war Mitte dreißig und hatte ein bewegtes Leben hinter sich. Er war Theologe, Liedermacher, er hatte Bibeln in die Sowjetunion verschickt und arbeitete seit dem Ende der achtziger Jahre als Redakteur des CDU-Zentralorgans *Neue Zeit*, wo er zuerst das Treptower Konzert von Bob Dylan rezensiert hatte und später dem künftigen Ministerpräsidenten Lothar de Maizière auffiel. Gehler kannte Angela Merkel nicht, sie machte einen aufgeweckten Eindruck, aber sie zögerte, sagt er. Sie wollte erst mal nach London fahren und nachdenken.

Gehler wartet in einem Café Unter den Linden, er ist zur Funkausstellung nach Berlin gekommen, denn er arbeitet heute im Erfurter Landesfunkhaus des MDR, wo er nach dem Ende der DDR unterkam. Schon nach ein paar Wochen als Regierungssprecher war klar, dass Gehler keine große Politikkarriere machen würde. Die effiziente, direkte Art seiner Stellvertreterin zeigte seine Schwächen. Er brauchte zu lange, um zum Punkt zu kommen, sagen die Kollegen von damals. Angela Merkel hinterging ihn nicht, sie war besser, und womöglich ist er deshalb so fest davon überzeugt, dass ihr neues Leben in seiner Abteilung begann. Er ist von der Besten geschlagen worden, immerhin.

Gehler hat den Brief dabei. Mit runden, kippligen Mädchenbuchstaben steht da: »Sehr geehrter Herr Gehler, nach kurzem Überlegen und Rücksprache mit meinem Vorsitzenden nehme ich das Angebot, stellvertretender Regierungssprecher werden zu können, dankend und gerne an.« Sie hat sogar die Uhrzeit notiert, als sei sie sich ihrer historischen Entscheidung bewusst gewesen. Wenn Gehler recht hat, kann man ganz genau sagen, wann Angela Merkels neues Leben begann. Am 9. April 1990, 20 Uhr.

»London?«, sagt Angela Merkel. »An London kann ich mich nicht erinnern. Ich weiß noch, dass ich mit meinem Mann nach Sardinien gefahren bin, als die Vereidigung der Volkskammer war. Ich hab denen gesagt, dass ich es nicht machen kann, wenn ich zur Vereidigung dabei sein muss. Das kann man sich heute auch nicht mehr vorstellen. Aber ich wollte unbedingt nach Sardinien.«

Sie bezweifelt, dass ihr neues Leben in der Pressestelle der Volkskammer begann. Sie hatte ja immer noch den Schreibtisch in der Akademie, sagt sie. Es gab immer noch einen Weg zurück, aber der wurde immer länger. Sie leckte Blut. Sie flog mit Lothar de Maizière nach Moskau und Washington. Sie nahm an den Zwei-plus-Vier-Gesprächen teil, sie saß mit Thomas de Maizière am Katzentisch, als der Ostler Günther Krause und der Westler Wolfgang Schäuble den Einigungsvertrag verhandelten. Sie verkaufte die Politik der Männer, und wahrscheinlich verstand sie dadurch immer besser, wo deren Schwächen lagen.

Sie war oft von der Laune der anderen abhängig, der Kerle. Krause, de Maizière, Gehler, Diestel, sie schienen Politik manchmal zu spielen wie Räuber und Gendarm. Thomas de Maizière war ziemlich herrisch, Maaß sagte ihr dauernd, was sie machen soll. Dazu kamen die ganzen kleinen, emsigen Westpraktikanten. Es war oft laut, hektisch und unberechenbar. Gehler träumte von seinen Kinderkonzerten und sang manchmal ein paar Strophen aus seinem Repertoire. Lothar de Maizière spielte auf dem Weg zum Mittagessen gelegentlich auf einer imaginären Bratsche und rief, dass er endlich wieder ein richtiges Leben wolle. Sie hatte nicht immer den Eindruck, dass alle das wirklich als Aufgabe für sich angenommen hatten. Das störte sie.

Lothar de Maizière lächelt, als er das hört. Als er in die Politik ging, hat er seiner Kollegin in der Kanzlei gesagt: Roswitha, halt meinen Schreibtisch frei. Ick komme wieder.

Die Volkskammer-Zeit ist nur noch eine Anekdote, die er ständig poliert wie eine alte Taschenuhr. Manchmal hat man den Eindruck, er singt die Geschichten, die er von damals erzählt. Es sind Balladen, in denen Gorbatschow und Bush vorkommen, Kohl und Tausende Tonnen Getreide, die er kostenlos an die Sowjetunion verschickte. Er zitiert Gysi, Moses und Bonhoeffer und immer wieder Gorbatschow, den er Mischa nennt, den faulen Bären.

Und Angela Merkel?

»Einmal, 1990, hab ich sie mit nach Moskau genommen und gesagt: Angela, du sprichst Russisch. Geh raus, und frag die Leute, wie die Lage ist.«

Und was haben die Leute gesagt?

»Sie sagten: Stalin hat den Zweiten Weltkrieg gewonnen, Gorbatschow ist dabei, ihn zu verlieren.«

Lothar de Maizière ist ein feiner, weiser Mann, der sich eingerichtet hat zwischen seinen Büchern, Erinnerungen, Drucken und anderen Andenken aus der wichtigsten Zeit seines Lebens. Sein Büro sieht völlig anders aus als das von Angela Merkel. Es ist warm, gemütlich und ein wenig verschusselt. Es gibt Dokumente aus der Wendezeit und Bücher von Helmut Schmidt, Egon Krenz sowie Kai Diekmann. Manchmal kommt seine alte Hündin Lisa herein, die aussieht wie Theo Waigel, und einmal erscheint de Maizières Friseur, ein älterer, gutgelaunter Herr mit Handgelenktäschchen, und sagt hallo. »Dit war ein mehrfacher

DDR-Meister im Schaufrisieren«, sagt de Maizière und leckt sich über die Zähne.

»Als ich Ministerpräsident der DDR wurde, wog ich 65 Kilogramm, am Ende meiner Amtszeit 51«, sagt er und lacht, denn nun kommt's: »Jetzt wiege ich 75.«

So kann man die Wendezeit auch beschreiben. Ein abgeschlossenes Stück Zeit mit einer Pointe hintendran. Angela Merkel aber fühlte irgendwann, dass sie das nicht wollte. Sie wollte weitermachen. Sie sagt, dass sie die Geschichte jahrelang als ständige, gesetzmäßige Entwicklung zu etwas Höherem begriffen hat. Irgendwann machte ihr ein Akademiekollege klar, dass das DDR-Ideologie war. Aber ganz wird man das ja nie los. Sie wollte es besser machen. Sie konnte das auch. Sie musste nicht abhängig sein von den Kerlen. Sie bewarb sich um ein Bundestagsmandat und räumte ihren Schreibtisch in der Akademie. Von da an gab es kein Zurück mehr.

»Das war der Punkt, als mein neues Leben begann«, sagt sie. »Wenn Sie ihn denn unbedingt wissen müssen.«

Gab es denn irgendeinen speziellen Anlass, einen Auslöser?

»Ach nein«, sagt sie, und dann erzählt sie, wie sie eines Tages ihr Büro verließ und auf dem Gang fast mit einer aufgeregten Sekretärin zusammenstieß, die ein Glas zu Günther Krause trug, der ganz dringend nach einem Schnaps verlangt hatte. Vielleicht war das der Punkt, an dem sie beschloss, mit dem begabten, aber maßlosen Krause auch das letzte Stück Osten hinter sich zu lassen. Eine vorbeieilende Sekretärin mit einem Schnapsglas ist eigentlich ein schönes Bild für einen Neuanfang.

Am 31. August 1990, auf der letzten Hauptausschusssitzung des Demokratischen Aufbruchs, bat Angela Merkel ein letztes Mal einen Kollegen aus ihrem alten Leben um einen Gefallen. Sie fragte Hans Geisler, einen Chemiker aus Dresden, der gerade in den CDU-Vorstand gewählt werden sollte, ob er sie auf einem Abendempfang vor dem CDU-Parteitag in Hamburg Helmut Kohl vorstellen könnte. Klar, sagte Geisler. Am 2. Oktober 1990, einen Tag vor der deutschen Wiedervereinigung, führte er sie zum Bundeskanzler und stellte sie vor.

Dann zog er sich zurück.

Nur ein einziges Jahr war vergangen seit dem Septemberwochenende in Templin, an dem Angela Merkel zufällig und unbeteiligt auf dem Pastoralkolleg ihres Vaters herumsaß, das sich eigentlich die Frage gestellt hatte: Was ist der Mensch?

Sie hatten keine Zeit, die Frage zu beantworten. Bis heute nicht. Nie. Sie probieren es aus. Marcus Kasner ist Physiker in Frankfurt am Main. Sein Vater ist im Ruhestand. Günter Nooke ist über den Umweg Bündnis 90 schließlich auch bei der CDU gelandet. Er hat eine Menge Dinge versucht. Er war im Brandenburger Landtag und bei der Treuhand, im Moment kümmert er sich im Auswärtigen Amt um Menschenrechte. Er sitzt in einem dunklen Büro an einem endlosen Flur. Aber er hat eine Espressomaschine und kann jederzeit eine Nadel in die Weltkarte über seinem Sofa stecken und da hinfliegen, um sich dort die Menschenrechtssituation anzugucken. Er wirkt nicht unzufrieden, nur ein bisschen grummelig. Hans-Jürgen Fischbeck saß ein paar Jahre lang für das Bündnis 90 im Berliner Stadtparlament und hat kurz nach dem Millennium mit seiner Frau und zehn anderen Mitstreitern eine Kommunität in der Uckermark gegründet, die versucht, dem internationalen Finanzkapital etwas entgegenzusetzen. Die Idee ist, dass man Leistungen miteinander austauscht, die über eine eigene Währung miteinander verrechnet werden. Die Währung heißt Oderblüte. Hans-Jürgen Fischbeck ist für das Heizen zuständig. Es läuft noch nicht so richtig, auch weil die beiden Physiotherapeutinnen, die sich beteiligen wollten, gerade im Streit ausgeschieden sind. Aber Fischbeck ist guten Mutes, er weiß, dass es so nicht weitergehen kann.

Professor Frey aus Bochum erinnert sich noch, wie sie alle zusammen am 24. September 1989 in die Templiner Kirche gingen. Der Superintendent hielt die Predigt, er begann mit den Worten: Israel ist 40 Jahre durch die Wüste gewandert. Die Menschen in der Kirche sahen sich an, sie murmelten zustimmend, weil sie das als Analogie auf die 40-jährige DDR-Herrschaft verstanden.

»Angela Merkel aber zeigte nach meiner Erinnerung keine Regung«, sagt Frey.

Sie hat lange und tief geschlafen, aber jetzt ist sie wach.

»Meine Entscheidung, in die Politik zu gehen, ist wirklich den chaotischen Umständen geschuldet«, sagt Angela Merkel. »Ich glaube nicht, dass ich unter den Verhältnissen des Westens Politikerin geworden wäre. Da wäre ich vielleicht Lehrerin geworden oder Dolmetscherin. Es ist einfach so viel passiert, so schnell und so überraschend.«

Was also ist der Mensch?

Angela Merkel steht auf, streicht sich die Jackettschöße glatt, die Zeit ist um. Sie muss weiter. Pittsburgh, die Wahlen, der Sieg, die Koalitionsverhandlungen, die Kabinettsbildung, das Finanzpaket, Afghanistan, die große Rede vor den beiden amerikanischen Häusern, als erste deutsche Kanzlerin, die Opel-Krise, das Mauerfalljubiläum und dann das der deutschen Einheit und dann weiter, immer weiter in die Geschichte. Manchmal scheint es, als sei Angela Merkel eine Verkörperung der Umstände. Die Wende als Mensch sozusagen. Eine Frau, die eher über die Zeit beschrieben werden kann, in der sie lebte, als über die Dinge, die sie tat. Wie ein Stein, den jemand in einen Fluss geworfen hat.

Hunderttausend Dollar, plus Spesen

Wie der amerikanische Spin Doctor George Gorton vom Politiker zum Politikerverkäufer wurde

Der Mann, der Boris Jelzin und Richard Nixon dabei half, Präsidenten der wichtigsten Länder dieser Welt zu werden, scheint für einen Moment die Orientierung verloren zu haben. Er steht vor seinem Garagentor in der klaren, warmen Abendluft des Topanga-Canyons und denkt über seinen nächsten Schritt nach. Der große Lexus parkt in Sacramento, das sind 400 Meilen von hier, mit dem Cabrio ist seine Frau Kiki vor drei Minuten nach Beverly Hills aufgebrochen, um sich mit einer Freundin zu einem dieser endlosen Cocktailgespräche zu treffen, sein Handy funktioniert hier oben in den Bergen über Los Angeles nicht, und gerade merkt er, dass er auch keinen Hausschlüssel hat. Es ist sehr still. George Gorton kippt von einem Bein aufs andere, die Abendsonne färbt sein Gesicht orangerot, seine Finger massieren den kleinen, graumelierten Bart an seinem Kinn. Im Haus hört man ein Telefon klingeln, sechsmal, womöglich Schwarzenegger. Dann ist es wieder still. Irgendwann sagt Gorton: »Vielleicht ist ein Hintereingang offen.«

Wir steigen eine steile Treppe hinunter ins Tal, laufen an einem dösenden Husky vorbei, Gorton klinkt an verschiedenen Türen, schließlich gibt eine nach, wir tasten uns durch Kellerräume und steigen im Inneren des Hauses wieder nach oben. Überall liegen Sachen verstreut, Papier- und Kleiderhaufen, Fotos, Kissen, Kisten.

»Entschuldigen Sie das Chaos, ich bin etwas durch den Wind. Ich muss in den nächsten Wochen nach Sacramento ziehen, um näher an Arnold zu sein. Ich hab mir da oben gerade ein Haus gekauft, da ist auch mein Wagen, und eigentlich sollte ich genau in diesem Moment auch dort sein«, sagt er.

Er sieht sich um.

Kein Auto, kein Telefon, die falsche Stadt. Man hätte einen anderen, organisierteren Mann erwartet. Gorton ist einer der erfahrensten politischen Strategen Amerikas, er ist Gouverneur Schwarzeneggers rechte Hand. Irgendetwas scheint schiefzulaufen. So war es eigentlich immer, wenn sein Leben eine halbwegs feste Form zu bekommen schien.

George Gorton lebt von Veränderung.

Er betritt ein Zimmer, in dem ein breiter Schreibtisch vor einem großen Fenster steht, durch das man einen atemberaubenden Blick in den rotglühenden Topanga-Canyon hat. Es ist sein Arbeitszimmer. Der Schreibtisch sieht aus, als hätte jemand zwei Papierkörbe darauf ausgekippt. An den Wänden kleben Fotos, die ihn neben verschiedenen amerikanischen Präsidenten zeigen, beim Fußballspielen mit seinem Sohn, beim Meditieren mit seinem Guru in Nepal, im Gespräch mit Arnold Schwarzenegger, zusammen mit Jeff Goldblum, der ihn in »Spinning Boris« darstellt, einem Spielfilm über Gortons Russland-Erfahrungen, der gerade Premiere hatte, und, halbnackt, neben einer vollbusigen Blondine, vermutlich seiner Frau Kiki.

Gorton nimmt ein gerahmtes, schwarz-weißes Foto in die Hand, auf dem er in einer Runde mit Richard Nixon im Weißen Haus sitzt, und wischt mit dem Handrücken über das staubige Glas. Er hatte einen dicken Schnurrbart im Gesicht damals, die Haare fielen ihm bis auf die Schultern, er war 24 Jahre alt, und es galt als sicher, dass er der jüngste Staatssekretär in der Geschichte der Vereinigten Staaten werden würde. Gorton schaut das Bild an.

»Ein halbes Jahr später explodierte Watergate, mein Name war fünf Tage lang auf der Titelseite der *Washington Post*, meine Freundin machte mit mir Schluss, und meine alten politischen Kumpel wechselten die Straßenseite, wenn sie mich sahen«, sagt er.

Gorton wirft das Bild auf den Schreibtisch und steigt weiter nach oben ins Wohnzimmer. Auf dem Anrufbeantworter ist Arnold Schwarzenegger, der ihn morgen Nachmittag um 17 Uhr zu einem Gespräch sehen will. Es geht um die Probleme, die Kalifornien mit illegalen Immigranten hat. Gorton lässt sich in einen breiten Ledersessel fallen, als würde er damit die Welt anhalten. Neben dem gewaltigen Kamin steht ein großer Fernseher, daneben eine Karaoke-Maschine, überall Holzfiguren und heilige Steine, die Gorton von seinen Meditationstouren aus Asien mitbrachte. An der Wand neben ihm hängen gerahmte Titelblätter russischer und rumänischer Zeitungen, die über den geheimnisvollen Amerikaner berichten, der in den späten neunziger Jahren die Wahlkämpfe in ihren Ländern managte.

Es ist der Voodooraum eines Spin Doctors. Gorton macht seit 35 Jahren Präsidenten, Bürgermeister, Senatoren und Gouverneure. Man weiß nicht genau, wo man anfangen soll. Es ist ein weiter Weg von Richard Nixon zu Boris Jelzin und von da zu Arnold Schwarzenegger, den Gorton im vorigen Herbst zum Gouverneur von Kalifornien machte.

Was genau macht er eigentlich?

»Oh, ich bin politischer Berater«, sagt Gorton. »Ich entwerfe Strategien, Images, Kampagnen. Ich erforsche Stimmungen, ich mache Kandidaten stark, so was. Schwer zu sagen. Als ich damit anfing, gab es diesen Beruf noch gar nicht. Ich war Anfang zwanzig und studierte Politik an der Universität von San Diego. Ich hatte für republikanische Jugendgruppen ein paar Sommercamps organisiert, ehrlich gesagt, ging es eher ums Nacktbaden im Pazifik. Aber es war die Zeit, als das Wahlalter in Amerika auf 18 Jahre heruntergesetzt wurde. Plötzlich wurden die Jugendlichen für die Politiker hochinteressant. Und damit ich. Man holte mich zu einem Senatswahlkampf nach New York, um die Studenten für die Republikaner zu gewinnen. Keine einfache Sache in den Siebzigern, schon gar nicht in New York, bei meinem zweiten Einsatz hab ich gleich eine Faust ins Gesicht bekommen. Aber wir haben gewonnen. Wenig später kam Nixons stellvertretender Wahlkampfchef und holte mich nach Washington. Das war 72. Ich war 24 Jahre alt und hatte plötzlich ein Riesenbüro, 2 Sekretärinnen und 100 Leute, die für mich arbeiteten. Meine Mutter hat mich damals auch gefragt: ›Was machst du eigentlich, Junge?‹ Ich hab gesagt: ›Ich bin eine Art Politiker, Mom.‹«

Wollte er denn selbst mal Politiker werden?

»Nach Watergate nicht mehr«, sagt er, stöhnt leise und fragt: »Haben Sie was dagegen, wenn ich mich auf den Boden lege?«

Er rutscht langsam aus dem Sessel.

»Auf den langen Flügen zwischen Russland und Kalifornien hab ich mir den Rücken ruiniert«, sagt Gorton, legt sich flach auf den Holzfußboden seines Wohnzimmers und schließt die Augen.

Gorton leitete für Nixon die Studentenkampagne. Im Auftrag von Nixons Wahlkampfmanager verpflichtete er einen Studenten namens Ted Brill, der herausfinden sollte, welche Aktionen die linken Studentengruppen planten. Gorton gab dem Jungen Geld, Parteischecks, die er mit seinem Namen unterschrieb. Als Watergate aufflog, meldete sich Brill bei der *Washington Post*. Sie schrieb, Gorton habe im Auftrage Nixons Studentenspione beschäftigt. Er bekam zwei Seiten im berühmten Watergate-Buch von Woodward und Bernstein, er verlor sein Büro, seine Sekretärinnen und die 100 Mitarbeiter. Er war jetzt 25 und lief wie ein Untoter durch Washington. George Bush senior, der damals Chef der Partei war, sagte auf einer Pressekonferenz, Gorton werde nie wieder einen Fuß in ihr Gebäude setzen.

»Es war eine paranoide Stimmung damals bei den Republikanern. Jeder wollte nur seine Haut retten. Dieser ganze Spionagekindermist war kompletter Unsinn, und ich habe ja auch immer nur im Auftrag des Wahlkampfchefs gehandelt. Ich war jung, sie haben mich einfach fallengelassen«, sagt Gorton. »Bush hat sich als Präsident später bei mir entschuldigt. Aber, scheiß drauf.«

Vielleicht hat er damals begriffen, dass es kein langes, wirkliches Leben in der Politik gibt. Gorton war Republikaner geworden, weil er in einer Rhetorikklasse mal Nixon gespielt hatte. Er hatte nie große Überzeugungen gehabt, jetzt waren es noch weniger.

Gorton ging nach San Diego zurück und versuchte, eine Schallplatte mit einem Winnie-Puh-Lied zu vermarkten. Wahrscheinlich war das der Tiefpunkt seiner Karriere. Er saß mit einem Karton voller Winnie-Puh-Puppen stundenlang in winzigen Warteräumen unwichtiger Radiostationen. Irgendwann rief ihn sein Studienfreund Jack Ford an, dessen Vater Gerald gerade Präsident geworden war, und holte ihn wieder nach Washington.

Gorton zog sich in den Schatten der Politik zurück, in dem es nicht um Botschaften geht, sondern ums Gewinnen. Und wo niemand etwas anderes behauptet. Er machte Pete Wilson zweimal zum Gouverneur von Kalifornien und seine ehemalige Freundin Susan Golding zur Bürgermeisterin von San Diego, er arbeitete in den siegreichen Kampagnen von Ronald Reagan und George Bush senior. Er hielt seine rote Nase in den Wind und schnupperte die Stimmung des amerikanischen Volkes. Er recherchierte die Schwächen der gegnerischen Kandidaten. Er liebte aussichtslose Positionen, es war wie Sport und ein bisschen wie Pokern.

Bei einer Fernsehdebatte für die kalifornischen Gouverneurswahlen 1990 entdeckte er, dass sich Dianne Feinstein, die gegen seinen Kandidaten Wilson mit 30 Prozent führte, immer auf die Handflächen sah. Notizen waren verboten, offenbar hatte sie sich etwas auf die Hände geschrieben.

»Ich bin nach der Debatte zu den Journalisten gegangen und habe ihnen erzählt, dass Feinstein betrogen hat wie bei einer Klassenarbeit. Es war lächerlich, aber es hat sie die Wahlen gekostet. Es war so was wie dieser hysterische Auftritt von Howard Dean in diesem Jahr in Iowa. Oder die schlechte Rasur von Richard Nixon in der Fernsehdebatte mit Kennedy. Solche Sachen entscheiden Wahlen, wenn man ihnen den richtigen Dreh gibt. Spin Doctors gehen sofort nach der Debatte unter die Journalisten und erzählen ihnen, Feinstein ist unehrlich, Dean ist cholerisch, Nixon depressiv. Und die schreiben es. Bum.«

Die vielleicht perfekte Kampagne hat Gorton im vergangenen Herbst geleitet. Es war eine Kampagne ohne Inhalt, es ging nur noch um ein Image. Gorton war der Chefstratege für die Wahl Arnold Schwarzeneggers zum Gouverneur von Kalifornien. Schwarzenegger hatte keine politischen Erfahrungen, man hätte ihn mit ein paar Detailfragen schlagen können. Er war ein Action-Schauspieler aus Österreich. Er war ein Republikaner in einem demokratischen Staat. Letztlich hat niemand wirklich geglaubt, dass er antritt. Schwarzenegger gab seine Kandidatur bei Jay Leno bekannt, in der beliebtesten Late-Night-Show des Landes. Es war ein Knall, der ihn sofort auf die Titelblätter von *Newsweek* und *Time* brachte. Der Schwung trug ihn durch den kurzen Wahlkampf.

Es schien, als habe Schwarzenegger sich diesen Schritt erst während der Sendung überlegt. Als sei hier vor Millionen Fernsehzuschauern der Punkt gekommen, an dem er eingreifen müsse. Selbst Leno stand der Mund offen. Gorton war der Einzige, der in den Minuten, bevor Schwarzenegger nach draußen ging, mit ihm zusammen war. Gorton hat später allen Journalisten gesagt, dass er schon die Presseerklärung in der Jacketttasche hatte, auf der Schwarzenegger seinen Verzicht erklärte. Er sei selbst völlig überrascht worden. Alle haben es so aufgeschrieben. Bum.

Hat er wirklich nichts gewusst?

»Keiner hat etwas gewusst«, sagt Gorton, der immer noch flach auf dem Boden liegt. Die Sonne steht jetzt tief, man kann sein Gesicht nicht sehen. Vielleicht lacht er, vielleicht nicht.

Nach einer Weile stemmt sich Gorton vom Fußboden hoch, verschwindet im Bauch des Hauses und kommt zwei Minuten später mit einem Jackett zurück und sagt: »Können Sie mich vielleicht nach Hollywood fahren? Ich hab da eine Verabredung zum Dinner. Und kein Auto.«

Dann geht die Sonne unter. George Gorton scheint seine Orientierung wiedergefunden zu haben.

Am nächsten Tag öffnet Gortons Frau Kiki die Tür. Sie ist 23 Jahre jünger, vollbusig, blond. Sie sieht verweint aus und sagt auch gleich, warum. Sie hat in der Post die Rechnung für ein Flugticket nach Los Angeles gefunden, das Gorton vor zwei Wochen einer ehemaligen Geliebten gekauft hat. Gorton rumpelt irgendwo unten im Haus herum. Vielleicht packt er seine Koffer.

Kiki Gorton ist in Tennessee groß geworden und nach Los Angeles gekommen, um Schauspielerin zu werden. Sie hat in einem Werbespot für die Footballmannschaft der Pittsburgh Steelers mitgemacht, in einer Country-Show und zwischendurch auch als politische Beraterin gearbeitet. Meist für kleine, lokale Kampagnen, sagt sie, aber einmal war sie mit dem

Internationalen Republikanischen Institut in Osttimor, um die einheimische Bevölkerung über das amerikanische Wahlsystem zu informieren.

Im vorigen Jahr sah es so aus, als gewänne ihre Schauspielkarriere ein bisschen an Tempo. Arnold Schwarzenegger hatte ihr eine kleine Rolle in »Terminator 3« besorgt. Leider wurde sie fast komplett rausgeschnitten, sie ist in einer Barszene noch kurz zu sehen, sagt aber nichts mehr.

»Mit mir und George, das sieht schlecht aus. Ich hab vorgestern ein Angebot bekommen, im Sommer für das Internationale Institut der Republikanischen Partei nach Usbekistan zu gehen. Ich soll denen da unten das amerikanische Parteiensystem erklären. Vielleicht mach ich das, oder ich geh in den Irak. Da hab ich auch ein Angebot. Nebenbei schau ich mich nach Rollen um, und ich dekoriere auch Häuser«, sagt Kiki Gorton. Sie wirkt jetzt gefasster. Sie ist eine kräftige Frau. Man kann sich vorstellen, wie sie mit Khakihose in Usbekistan aus dem Flugzeug steigt und den Eingeborenen von zu Hause erzählt.

Irgendwann kommt Gorton frisch rasiert und ganz in Schwarz gekleidet ins Wohnzimmer. Er gibt Kiki einen Kuss, er hat eine kleine Reisetasche in der Hand. Sie bringt uns noch zur Tür, ihre Augen füllen sich wieder mit Tränen. Im Wagen sagt Gorton: »Das wird definitiv meine dritte Scheidung.«

Er holt sein Handy heraus, und während wir die Serpentinen runter zum Meer fahren, schaut er auf das Display, um sofort telefonieren zu können, wenn es wieder ein Netz gibt.

Mit dem ersten Anruf warnt er seine vermeintliche Geliebte in Sacramento, mit dem zweiten richtet er sich bei seiner Bank ein neues Konto unter seinem Namen ein, auf das er die Hälfte der Gelder vom Familienkonto überweisen lässt.

»Falls meine Frau auf dumme Gedanken kommt«, sagt er seinem Bankberater und lacht. Als wir am Meer ankommen, hat er alles geregelt. Eine kleine, private Kampagne. Er wirkt jetzt ruhiger.

Er holt eine stullenbüchsengroße Schächtel aus seiner Tasche und öffnet sie vorsichtig. Sie ist mit verschiedenfarbigen Pillen gefüllt. Er nimmt sechs.

Was ist das?

»Oh, das ist Wunderzeug. Ich habe seit acht Jahren Parkinson. Am Anfang hat mir der Arzt gesagt, dass ich in fünf Jahren mit eingefrorenem Gesicht im Rollstuhl sitzen werde, aber dann kamen diese Pillen heraus. Sie kontrollieren es vollständig.«

Gorton schließt die Packung wieder sorgfältig. Er schaut aufs Meer.

Es ist schockierend, wie offen das Leben dieses Mannes daliegt, der davon lebt, andere Leben zu glätten, zu verschönen, zu verdrehen. Er macht sich keine Mühe, gesünder und ordentlicher zu wirken, als er ist. Offenbar genießt er es, kein Politiker zu sein.

Bevor er einen Auftrag übernimmt, setzt sich Gorton mit dem Kandidaten zusammen und geht eine Checkliste mit ihm durch. Frauengeschichten, Pleiten, Scheidungen, Steuerbetrug, Autounfälle, Trinkgewohnheiten.

»Ich hoffe, dass mein Kandidat ehrlich ist, denn die Gegner finden alles. Es gibt Leute, die wir dafür anheuern. Sehr gute Leute mit dicken Brillen und schlechter Haut. Wir wussten zum Beispiel, dass diese Frauengeschichten auf Arnold zukommen würden. Wir wussten nicht wann, aber dass es passiert, war klar. Wir haben das alles mit Arnold durchgesprochen. Er hatte eine Antwort. Wenn man keine Antworten auf solche schwierigen Fragen hat, sollte man nicht antreten«, sagt er.

Gorton lässt repräsentative Gruppen, sogenannte Fokusgruppen, befragen, was sie von seinem Kandidaten und dessen Konkurrenten halten, die Diskussionen beobachtet er durch eine halb verspiegelte Wand. Die Leute schauen sich Videoaufzeichnungen seines Kandidaten und die seiner Konkurrenten an und zeichnen über Sensoren auf, was sie von dessen Gesten, seiner Art zu reden, seiner Frisur halten. Mit diesen Ergebnissen fängt Gorton an, seinen Kandidaten zu modellieren, er füttert die Medien mit den leichten Imageveränderungen und überprüft an Umfragen, ob es funktioniert.

Es ist ein Handwerk, sagt Gorton. Er ist überzeugt davon, dass man es überall auf der Welt ausführen kann.

Gorton ging 1984 zum ersten Mal ins Ausland. Er arbeitete

im Wahlkampfteam von Nicolás Barletta in Panama. Barletta war eine Marionette der US-Regierung, die eigentliche Macht im Lande hatte Manuel Noriega, Kommandeur der Nationalgarde. Gortons Erinnerung an die Zeit in Panama ist unscharf, wahrscheinlich will er das so.

»Barletta war ein guter Junge, aber Panama war eine wilde Welt. Als ich Noriega das erste Mal sah, hatte er einen einteiligen weißen Anzug mit riesigem Kragen an. Wie Elvis. Ich hab ihn für einen Freak gehalten, ich wusste nichts von den Drogengeschäften, ich ahnte nicht, wie gefährlich der war. Barletta hat die Wahlen gewonnen, aber als er dachte, er kann wirklich regieren, hat Noriega einem Politikerfreund von Barletta den Kopf abgeschnitten und in einem US-Postsack nach Honduras geschickt«, sagt Gorton.

War Gorton da noch im Land?

»Oh, um Himmels willen, nein. Es gibt nichts Sinnloseres als einen politischen Berater nach der Wahl. Es gibt zwei Regeln für eine politische Kampagne im Ausland. Erstens: Lass dich bezahlen, bevor du mit der Arbeit anfängst. Zweitens: Sei weit weg, wenn gewählt wird.«

Er kannte sich nicht in Panama aus, und als er im Jahr 1996 zusammen mit fünf Kollegen den Auftrag bekam, den Präsidentschaftswahlkampf von Boris Jelzin zu übernehmen, hatte er auch keine Ahnung von den politischen Verhältnissen in Russland. Der Mann am Telefon hatte ihnen 250 000 Dollar plus Spesen geboten, bis zur Wahl waren es noch sechs Monate. In Amerika verdient Gorton für einen Wahlkampf zwischen einer und zwei Millionen Dollar. Aber der dauert dann auch anderthalb Jahre. Gorton sagte zu, druckte sich ein bisschen was über Russland aus dem Internet aus.

Jelzin hatte eine Zustimmungsrate von 5 Prozent. Sein kommunistischer Gegenspieler stand bei 25 Prozent. Gorton hatte vier Monate, um das zu drehen. Das klang nach einer Herausforderung.

Ihr Auftraggeber brachte die Amerikaner in einem parteieigenen Hotel unter, das von Soldaten bewacht wurde. Am ersten Abend wurden Gorton und seine Leute in eine Sauna eingeladen, man bot ihnen Wodka und Frauen an. Es gab keine Umfragen und nie einen Termin bei Jelzin. Es wurde ihnen oft versprochen, dass sie Jelzin in einer halben Stunde treffen würden, aber es kam immer etwas dazwischen. Einmal war wenigstens Jelzins Tochter im Zimmer. Sie war die Einzige, der Jelzin vertraute, hieß es. Und sie wurde Gortons engste Kampfgefährtin. Er erklärte ihr sein System der Fokusgruppen, negativen Werbespots und Umfragen. Sie erzählte ihrem Vater davon, ihr Vater wollte nicht. Gorton umschwirrte sie, bearbeitete sie, er hat fast eine Affäre mit ihr angefangen.

Schließlich machte sie mit.

»Papa dreht die Werbespots«, sagte Tatjana.

»Versteh mich nicht falsch, Tatjana. Aber er muss unbedingt nüchtern wirken«, sagte Gorton.

»Dann sollten wir sehr früh am Morgen filmen«, sagte Tatjana.

Am Ende tanzte Jelzin in Werbespots auf Volksfesten, er pflanzte Bäume und schimpfte auf die Kommunisten. Gorton ließ russische Bauern und Arbeiter befragen, er arrangierte über einen Freund in Washington, dass Präsident Clinton in einer Ansprache Jelzins Verdienste für das russische Volk und den Weltfrieden lobte. Es wurde im russischen Fernsehen gezeigt, immer wieder. In Werbespots malten Gortons Leute düstere Bilder für den Fall eines kommunistischen Wahlsiegers. Jelzins Werte stiegen. Im Moment, als Gorton begriff, dass sie es schaffen konnten, kaufte er Lukoil-Aktien.

Jelzin gewann, Lukoil stieg.

»Ich habe mit diesen verdammten Aktien mehr verdient als mit dem gesamten Wahlkampf«, sagt Gorton.

Der britische Regisseur Roger Spottiswoode hat Gortons Russland-Reise als Abenteuer verfilmt. Spottiswoode hat Filme gemacht wie »Der Morgen stirbt nie« und »Under Fire«, und »Spinning Boris« ist ganz ähnlich geworden. George Gorton wirkt wie ein Action-Held. Ein Mann, der die Tochter des Präsidenten streichelt, um Russland vor dem Bürgerkrieg zu retten.

Er ist Republikaner. Hatte er nie Skrupel, für einen ehemaligen Kommunisten zu arbeiten?

»Nein. Jelzin war das kleinere Übel«, sagt Gorton.

Warum ging er dann nach seinem Moskau-Einsatz nach Rumänien, um für die sozialistische Partei PDSR zu arbeiten?

»Es war ein Abenteuer. Wir haben in einer ehemaligen Villa von Ceauçescu gewohnt, mit Indoor-Pool und Gemälden aus dem 14. Jahrhundert«, sagt er. »Und wir haben sehr, sehr viel Geld verdient.«

Er weiß nichts über Rumänien, außer, dass dort Dracula und Ilie Năstase herkommen. Er weiß etwas über Wähler und Kandidaten. Es ist, als würde man ein Haus bauen, sagt er. In gewisser Weise ist er ein Montagearbeiter. Seine ganze Familie baut Häuser. Seine Frau geht nach Usbekistan, sein großer Sohn Steve ist seit einem Jahr im Irak, er ist Berater der Übergangsregierung.

Was macht er da genau?

»Keine Ahnung«, sagt Gorton gutgelaunt.

Das stimmt sicher nicht. Er ist stolz auf seinen Sohn. Er ist überzeugt davon, dass er da unten schon das Richtige tut. Man könnte Amerikas Rolle auch mit dem Leben von George Gorton beschreiben.

Im Film »Spinning Boris« wird George Gorton von Jeff Goldblum gespielt. Gorton hat nichts von der schläfrigen, langgliedrigen Eleganz Goldblums. Gorton erinnert an einen anderen großen Spin Doctor des amerikanischen Kinos. An Robert De Niro, der in »Wag the Dog« einen politischen Strategen spielt, der dem amerikanischen Volk einen Krieg mit Albanien vorgaukelt, um von einer Affäre des Präsidenten abzulenken. In »Wag the Dog« sagt der Spin Doctor, den Robert De Niro spielt: »Wen zur Hölle interessiert der beschissene Weg. Hauptsache, wir sind da.«

»Es ist besser, die Babys zu küssen, als die Väter zu erschießen«, sagt Gorton.

Wahrscheinlich meinen sie in etwa dasselbe.

Wir fahren durch Santa Monica und tauchen in die Tiefgarage unter Schwarzeneggers Wahlkampfzentrale. Ein Backsteinwürfel mit weißen, leeren Fluren, an den Wänden hängen Poster aus Schwarzenegger-Filmen, in den Zimmern stehen Kopierer, Wasserspender und Stapel mit Druckerpapier. Alles sieht seltsam unbenötigt aus, auch die Frauen, die in den Zimmern sitzen. Gorton schüttelt ein paar Hände und lächelt die Mädchen an, sie lächeln zurück. Vielleicht sollen sie alle nur den Eindruck zerstreuen, Schwarzenegger und seine drei, vier Buddys machen alles allein.

Gorton fährt in den obersten Stock, wo Schwarzenegger hinter einem riesigen Schreibtisch sitzt. Er redet mit ihm über die Position zur Schwulenehe, über den Stopp der illegalen Einwanderer, über die Marines im Irak, die Steuern für die Indianer, die Casinos in Kalifornien betreiben, und das Arbeitslosengeld. Schwarzenegger ist vielleicht als Image Gouverneur geworden, aber jetzt will er wirklich was verändern.

Drei Stunden später kommt Gorton ins »Schatzi's«, das österreichische Restaurant neben Schwarzeneggers Kommandozentrale. Er wirkt müde. Er wird jetzt nach Sacramento ziehen, Regierungssitz Kaliforniens, eine Beamtenstadt. Sein Chef ist der beliebteste Gouverneur, den Kalifornien je hatte. Schwarzeneggers Zustimmungsrate ist jetzt schon höher, als die von Ronald Reagan jemals war. Eigentlich ist in Sacramento für George Gorton nichts mehr zu tun.

Wäre Bush eine Herausforderung?

»Na ja«, sagt er. »Ich glaube nicht, dass sie mich fragen. Ich kenne Bushs Berater, Karl Rove, von früher. Die denken anders. Sie igeln sich ein, die betrachten das, was sie nicht kennen, entweder als feindlich, oder sie nehmen es nicht ernst.«

Aber ist im Moment, wo im Irak alles drunter und drüber geht, nicht jemand wie Gorton gefragt?

»Ich glaube nicht, dass der Irak die Wahlen entscheidet. Die werden in den einzelnen Bundesstaaten entschieden. Man braucht eine Idee für jeden Staat. Alle sind verschieden. Hier in Kalifornien geht es um Verschuldung, Einwandererprobleme. Dafür braucht man Antworten, und da könnte ich helfen. Bush und seine Leute begreifen Kalifornien nicht. Die denken, wir sind schwul, schlafen in Wasserbetten und sitzen in Whirlpools. So gewinnst du nichts. Das ist in der ganzen Welt so. Ich habe zum Beispiel gedacht, dass Jelzins Alkoholismus ein Riesenproblem für die Leute sei. Aber in den Umfragen kam heraus, dass die Russen Jelzin für korrupt, unflexibel und machtgeil hielten, aber für einen Trinker hielten ihn die wenigsten«, sagt Gorton.

»Aber Bush hat alle Chancen, wiedergewählt zu werden. Sehen Sie sich Kerry an. Vor einem halben Jahr war der politisch tot. Er ist derselbe Mann, er hat nur sein Image ändern lassen. Erst war er steif, jetzt ist er präsidiabel. Er hat gute politische Berater. Aber das könnte man auch wieder umdrehen. Ganz sicher.«

Gorton schüttelt sich. Ach was. Er zieht erst mal nach Sacramento und wartet auf bessere Angebote. Irgendwo muss sicher wieder die Welt gerettet werden.

Würde er einen Bundeskanzler coachen?

»Deutschland ist bestimmt Fun«, sagt Gorton und schlürft den Schaum von seinem bayerischen Weißbier. Die Welt der Politik scheint klein und überraschend schlicht, von diesem Kneipentisch in Santa Monica aus betrachtet. Was heißt es, wenn ein Mann wie Gorton für 250 000 Dollar überall auf der Welt Wahlen gewinnen kann? Wenn ein Mädchen wie Kiki entweder eine Bierwerbung macht oder Usbekistan unterrichtet?

Zwei Tische weiter sitzt Armin Mueller-Stahl. Der Wirt erzählt, dass sein Eis das beste auf der Welt sei und dass Arnold Schwarzenegger Präsident werde. Hundertprozentig. Gorton nickt, er ist müde. Er sieht ein bisschen aus wie Harald Juhnke, jetzt. Er braucht einen Wagen.

Eine Stunde später steht George Gorton mit lauter müden Dienstreisenden in der Schlange der Budget-Autovermietung am Flughafen in Los Angeles. Er fällt nicht auf. Ein kleiner untersetzter Mann mit einer leichten Reisetasche, ein politischer Handelsreisender.

Tod im Paradies

*Wie deutsche Rentner in Thailand
ihrem Alter entfliehen wollen*

Der erste Blick des kleinen Heinz geht zur Uhr, die sein Leben nur noch lose im Zaum hält. Er greift nach den Zigaretten, mit denen er das große, terminlose Loch füllt, zu dem sein Alltag geworden ist, später kommt der Alkohol dazu. Der erste Drink mit Einbruch der Dunkelheit, Rum mit Cola, so lange, bis er fast die Kontrolle verliert, dann lässt er sich von Günther, dem Wirt, drei Bier in der Plastetüte geben, mit denen er es aufrecht zu seinem Zimmer schafft. Die dritte Flasche steht jetzt auf seinem Nachttisch neben der aufgeschlagenen Autobiografie von Reiner Calmund, »Fußballbekloppt«. Die Flasche ist leer, unter dem Buch liegt ein eingeschweißtes Kondom. Man weiß nie, wie es kommt, auch nicht, wenn man 72 Jahre alt ist wie der kleine Heinz.

Es ist sieben Uhr morgens, um zehn muss er im Waisenheim von Pattaya sein. Ein Termin, endlich.

Vom Bett aus sieht er das Regal mit der Großpackung Corega Tabs, den hellbraunen Aktenkoffer mit den goldenen Schnappverschlüssen, den er leider kaum noch ausführen kann, den Staubsauger und das Bügelbrett. Der kleine Heinz kleidet sich vorbildlich, die Bügelfalte seiner hellen Sommerhose wirkt, als könnte man sich an ihr schneiden.

Das Licht hinter den Gardinen ist milchig, aber die Sonne wird den Dunst später wegbrennen. Es werden 35 Grad heute in Pattaya, so wie gestern und morgen und eigentlich immer. Im zweiten Zimmer stehen die beiden anderen leeren Flaschen und ein überquellender Aschenbecher am Computerbildschirm, auf dem er nachts Kontakt mit den Thai-Mädchen sucht und morgens mit Deutschland.

Von Bild.de erfährt er die beiden wichtigsten Nachrichten des Tages, den Euro-Kurs und das deutsche Wetter. Der Euro steht bei 1,31, das Wetter ist nasskalt. Gut. Deswegen ist er hier, deswegen sind sie alle hier. In Pattaya reicht ihre Rente, um dem Alter zu entfliehen und der Kälte. 20 000 deutsche Rentner leben im Winter in der Stadt am Golf von Thailand, schätzt man hier, etwa hundert davon in der »Villa Germania«, dem größten deutschen Apartmenthaus im Land, elf Stockwerke hoch, ein blau-weißer Klotz, in die Mangrovensümpfe gefallen wie ein Meteorit. Das abgelegenste Altersheim Deutschlands ist bis Ende März ausgebucht. Die Weltkrise, so scheint es, erfasst die Bewohner nicht. Sie haben nicht viel zu verlieren, weder Aktien noch Arbeit, sie sind zu alt für das alles.

Der kleine Heinz isst einen Toast mit Marmelade, dann geht er hinunter in die Lobby und bestellt sich bei Günther, dem Wirt der Villa Germania, einen Kaffee. Günther hat früher die Gastronomie auf der Pferderennbahn in München gemacht und konnte beim Weihnachtsurlaub vor vier Jahren in Patong gerade so dem Tsunami entfliehen. In den Tagen danach hat er viele gute Erfahrungen gesammelt bei den Thailändern und den Behörden, aber in Deutschland wollten sie nichts hören von all der Liebe.

In einem Land, das nur schlechte Nachrichten mag, konnte Günther nicht mehr leben, und so flog er wieder zurück und wurde Wirt der Villa Germania. Ein neues Leben, eine neue Frau auch, aber Günther hat eine Wut auf die alte Welt, der er nicht entkommt, egal wie weit er fährt. Er verachtet die deutschen Villa-Bewohner, weil sie immer nur Wurst wollen und mit dem Trinkgeld knausern, und er verachtet die Bundesregierung, weil sie ihrem geizigen, wurstessenden Volk davon abrät, nach Thailand zu reisen. Es ist ein Teufelskreis.

Der kleine Heinz setzt sich an den langen Tisch in der Mitte des Raumes und schaut durch die Lobby. Ab und zu steigt jemand aus einem Fahrstuhl, nickt oder nickt nicht, je nachdem. Die meisten Bewohner sind heillos miteinander zerstritten, Heinz hält sich raus aus dem Nachbarschaftskrach. Er heißt eigentlich Heinz Kruchen, aber das weiß in der Villa kaum einer. Sie nennen ihn den kleinen Heinz, weil direkt im Apartment neben ihm noch ein Heinz wohnt, der große Heinz. Der große Heinz hat früher mit Pferden und Autos gehandelt, jetzt ist er Rentner und sammelt meterhohe thailändische Krüge. Die ganze zweite Etage hat er mit seinen Krügen vollgestellt. Dann gibt es noch einen Heinz aus Gelsenkirchen, den sie »Schalke« nennen. Das Haus ist bevölkert mit Männern, die Heinz heißen, von ihren Eltern nach Heinz Rühmann benannt oder dem Onkel, der im Krieg blieb.

Heinz Kruchen, der kleine Heinz, war früher Verpackungsingenieur bei Bayer in Leverkusen und hat in der Freizeit Fußballmannschaften des Chemiekonzerns trainiert. Den Trainerschein hat er unter Dettmar Cramer gemacht. Seine Frau hat ihn Ende der achtziger Jahre verlassen, als er in San Francisco gerade ein Konzept entwickelte, um die Tuben für ein Bayer-Dentalprodukt dicht zu bekommen. Seitdem lebt er allein. Er hat die ganze Welt gesehen und sich am Ende für Thailand entschieden, weil man hier von 800 Euro im Monat leben kann, Alkohol, Frauen und Zigaretten inklusive. Für sein Zweizimmerapartment bezahlt er 250 Euro im Monat, ein Rum Cola kostet knapp einen Euro. Er war seit vier Jahren nicht mehr in Deutschland. Er hat keine Kinder, seine Ex-Frau ist inzwischen tot, er will hier sterben, sagt er. Seine Asche soll am Strand von Pattaya verstreut werden.

Aber so weit ist es noch nicht.

Um halb neun kommt Peter Höhnen und setzt sich zum kleinen Heinz an den Tisch. Höhnen ist pensionierter Maschinenbauer aus Mönchengladbach. Er trägt ein gelb-weiß kariertes Campinghemd und bestellt zwei Spiegeleier mit Speck, wie immer. Dann steckt er sich eine Zigarette an.

»Matschwetter in Deutschland«, sagt Peter Höhnen.

Der kleine Heinz nickt.

»Wat machste heute?«, fragt Höhnen.

»Ich hab Termine«, sagt der kleine Heinz.

Peter Höhnen lächelt. Er hat keine Termine mehr. Er lässt das Leben auf sich zulaufen, sagt er. Vielleicht Strand, vielleicht nicht. Vielleicht ein Mädchen am Abend, vielleicht nicht. Zu viel Planen bringt nichts. Seine Mutter, eine fanatische rheinische Katholikin, sagt er, plante für ihn ein Leben als Pfarrer. Er sollte als junger Mann Theologie studieren, jetzt, als alter Mann, sitzt er hier, im größten Hurenhaus Asiens, sagt er. So kann's kommen.

Er ist von Oktober bis März in der Villa. Die Reise hat ihm seine Frau zum 75. geschenkt, sie soll tolerant sein. Vorher war er 15-mal auf Mallorca, das kann er sich gar nicht mehr vorstellen. Höhnen war sein Leben lang als Maschinenbauer auf Montage. Am beeindruckendsten waren Nigeria und Rostock, wo er in den Achtzigern ein Düngemittelwerk aufbaute. Könnte er ein Buch drüber schreiben, sagt er, über die Neger und die Ostler.

Der kleine Heinz hat als Verpackungsexperte mal eine ganze Produktion in Wales stillgelegt, Aspirin-Plus-C-Brause, weil die zu viel Ausschuss produzierten, die Waliser, sagt er. Außerdem hat er in einem Café in München mal Uschi Glas getroffen, und er kennt Reiner Calmund, der früher mal Manager von Bayer Leverkusen war und später für Stefan Raab in einem Wok eine Bobbahn runtergerodelt ist.

»Dein Calli, klar«, sagt Höhnen und grinst.

Sie ziehen den kleinen Heinz auf, weil er ihnen versprochen hat, dass Calmund sie in der Villa besuchen kommt. Reiner Calmund ist mit einem Hotelier in Pattaya befreundet und verbringt manchmal ein paar Tage im »Thai Garden Resort«. Im Dezember hat ihn Heinz Kruchen da besucht, von Ex-Bayer-Mann zu Ex-Bayer-Mann sozusagen, und Calmund hat ihn spontan beauftragt, bei der Organisation eines Wohltätigkeitsfußballturniers zugunsten eines Waisenheims in Pattaya mitzuhelfen, für das sich der Ex-Manager engagiert. »Heinz«, hat Calmund gerufen, »dich schickt der liebe Jott.« Im Gegenzug wird Calli die Villa besuchen, sagt der kleine Heinz. Aber er kommt einfach nicht.

Als Höhnens Spiegeleier da sind, drückt Heinz Kruchen die Zigarette in den Ascher und steht auf, den Rücken durchgedrückt, als trüge er einen Stock im Hemd.

»Ich muss.«

»Alles roger in Kambodscha«, sagt Peter Höhnen, ohne von den Eiern aufzuschauen.

Der kleine Heinz steuert seinen Toyota mit ängstlichem Blick durch den wilden Verkehr von Pattaya, tabakbraune Finger umklammern das rechtsliegende Lenkrad, Mopeds, bepackt mit drei oder vier Menschen, kreuzen seinen Weg wie Sternschnuppen.

»Die Thais sind komplett verrückt«, sagt er.

Im CD-Player läuft Heinz Rühmann. Ich brech die Herzen der stolzesten Frauen. Noch ein kleiner Heinz. Ihm braucht nur eine ins Auge zu schau'n. Und schon isse hin. Heinz Kruchen ist in E-Mail-Kontakt mit etwa 50 Mädchen. Sie schicken ihm Bilder, aussagekräftige Bilder. Sie müssen jung sein, sagt er, höchstens 22, 23. Drei-, viermal hatte er längere Beziehungen, die er in romantische Geschichten verpackt.

Kitia war die Schwester vom Leibarzt des Königs. 18 oder 19 Jahre alt. Er hat sie am Bahnhof getroffen, es war Liebe auf den ersten Blick, später hat er sie überredet, ihn zu verlassen, um in Bangkok zu studieren, sagt er. Jaei war eine berühmte Schauspielerin aus dem Norden des Landes, die ihm zu oft unterwegs war und auch unstetig. Sie war Anfang 20. Er ist 73 und hat sich gerade im Hospital von Pattaya die Arterien durchblasen lassen, seine Beine sind dünn und schlecht durchblutet, seine Gesichtshaut sieht aus, als wäre sie bemoost, aber in seinen Erzählungen befindet er sich auf Augenhöhe mit den jungen Frauen, mindestens. Es sind Liebesmärchen, und der kleine Heinz ist der Prinz.

Das Waisenheim liegt wie eine Oase im lärmenden, stinkenden, heißen Moloch Pattaya, wo Tausende übermüdete Huren in den Hintergassen sitzen, Hühnerbrühe schlürfen, rauchen und darauf warten, dass es dunkel wird, die Freier aufwachen und das Viagra einkicken. Es ist still, schattig und grün. Die meisten Kinder hier werden von Frauen abgegeben, die sich nicht um sie kümmern können, weil sie arm sind, Drogen nehmen, auf den Strich gehen, oft alles zusammen.

Julia Riemann erwartet den kleinen Heinz unter einer Palme. Sie kommt aus Düsseldorf, das Human Help Network hat sie für ein Jahr ins Waisenhaus von Pattaya geschickt. Es ist ein katholisches Heim, Julia Riemann ist Anfang zwanzig, trägt ihre Haare straff nach hinten gebunden und ihren Rock knielang. Wenn sie über die Walking Street geht, die Reeperbahn von Pattaya, wird ihr schlecht, sagt sie. Der kleine Heinz nickt und schaut durch sie durch.

Sie besuchen die Aufenthaltsräume der Kinder, Heinz lobt die Sauberkeit, dann geht er raus, um eine durchzuziehen. Er steht vor dem Wandgemälde, das Father Raymond zeigt, den amerikanischen Pastor, der das Waisenhaus lange Jahre leitete. Noch ein Wohltäter, denkt der kleine Heinz vielleicht. Father Ray ist vor vier Jahren gestorben, aber Heinz Kruchen lebt. Später reicht Julia Riemann ein Foto herum, auf dem sie neben Thai-Frauen und -Mädchen in Abendgarderobe auf einer Benefizgala für das Waisenheim zu sehen ist. Der kleine Heinz zeigt auf ein Mädchen und sagt: »Genau mein Geschmack.«

»Die ist 16, Herr Kruchen!«, sagt Julia Riemann.

Heinz lächelt wie ein Weinkenner. Er ist Teil des Problems, das er hier kurieren möchte, er ist Ursache und Lösung zugleich, aber darüber kann er nicht nachdenken. Er muss weiter, Termine, er will Julia Riemann die Ina vorstellen, die das Catering für das Fußballturnier übernehmen soll.

Sie fahren durch den immer dichter werdenden Verkehr ins deutsche Viertel von Pattaya zu »Inas Biergarten«. Es ist Sonntagmittag, der Biergarten ist brechend voll, die Gesichter der Gäste glühen, von der Sonne, dem Bier und dem Bluthochdruck. Es riecht nach verbranntem Fleisch, Weißbier, Pisse und Zigaretten. Eine Zweimannband mit Filzhüten singt »Rosamunde«, zwischen den Tischen hasten Thailänderinnen im Dirndl mit schweren Bierkrügen und Haxen, die so groß sind wie Fußbälle, auf den Tischen liegen abgenagte Schweineknochen. Es erinnert an die Hölle. Am Kopf der größten Tafel sitzt Horst Thalwitzer und grinst wie der Teufel.

Thalwitzer besitzt ein paar Wohnungen in der Villa Germania, nennt sich aber gern Hausmeister und unterschreibt geschäftliche Post mit Horsti. Er trägt sein Hemd offen bis zum Bauchnabel, hinter milchigen Brillengläsern schwimmen seine Augen wie dicke Fische. Thalwitzer ist 63, er hat Butterfahrten in Deutschland organisiert, bevor er für den thailändischen

Bauherrn das elfstöckige Haus stückweise an deutsche Pensionäre verkaufte und vermietete. Er liegt mit einem Drittel der Villa-Bewohner im Streit, weil sie sich von ihm betrogen fühlen. Die anderen klammern sich an ihn, weil er überall Leute kennt, bei der Polizei, bei der Immigrationsbehörde, beim thailändischen Finanzamt und im Puff.

Später wird Horst Thalwitzer bei Inas großer Frühschoppenlotterie wieder das Spanferkel gewinnen wie fast jedes Mal. Er hat einen Deal mit Ina Buschhüter, der Wirtin. Er bringt Kunden aus der Villa in ihren Biergarten, heute sind es 30. Sie lost ihm das Schwein zu.

Ina Buschhüter hat keine Zeit für den kleinen Heinz, sie sitzt mit Axel Borsdorf im Nebenzimmer, einem großen, angetrunkenen Herrn mit Boxernase und einem TUI-Namensschild am Hemd. Borsdorf sagt, dass er seit 30 Jahren Tourismus in Pattaya macht. Am Anfang gab's hier nur Wasserbüffel und Elefanten, sagt er, dann kam Neckermann. »Her mit dem Bumsbomber, zurück mit dem Tripperclipper«, sagt Axel Borsdorf, kippt einen Schnaps in seinen roten Kopf und spült mit Bier nach.

»Ich war ein Klassenkamerad von Ottmar Hitzfeld«, sagt er. Ina Buschhüter sieht ihn mitleidig an.

Sie kam mit ihrem Mann vor 16 Jahren, um sich zur Ruhe zu setzen. Damals war sie Mitte vierzig, ihr Mann war sechs Jahre jünger. Sie fand schnell heraus, dass man auch für den Ruhestand einen Plan benötigt, sagt sie. Sie reiste ein bisschen und sah sich dann nach einer Beschäftigung um, inzwischen hat sie zwei Restaurants und sitzt in der Handelskammer von Pattaya. Ihr Mann hatte keinen Plan, sagt sie, sein Leben bestand nur noch aus Saufen, Vögeln und Schlafen. Irgendwann verlor er den Verstand, sie schickte ihn zurück nach Deutschland.

»Er hat die Relationen verloren«, sagt sie und schaut auf Axel Borsdorf, der versucht, seinen Blick scharfzustellen. Auf dem Klo prügeln sich zwei alte deutsche Männer, die Filzhüte singen: »Ein Prosit, ein Prosit der Gemütlichkeit«, die roten Köpfe schaukeln, sie haben alle die Relationen verloren, niemand hat einen Plan.

Nur der kleine Heinz hat noch Termine. Er trinkt eine Apfelschorle, dann fährt er ins Thai Garden Resort, um mit Reiner Calmund zu besprechen, wie es mit dem Turnier weitergeht. Die Hotelangestellten wirken so, als würde sich der Mann mit der scharfen Bügelfalte öfter nach Calmund erkundigen. Sie wissen nicht, wo er ist, sagen sie ungeduldig, vielleicht in Vietnam, vielleicht im Norden Thailands. Er kommt irgendwann zurück, natürlich. Der kleine Heinz hat jetzt keine Termine mehr.

Er erzählt, dass er vor 15 Jahren eine Laube in Leverkusen hatte. In der Kleingartenanlage saßen alte Leute stundenlang auf Bänken rum, er dachte: In zehn Jahren sitz ich auch so da.

»Aber jetzt bin ich hier«, sagt er und strahlt, als beschreibe er ein Happy End.

Als es endlich dunkel ist, fast dunkel zumindest, besucht der kleine Heinz eine deutsche Kneipe, die etwa 500 Meter von der Villa entfernt auf dem Weg zum Strand liegt, und bestellt seinen ersten Schnaps. An der Bar sitzen Peter aus Mönchengladbach und Wolfgang aus Hamburg, der hier jeden Abend die Geschichte von der Thai-Freundin erzählt, die ihn ruinierte. Er hat ihr zwei Frisiersalons gekauft, ein Auto und viele andere Sachen, und dann war sie weg, sagt er. Sie hat ihn drei Millionen Bath gekostet, 65 000 Euro, er liebt sie aber immer noch.

Der kleine Heinz erzählt, dass er dem Vater seiner letzten Geliebten einen Speiseeiswagen finanziert hat. Unglücklicherweise ist der mit dem Ding sofort in den Straßengraben gefahren.

»Verlieben darf man sich nicht«, sagt Peter, der Monteur aus Mönchengladbach. Er hat eine Frau im Arm, den Namen weiß er nicht, aber er wird in einer halben Stunde mit ihr aufs Zimmer gehen. »Ding oder Dong oder Nu oder Nat. Wozu soll ich mir das merken?«, sagt er und nickt dem kleinen Heinz zu, der ans Ende der Bar gewandert ist. Der kleine Heinz hört ihn nicht mehr, er hat den zweiten Rum Cola im Kopf, seine braungerauchte Pranke ruht in der Wespentaille eines Barmädchens.

»Jedes Leben schreibt seine eigenen Zeilen«, sagt Peter.

Gegen neun trifft der Stammtisch der Villa ein, direkt vom Frühschoppen aus Inas Biergarten. Heinz »Schalke« Gorjeska, pensionierter Schweißer aus Gelsenkirchen, ist schon ziemlich hinüber. Als er anfängt, Karnevalslieder zu singen, geht seine

Frau Monika. Sie wohnen seit sechs Jahren in der Villa, Schalke ist ein friedlicher Mann, dessen linkes Auge trüb ist, weil ihm da als Junge ein Hahn reinpickte. Aber wenn er anfängt zu saufen, verliert er die Kontrolle, und natürlich, wenn der FC Bayern spielt, den er hasst. Später führen ihn die Reinhardts aus Berlin-Zehlendorf nach Hause wie ein Kind.

Die Reinhardts verbringen ihren zweiten Winter in der Villa Germania, vorher waren sie zwölfmal in Vietnam. Sie lieben das Wetter in Südostasien, sie spüren hier ihre alten Knochen nicht, sagt Gerda Reinhardt. Dieter Reinhardt nickt, er ist 70 und war ein Leben lang Dachdecker, immer draußen in der Kälte. Er hat auf den Westberliner Dächern von Palmen und Strand geträumt.

Die Rentnerrepublik Pattaya ist ein westdeutscher Traum. Wenn die Reinhardts mit den anderen über Berlin reden, reden sie über Rolf Eden, »Café Kranzler«, Harald Juhnke und ein Restaurant in Neukölln, wo es die größten Kohlrouladen der Welt gibt. Sie haben für Siemens gearbeitet, Thyssen, Bayer, den Hamburger Hafen, die Barmer Krankenkasse und das Verwaltungsgericht in Lübeck. Sie leben in einer Zeitglocke, ihr Kanzler ist Helmut Schmidt, ihr Kapitän Franz Beckenbauer, ihr Land ist die Bundesrepublik in den Grenzen von 1989. Die Villa Germania ist ein Wirtschaftswunderkinderheim. Der einzige ostdeutsche Mieter heißt René Herzel, ist 42 Jahre alt, schwul und körperbehindert und damit so ungefährlich, anders und hilfebedürftig, wie sie den Osten des Landes in guter Erinnerung haben.

Heinz Gorjeska war mal in der Ostzone schweißen, sagt er, und im vorigen Jahr hat er im Rewe-Markt eine Busreise gewonnen, die ihn in drei Tagen auf 20 ostdeutsche Weihnachtsmärkte führte. Die Reinhardts wollten in einem Bangkok-Restaurant mal einer Thüringerin erklären, wie ein Wok funktioniert, aber die hat sie einfach stehengelassen. Herr Reinhardt hätte ihr am liebsten den Wok über den Schädel gezogen, sagt er. Peter Höhnen hat mal in Bulgarien Urlaub gemacht, und Horst Thalwitzer, der Hausmeister, kennt den Osten vor allem von seinen Butterfahrten.

»Als die Mauer aufging, sind wir mit 200 Bussen rüber«, sagt er. »Wir haben 10 000 Leute am Tag bewegt. Die Ossis haben alles gekauft. Betten vor allem. Ich bin mit 300 Leuten in einen Saal, und 120 haben gekauft, ungelogen. Der Gewinn lag bei 200 Prozent, wir haben uns bei den Ossis so die Taschen vollgemacht, war 'ne gute Zeit.«

Fünf Jahre später hat er dann Thailand erobert. Der elfstöckige Neubauklotz sah ziemlich verwahrlost aus, aber Thalwitzer erkannte die Möglichkeiten. Er flog die potentiellen Kunden in Sechsergruppen nach Thailand, füllte die Kühlschränke in den Zimmern der Villa mit Bier und Champagner, zeigte das Rotlichtviertel und verkaufte die Wohnungen wie vorher die Betten. Er macht die Villa zur größten deutschen Wohnanlage in Südostasien, sagt er.

Er will nie mehr nach Deutschland zurück.

Er hat da noch das große Einfamilienhaus in Eutin, das sich im Moment nur schwer verkaufen lässt, den Mercedes SLK, der in Thailand zu viel Steuern kosten würde, und auch seine Ehefrau Monika, die ihn im Winter besuchen kommt. Wenn sie da ist, wie jetzt, muss Porn, seine thailändische Freundin, verschwinden. Er hat Porn in ihrem Geburtsort, einem Dorf, 300 Kilometer von Pattaya entfernt, ein Haus nach ihren Wünschen gebaut. Es ist ganz blau, königinnenblau, hat zwei Freiheitsstatuen, links und rechts vom Eingang, eine riesige Satellitenschüssel, einen kleinen Altar mit Bildern von Horst und einen Ziergarten, in dem Porn den Winter über werkelt, bis Monika endlich wieder nach Deutschland verschwindet. Das ganze Haus hat ihn vielleicht 20 000 Euro gekostet, ein Witz, sagt Horst. Ende März tauscht er die Kette, die ihm Monika schenkte, gegen die Buddhakette, die er von Porn hat.

Als die Gruppe aus der Kneipe in die Villa zurückkommt, stellt Horst Thalwitzer seiner Frau den Rosamunde-Pilcher-Film im ZDF ein, nimmt eine halbe Viagrapille und spült sie mit Rum runter. Dann fährt er in die Stadt, zu Luise, wie er sagt. Er hat seit dem Frühschoppen bei Ina bestimmt 10 Bier und 20 Schnaps getrunken, aber ein weiterer Vorteil an dem Leben hier ist, dass man besoffen Auto fahren kann, sagt Horst Thalwitzer.

»Wenn du zu voll bist, begleitet dich die Polizei mit Eskorte nach Hause«, sagt er und verschwindet kichernd in der Nacht.

Es wirkt wie ein Wunder, dass Thalwitzer am nächsten Morgen am Frühstückstisch sitzt, als der kleine Heinz mit steifem Schritt die Lobby der Villa betritt. Thalwitzer starrt auf ein Blatt Papier, das mit kippligen Buchstaben beschrieben ist. Vorige Woche hat er angefangen, Thailändisch zu lernen. Er lebt seit zwölf Jahren hier, und etwa so viele Wörter kann er auch, aber jetzt bietet Stephan den Kurs an. Der kann zwar auch nicht besonders gut Thailändisch, aber er ist Elektriker und hilft Horst manchmal in der Villa.

Der kleine Heinz hat heute Geburtstag. Er wird 73, weiß aber nicht, wie er das sagen soll, und so redet er über das Fußballturnier fürs Waisenheim. Thalwitzer nickt abwesend. Auf seinem Blatt steht der Satz: Ich esse gern Orangen. Er scheint fast erleichtert, als sein Telefon klingelt. Es ist Max.

Max Dautert ist 73, kommt aus Hamburg, war Seefahrer und hatte zuletzt einen Lottoladen im Stadtteil Wandsbek. Bis vor einem halben Jahr wohnte er in der Villa Germania, jetzt lebt er in einem Bauernhaus im Goldenen Dreieck zwischen Thailand, Burma und Laos. Das Haus steht auf Stelzen zwischen Reisfeldern. Seine Freundin Deng hat ihn dorthin gebracht, weil er in Pattaya zu viel Geld ausgab.

Einen Moment lang denkt der kleine Heinz, dass Max ihm zum Geburtstag gratulieren will. Aber Max will gar nicht mit ihm reden. Er erzählt Horst, dass er jetzt auch deutsches Fernsehen bekommt und Angst vor seinem Schwager hat, der immer eine Pistole mit zum Abendessen bringt.

»Manchmal denke ich, der erschießt mich wie einen Hund, wenn er merkt, dass ich nur von meiner Rente lebe«, sagt Max Dautert.

»Ach was«, sagt Horst Thalwitzer. »Ich muss jetzt aber zum Thai-Kurs.«

Dann ist das Gespräch beendet.

»Ich mach heute Abend einen kleinen Umtrunk, ich hab Geburtstag«, sagt der kleine Heinz. »Gut«, sagt Thalwitzer.

Sie feiern in Günthers Restaurant, und Heinz bekommt von

allen das gleiche Geschenk: eine Flasche vom billigsten thailändischen Whisky. Die Schnapsflaschen stehen auf dem Tisch wie eine Mauer. Er hat ja alles, was er braucht, sagt der kleine Heinz, und weil er Geburtstag hat, fragt niemand, was er damit meint.

Er muss nicht in der Laube in Leverkusen leben, vermutlich das.

Bessere Argumente hat keiner seiner Geburtstagsgäste am Tisch. Sie haben hart gearbeitet und sich so nach der Ferne gesehnt, und jetzt sind sie da und immer noch voller Sehnsucht. Sie können es von ihrer deutschen Rente bezahlen, das ist alles. Am schönsten beschreibt es Ruth, eine 70-jährige Schweizerin, die seit zwei Jahren in der Villa wohnt. Ruth hat fünf Kinder großgezogen, zwei Männer überlebt und das ganze Leben lang gearbeitet. Sie ist hier, weil sie sich einmal im Jahr einen Flug in die Schweiz leisten kann, sagt sie. Würde sie aber in der Schweiz leben, könnte sie es sich nicht leisten, nach Thailand zu fliegen. Das ist die Idee.

Irgendwann zwischen dem siebenten und achten Rum verkündet der kleine Heinz, dass er Horst Thalwitzer mit seinem Nachlass betraut hat. Horst soll sich um die Verbrennung kümmern und die Asche des kleinen Heinz am Strand von Pattaya verstreuen.

»Darauf kannste dich verlassen, Heinz«, sagt Horst.

Heinz Kruchen stehen die Tränen in den Augen, und am nächsten Tag ist dann auch endlich Reiner Calmund im Thai Garden Resort. Er trägt kurze Hosen, und auf seinem T-Shirt steht »Iron Calli«, so heißt er beim Abnehmwettkampf auf RTL. Er redet ununterbrochen vom Fernsehen, vom »Star Quiz« mit Jörg Pilawa, vom großen IQ-Test, bei dem er Zweiter wurde, und von dem Wok-Rennen mit Stefan Raab. Vor ein paar Tagen hat ihn ein Handy-Reporter am Strand von Phuket fotografiert, und die *Bild*-Zeitung machte daraus eine ganze Seite, Bundesausgabe, sagt er. 27 Kilo hat er schon runter. Alles für den guten Zweck. Tu wat! Das ist sein Motto, sagt er. Es ist ein anderes Rentnerleben, aber letztlich sucht auch Calmund nur nach einem Sinn. Auch er braucht Termine.

Der kleine Heinz berichtet, dass sich bereits elf Mannschaften zum Wohltätigkeitsturnier angemeldet haben, Puma spendet zehn Bälle.

»Wat tun, Heinz!«, sagt Calmund und haut ihm auf die Schulter.

Der kleine Heinz nickt und fährt so beseelt in den dicken Verkehr zurück, als hätte er im Thai Garden gerade Gott getroffen. Träumend schleicht er an der Bucht vorbei, in der später seine Asche verstreut werden soll.

»Dann kann ich den Mädchen unter die Röcke schauen«, sagt der kleine Heinz und lächelt. Es sind keine Mädchen am Meer, sondern Monika aus Eutin und Peter aus Mönchengladbach und Heinz aus Gelsenkirchen. Sie haben den perfekten Strand gesucht wie die Backpacker im Film »The Beach«. Aber sie sind alt und haben andere Prioritäten. Das Strandstück der Villa Germania ist schmal und mit Sonnenstühlen vollgestellt, für die sie nichts bezahlen müssen, weil Horst Thalwitzer wieder irgendeinen Deal gemacht hat. Sie nennen ihn den »Mama Beach«. Der Sand ist so grau, als wären hier bereits viele deutsche Rentner bestattet worden, die den Tod im Paradies starben.

Die Erziehung des FC Bayern

*Wie der Fußballspieler Jürgen Klinsmann
als Trainer zum deutschen Meister zurückkehrte*

Am Morgen stand in den Zeitungen, dass der AC Mailand Ronaldinho gekauft hat, und jetzt, am Mittag, erklärt Uli Hoeneß bereits, warum ihn die Bayern gar nicht gewollt haben.

»Der FC Bayern hat ein großartiges Mittelfeld. Wir haben Ribéry, Schweinsteiger, Zé Roberto, van Bommel und Altintop, der gerade in die EM-Auswahl gewählt wurde. Wir haben vor ein paar Minuten Tim Borowski vorgestellt, und was soll ich dem Toni Kroos erzählen?«, sagt Hoeneß.

Aber gab es denn jemals die Überlegung, Ronaldinho zu holen?

Uli Hoeneß sieht Karl-Heinz Rummenigge an, der neben ihm auf einem Korbstuhl sitzt. Rummenigge schaut auf sein Handy, als sei von da mit einer Antwort zu rechnen. Er sagt: »Ronaldinho wird die Ticketpreise in Mailand in die Höhe treiben. In der Zeitung steht, er kriegt sechs Millionen im Jahr. Da kannst du locker noch mal drei raufpacken.«

»Komm, Kalle, das weißt du doch gar nicht genau«, sagt Uli Hoeneß.

»Ach«, sagt Rummenigge und tippt irgendetwas in sein Handy.

Die beiden sitzen im Arbeitszimmer von Uli Hoeneß, einem Raum, zu dem der Weltname Ronaldhino gar nicht passen will, ein warmer, heimeliger Raum, vollgestellt mit Korbmöbeln, auf denen karierte Kissen liegen, sowie Tischen und Regalen aus Nadelholz. Es gibt ein paar Fußballfotos und Pokale, ein silbernes Modell der Allianz-Arena, Plüschtiere in Bayern-Trikots, über der Rattancouch hängt ein Foto vom Meazza-Stadion in Mailand, wo der Club zum letzten Mal die Champions League gewann, auf dem Schreibtisch liegt eine Tafel Schokolade neben einer Tüte aus dem Fanshop. Es sieht aus wie das Wohnzimmer eines Bayern-Fans und nicht wie die Schaltzentrale eines erfolgreichen Fußballmanagers. Uli Hoeneß' Hemd ist am Bauch ein bisschen nass, er hat sich gerade einen Tee zubereitet.

»Mich regt auf, dass die Medien schon wieder nach neuen Spielern schreien«, sagt er. »Dabei sind die alten noch nicht mal bezahlt. Toni und Ribéry werden vier Jahre lang abgeschrieben. Jedes Jahr 25 Millionen, so funktioniert das in der Wirtschaft.«

Hoeneß pumpt, sein Hals schwillt. Er hat schon wieder Zeitung gelesen, obwohl ihm Jürgen Klinsmann gleich nach seinem Amtsantritt gesagt hat: Uli, du liest zu viel Zeitung. Unterm Couchtisch liegt der *Kicker,* auf der Fensterbank hinterm Schreibtisch die *Abendzeitung,* er kann nicht anders, er stopft das Zeug in sich rein wie Schokolade. Luca Toni fordert mehr Stars, steht da. *Bild* schreibt, Butt und Borowski reichen nicht für die Champions League. Und dann noch Matthäus mit seinen Empfehlungen in der *Sport Bild.* Eine hieß: Was ein Trainer alles falsch machen kann.

So einen laden sie natürlich nicht mehr zur Weihnachtsfeier ein, sagt Hoeneß. Er hätte es auch ein bisschen weit jetzt, sagt Rummenigge.

Jürgen Klinsmann liest das alles nicht, er lässt sich nur auf den Tisch legen, was Entwicklungen aufzeigt. Er hat festgestellt: »Du denkst, dass es wichtig ist, was die Öffentlichkeit über dich sagt. Aber es ist nur wichtig, was du selbst aus dir machen möchtest.«

Uli Hoeneß ahnt, dass er recht hat, aber so schnell ändert sich ein Mensch nicht. Er drückt sich ein bisschen Honig in den Tee. Ruhig, Uli.

»Die meisten Sportjournalisten haben nicht mitbekommen, was wirtschaftlich in den letzten Jahren passiert ist. Wir können mit manchen Vereinen, die immer reicher werden, wenn der Ölpreis steigt, geldmäßig nicht mithalten. Oder wir gehen pleite wie die halbe spanische Liga. Valencia, Sevilla. Alle mausetot«, sagt Hoeneß.

»Ja, aber nur die Witzvereine«, sagt Rummenigge.

»Witz? Valencia stand gegen uns im Finale, Kalle«, sagt Hoeneß und schaut auf das Plakat überm Rattansofa. 2001, Champions League. Sieben Jahre her. Deswegen haben sie ja Jürgen Klinsmann geholt. Weil er versprochen hat, die Spieler besser zu machen. Den rechten Fuß, den linken, den Kopf, je nachdem. Das klang, als würde endlich jemand in dieses sich immer schneller drehende Rad greifen.

»Jürgen hat nicht sofort von neuen Spielern geredet, er wollte nur das Trainingsumfeld mitbestimmen. Er hat uns das alles erklärt, und im Erklären ist Jürgen ja sensationell. Wir haben natürlich nicht gewusst, welche Ausmaße das annimmt«, sagt Uli Hoeneß und strahlt.

Alle, die das neue Trainingszentrum gesehen haben, sagen, es sei einzigartig in der Fußballwelt. Natürlich haben sich die Medien sofort auf die Buddhafiguren gestürzt, die da rumstehen, und irgendwelche Phantasiesummen errechnet, die das alles gekostet haben soll, aber daran will Hoeneß jetzt gar nicht denken. Er ist stolz auf die Lounges, die Ruhezonen, die Cafeteria, den Medienbereich und den Kraftraum, stolz auf den Kinosaal und vielleicht sogar auf das DJ-Pult, obwohl er natürlich weiß, dass das DJ-Pult keine Tore schießt. Es gibt Leute im Verein, die fürchten, dass der Uli Hoeneß bald platzt vor Stolz. Als der Co-Trainer Martin Vasquez, den Klinsmann aus Los Angeles mitgebracht hat, bei seinem Antrittstoast in Hoeneß' Haus am Tegernsee gesagt hat, dass es für ihn das Allergrößte sei, nun zur Bayern-Familie zu gehören, habe es den Uli fast zerrissen, sagt jemand, der dabei war.

Die Familie. So sieht er den Verein. Und offenbar meinte Klinsmann genau dasselbe. Hoeneß darf auf der Bank sitzen bleiben. Er soll sogar. Er ist Teil des Projekts. Er ist jetzt auch modern.

Jürgen Klinsmann will eine Bayern-Identität entwickeln, etwas Einzigartiges in der verwaschenen Welt der globalisierten Vereine, die ihre Spieler wechseln wie ihre Hemden. »Der FC Bayern hat sich in den vergangenen Jahrzehnten selbst definiert«, sagt Jürgen Klinsmann. »Mir san mir – das ist die Philosophie«, sagt er. Er will, dass seine Spieler im Kinosaal Videos der alten Spiele sehen. Sie werden Beckenbauer, Breitner und Müller in kurzen Hosen sehen, aber auch Uli Hoeneß und Karl-Heinz Rummenigge, ihren Manager und ihren Vorstandschef. Schweini, Poldi und Toni sollen begreifen, dass sie Teil dieser ewigen Geschichte sind. Dass sie diese Geschichte weiterschreiben, sagt Klinsmann.

»Ich zeig Ihnen mal, worum es geht«, sagt Rummenigge, springt auf und kommt zwei Minuten später mit einem schmalen Buch wieder. Es ist in braunes Leder gebunden, vorn steht drauf: »Mir san mir«. Es sind Bilder drin, die Bayern-Spieler der vergangenen 40 Jahre in glücklichen Momenten zeigen, nach Toren, nach gehaltenen Elfmetern, nach gewonnenen Meisterschaften. Es ist ein Dummy. Sie arbeiten noch dran. Aber so in etwa stellen sie sich das vor. Das Büchlein liegt auf dem Tisch wie eine heilige Schrift. Es ist berührend zu sehen, wie die beiden Männer, die alle Fußballpokale dieser Welt gewonnen haben, einen Augenblick lang nach ihrem Zentrum zu suchen scheinen. Sie tasten sich an den Sinn heran, an die Botschaft, die Zukunft, irgend so was. Sie lernen das. Jürgen Klinsmann hat sich vorgenommen, Uli Hoeneß und Karl-Heinz Rummenigge mitzunehmen. Zwei Etagen weiter unten, im Medientrakt, erklärt Tim Borowski an seinem ersten Arbeitstag gerade, dass er das Sieger-Gen schon spüre.

In diesem Moment kann man sich vorstellen, dass Jürgen Klinsmann die Bayern bändigt und erzieht. Das ist seine Aufgabe.

Eigentlich war ja schon die Art und Weise, mit der er verpflichtet wurde, ein Teil des modernen FC Bayern, den Jürgen Klinsmann erschaffen will. Still und überraschend, statt laut und vorhersehbar. Es war ein richtiger Coup, weil nichts aus dem Verein heraussickerte, der wie kein anderer deutscher Club mit den Medien verbandelt ist, und natürlich weil es sich um Jürgen Klinsmann handelte.

Klinsmann hatte Mitte der Neunziger zwei Jahre für den FC Bayern gespielt, von denen vor allem in Erinnerung blieb, dass er mal wütend gegen eine Werbetonne der Firma Sanyo trat, nachdem er ausgewechselt worden war. Er stritt sich mit Lothar

Matthäus, verzweifelte an der Boulevardpresse und wurde von führenden Vereinsmitgliedern Flipper genannt, wenn ihm der Ball wieder mal vom Fuß sprang. Klinsmann floh regelrecht aus München, er zog später nach Amerika, wurde dort Teilhaber einer Firma namens Soccer Solutions und kehrte erst als Trainer der deutschen Nationalmannschaft in die Öffentlichkeit zurück. Klinsmann holte bei der Weltmeisterschaft 2006 den dritten Platz und die Herzen der ganzen Welt.

Er hatte Angebote aus Amerika, Australien und auch vom FC Liverpool. Er spricht fünf Sprachen. Man hätte annehmen können, dass ihn nichts nach München bringen würde. Auf der ersten Pressekonferenz wirkte er zwischen Rummenigge, Hoeneß und Beckenbauer wie ein Junge, der sich verlaufen hat. So wenig hatte man mit ihm gerechnet.

»Es war eine emotionale Entscheidung«, sagt Klinsmann und blinzelt. »Wir haben uns in München unglaublich wohl gefühlt damals, nur in meinem Beruf ging es manchmal drunter und drüber. Der FC Hollywood mit all seinen Meinungsmachern hat mir schon zugesetzt. Aber es gab auch eine Riesenwertschätzung, und daran hab ich gedacht, als der Anruf kam.«

Jürgen Klinsmann sitzt auf einem der neuen Loungesessel in der Cafeteria. Er wirkt konzentriert, aber auch ein bisschen verloren in dem Trainingsanzug, mit dem er nach all den taillierten Nationalcoachhemden ein bisschen aussieht wie der Hausmeister des FC Bayern. Draußen regnet es seit Stunden auf den Trainingsplatz, die Wolken hängen tief, vermisst er in solchen Momenten Kalifornien?

»Ich vermisse die Familie, die sind ja noch nicht hier«, sagt er. »Und wenn ich den Computer hochfahre, erscheinen die Temperaturen in Los Angeles, dann denke ich schon mal an den Strand. Aber die Energie hab ich ja mitgebracht, sie steckt in mir, in meinem Trainerstab, im Team. Wir haben hier eine Aufgabe. Ich möchte etwas verändern. Ich wache morgens auf, frage mich, was ich bewegen kann, und abends rechne ich das vor mir ab.«

In der folgenden Stunde entwirft Klinsmann einen Plan, in dem sich seine amerikanischen Erfahrungen mit der Geschichte des FC Bayern zu einem Konzept mischen, das die Lücke zu den großen europäischen Clubs schließen soll. Die großen zehn, sagt er. Die vier Engländer, die drei Italiener, die zwei Spanier und sie.

Er sagt, dass es eine »brutale Erkenntnis« war, als er nach 18 Profijahren nur mit einem Abschluss als Bäckergeselle dastand. Er hatte zwar jede Menge Sprachen und interessante Leute kennengelernt, sich aber eigentlich nie aus seiner kleinen Fußballwelt herausbewegt, sagt er. Er fing an zu lernen. Er belegte Kurse, Computer, Sprachen, alles Mögliche. Er schaute sich das Collegesystem an, durch das jeder amerikanische Profisportler muss. Er fand heraus, dass die Athleten auch auf dem Spielfeld von der Bildung profitieren. In Deutschland dagegen spielte die Persönlichkeitsentwicklung der Fußballer bislang überhaupt keine Rolle. Er ist überzeugt, dass hier wichtige Reserven liegen. »Alle reden davon, dass Spiele oft im Kopf entschieden werden, aber niemand kümmert sich um den Kopf«, sagt Klinsmann.

Als er im Januar das erste Mal hier war, haben ihm die Bayern-Funktionäre beiläufig erzählt, dass sie einen Anbau planen. Einen ganzen Block voller Büros. Da hat Klinsmann gesagt, Moment mal, da würde ich gern mitreden. So ist das Trainingszentrum entstanden. Sie können Tischtennis spielen oder Billard, aber auch lesen, meditieren und Yoga machen. Er bietet ihnen Sprachkurse an und auch Vorträge. Er hat fünf Simultanübersetzer eingestellt, um zu allen 23 Spielern gleichzeitig reden zu können, bis es selbst Ribéry und Luca Toni begreifen, sagt er.

»Ich möchte in die Köpfe der Spieler hineinsehen«, sagt Klinsmann. »Ich will wissen, wie sie ticken, um zu wissen, wie ich sie am besten erreiche. Der eine braucht eine Umarmung, der andere ein visuelles Beispiel, der dritte die Unterhaltung.«

»Ich will sie dazu gewinnen, aufzumachen«, sagt er.

Und wenn sie offen sind, weich, dann kann er ihnen das Bayern-Gefühl vermitteln. Die Identität. Die Mir-san-mir-Philosophie. Selbstvertrauen, sagt er. Breite Brust. Agieren. Auf den eigenen Nachwuchs setzen. Angriffsfußball. Die Gegner sollen denken: Ach du Scheiße, die Bayern schon wieder. Es ist ein bisschen verkürzt, aber im Wesentlichen ist das die Philosophie von Jürgen Klinsmann.

Man kann sagen, dass Luca Toni noch nicht aufgemacht hat. Er sitzt im neuen Medienzentrum des FC Bayern, links und rechts von ihm hantieren Techniker an den neuen Simultanübersetzungsgeräten herum. Sie funktionieren nicht, schließlich kommt der Dolmetscher aus seiner Kabine hinunter ins Pressezentrum, setzt sich neben Toni und übersetzt. Wie immer.

Luca Toni sagt, dass er den Achtstundentag bereits aus Italien kenne und ganz sicher kein Yoga mache. Am Sprachkurs nimmt er wohl auch nicht teil. Er spricht Italienisch. Er schießt Tore.

»Wenn ich einen Stürmer hab, der 25 Tore schießt, kann der eine Schachtel Zigaretten am Tag rauchen und vier Weißbier trinken«, sagt Lothar Matthäus. Wenn die Fußballwelt, der Klinsmann den Kampf angesagt hat, ein Gesicht hätte, würde sie aussehen wie Lothar Matthäus.

Sie haben zusammen für Inter Mailand, für den FC Bayern und für die Nationalmannschaft gespielt. Sie sind gemeinsam Meister und Weltmeister geworden und haben den Uefa-Cup geholt. Sie haben in Italien gelebt und in den USA. Sie sind dennoch völlig verschiedene Menschen geworden.

Matthäus hat sein Schicksal an die Boulevardpresse geknüpft, er hat ein öffentliches Leben geführt, Scheidungen, Affären, Abschiede und Ankünfte, auf und ab. Klinsmann verweigerte sich, weil er nicht abhängig sein wollte. Er will die Kontrolle behalten über sein Leben und auch über das Leben der Menschen, für die er Verantwortung trägt, sagt er. Er will nicht, dass die öffentliche Meinung das Leben seiner Spieler bestimmt. Deswegen baut er überall Barrieren auf und redet viel von Rückzugsmöglichkeiten. Er hält Matthäus für unfrei, für erpressbar.

Im Moment sieht es so aus, als sei Klinsmanns Taktik aufgegangen. Sie wollten beide die Nationalmannschaft und den FC Bayern trainieren. Aber für Matthäus wurde es nur Partizan Belgrad, die ungarische Nationalelf, eine brasilianische Mannschaft, die kein Mensch kennt, Red Bull Salzburg und nun Maccabi Netanja aus der israelischen Ersten Liga. In dieser Reihenfolge. Am Tag, an dem Luca Toni das Training aufnimmt, sitzt Matthäus 250 Kilometer von der Säbener Straße entfernt am Rande eines Fußballfeldes des österreichischen Bergdorfes Schruns. Der SC Freiburg und Maccabi Netanja tragen ein Freundschaftsspiel aus, es sind vielleicht 300 Zuschauer da. Matthäus schreit seinen Spielern zu: »This way, this way«, »Look, the ball«, einmal stöhnt er: »Mamma mia, why I must have see this.« Es fällt kein Tor in diesem Spiel.

Nach dem Abendessen mit seiner Mannschaft im Hotel will sich Matthäus ein paar DVDs anschauen, die er von Spielervermittlern bekommen hat. Er braucht noch einen guten Abwehrspieler, vielleicht auch einen Stürmer. Viel Geld kann er nicht ausgeben, das Budget des Vereins liegt bei sechs Millionen Euro, das ist in Deutschland Drittliganiveau. Netanja kann sich nicht so viele Trainer leisten wie der Jürgen, sagt Matthäus, aber die Stimmung ist hervorragend. Das ist das Wichtigste, die einfachen Dinge, das Wesentliche, sagt er. Disziplin, Ordnung und gute Stimmung.

Nach dem Abendessen schenkt der Hotelbesitzer aus Schruns eine Runde Champagner aus, die israelischen Spieler singen ausgelassen, warum, weiß Matthäus auch nicht so genau. Richtig verständigen kann er sich mit den Spielern nicht, manche sprechen ein bisschen Englisch, so wie er. Aber es ist direkter so, kein Dolmetscher dazwischen. Ein Vorteil, findet er, und damit ist er auch schon wieder beim FC Bayern und bei Jürgen Klinsmann.

»Der FC Bayern war doch immer ein Verein zum Anfassen«, sagt Matthäus. »Wir waren Typen. Basler, Effenberg, Matthäus. Wir haben mit dem Busfahrer bis früh um fünf Karten gespielt. Ich glaube, es ist ein Fehler, wenn man jetzt zu hohe Zäune errichtet. Das nimmt dem Verein die Seele.«

Er selbst kennt überhaupt keine Zäune. Ein paar Bier später sitzt er auf der Hotelterrasse und erzählt von den Mentalitätsunterschieden zwischen Skandinaviern und Afrikanern, seinem Apartment in Israel, von dem aus man das Meer sieht, seinen Erlebnissen mit Otto Waalkes in Budapest und davon, wie Jürgen Klinsmann sich als Stürmer immer beschwere, dass die Bälle zu hoch oder zu niedrig kamen. »Nie war er schuld, immer die anderen«, sagt Matthäus. »Als ich hörte, dass Jürgen

Trainer wird, dachte ich, es ist der 1. April. Der war doch ein totaler Einzelgänger.« Wenn er einen Trainerjob in der Bundesliga bekäme, würde er auch mit der *Sport Bild*-Kolumne aufhören, verspricht Lothar Matthäus. Da ist es schon halb eins.

Wollte er nicht noch die DVDs der Spielervermittler angucken?

»Ach, das mach ich morgen. Ich weiß sowieso schon, wen ich nehme«, sagt Matthäus und bestellt ein letztes Bier. Lothar Matthäus wirkt auf erleichternde Art wirklich, wenn man ihm so direkt nach Jürgen Klinsmann begegnet.

Am nächsten Tag sitzt Philipp Lahm im Medienraum und erklärt, dass er den FC Bayern nicht verlassen habe, weil er glaube, dass hier etwas Neues aufgebaut werde.

»Ich möchte ein Teil davon sein«, sagt Lahm. Neben ihm an der Wand hängen schwarz-weiße Fotos von berühmten Mir-san-mir-Momenten. Anderssons Freistoßtor in der letzten Meisterschaftsminute, das Schalke den Titel kostete, Kahns entscheidende Parade im Elfmeterschießen gegen Valencia, Schwarzenbecks Fernschuss in der 120. Minute gegen Atlético Madrid. Lothar Matthäus sieht man nicht, aber man kann sich in diesem Moment auch nicht vorstellen, dass es ihn jemals gab. Er war mal Kapitän, aber er gehört nicht zu der Geschichte, die Jürgen Klinsmann weiterschreiben will. Und so verschwindet er langsam. Es ist gespenstisch.

»Jürgen glaubt, dass man durch Erziehung alles lösen kann«, sagt Klinsmanns Berater Eitel. »Positive Erziehung. Er ist nie gegen etwas, sondern immer für etwas.«

Die Auflösung des Lothar Matthäus zeigt, wie sehr Jürgen Klinsmann den Fußball bereits verändert hat. Mario Basler und Stefan Effenberg sind auch kaum noch zu sehen, dafür gibt es jetzt in Deutschland doppelt so viele Fitnesscoaches wie vor 2006. Aber die Erziehung des FC Bayern ist noch lange nicht abgeschlossen, und manchmal hat man den Eindruck, dass sie mit der bevorstehenden Bundesligasaison nur wenig zu tun hat. Vielleicht nicht einmal mehr mit Fußball.

Als Georg Schwarzenbeck, wie Lahm ein Verteidiger des FC Bayern, vor kurzem 60 wurde, ist Jürgen Klinsmann zu dessen

Schreibwarenladen in die Ohlmüllerstraße gefahren, um zu gratulieren. Schwarzenbeck hat sich sehr gefreut. Er dachte erst, da komme ein Klinsmann-Double zur Tür herein, sagt er.

Schwarzenbeck übernahm den winzigen Laden von seinen Tanten, als er seine Karriere beim FC Bayern beendete, wo er sie als Junge begonnen hatte. Schwarzenbeck war Europameister, Weltmeister und gewann ein paar Mal den Europapokal der Landesmeister, aber er schrieb nicht seinen Namen über den Schreibwarenladen, sondern den seiner Tanten. Weil der eingeführt war. Er beliefert den FC Bayern mit Druckerpapier und Tipp-Ex, er geht manchmal zu den Spielen, aber nicht immer, weil er sich ja auch noch um den Garten kümmern muss und die Familie. Er hat vor 34 Jahren das Tor gegen Atlético geschossen, von dem sie in Spanien heute noch reden. Der Mir-san-mir-Moment überhaupt. Als Luca Toni im April in der letzten Minute der Verlängerung des Uefa-Cup-Viertelfinales in Getafe den Ausgleich schoss, riefen spanische Reporter: Schwarzenbeck! Ein Name, in dem sich alles bündelt.

Klinsmann hat ihm einen Bildband von Kalifornien geschenkt.

Pamelas Prinz

*Wie der Zuhälter Markus versucht,
dem Rotlicht zu entkommen*

In Cannes, von wo aus Prinz Marcus zu seinem königlichen Rennen aufbricht, ist Pamela Anderson immer noch nicht viel mehr als ein Wunsch. Sie hat ihm eine E-Mail geschrieben, in der sie ihn um elektrische Lockenwickler bittet. An diesen Auftrag klammert sich der Prinz. Weshalb sollte sie elektrische Lockenwickler bestellen, wenn sie dann gar nicht kommt? Allerdings hat sich seine Freundin Gia auch gerade ein Rührei bestellt, das sie nun nicht isst.

»Schmeckt's nicht?«, fragt Prinz Marcus.

»Sieht zu gelb aus«, sagt Gia und steckt sich eine Zigarette an. Sie ist spindeldürr bis auf die Brüste, die wie zwei Bordwaffen an ihrem Oberkörper stecken.

Das Paar sitzt auf der Terrasse des Hotels Martinez, das normalerweise bis unters Dach mit Hollywood-Stars gefüllt sei, sagt der Prinz. Seine goldene Rolex glänzt in der südfranzösischen Sonne, in der Einfahrt drängeln sich die Ferrari, McLaren, Porsche und Rolls-Royce, die am »Royal Race« teilnehmen werden, das der Prinz organisiert hat: ein Rennen quer durch Europa, Cannes – Barcelona – Monaco – Gardasee – München. Sie übernachten in den besten Hotels, feiern in den besten Clubs, fünf Nächte, fünf Länder, heißt es auf der Einladung, Spaß, Rausch und so weiter.

Außerdem geht es um einen guten Zweck, sie fahren für den Tierschutz.

Es gibt zwölf Bodyguards, sie bewegen sich in schwarz-weißen Hummer-Geländewagen, die mit Police-Schildern beklebt sind, es gibt einen Porsche-Cayenne-Krankenwagen, es gibt ein Dutzend Hostessen, die in einem speziellen Royal-Race-Schönheitswettbewerb gecastet wurden und nun in knappen Phantasieuniformen herumspringen, die ihnen der Prinz persönlich ausgesucht hat.

Vor allem aber soll Pamela Anderson mitfahren, auf dem Beifahrersitz des Prinzen, in dessen 670 PS starkem Mercedes SLR. Gut 600 000 Euro hat der Wagen gekostet, die Türen klappen nach oben auf wie zwei Flügel. »Schöne Frau, schönes Auto. Passt zusammen«, sagt der Prinz.

Gia drückt ihre Zigarette ins Rührei. Sie muss ihren Freund verlassen, wenn Pamela kommt. So ist das in der grausamen Märchenwelt des Prinzen, der eigentlich Marcus Eberhardt heißt und seine Karriere als Zuhälter in Pforzheim begann. Inzwischen ist er 41 Jahre alt, von denen er vier im Gefängnis verbrachte, und der wahrscheinlich größte Bordellbetreiber Deutschlands.

Er besitzt 19 Häuser, in denen über tausend Prostituierte arbeiten. Eros-Center, Tabledance-Bars, FKK-Clubs, vor allem in Südwestdeutschland. Er sei Millionär »im dreistelligen Bereich«, sagt er. Er besitzt Häuser und Wohnungen auf der ganzen Welt. 1000 Quadratmeter Wohnfläche in Los Angeles, 1000 in Pforzheim, 300 in Fort Lauderdale und 180 in Dubai, am Yachthafen, aber da war er schon seit Jahren nicht mehr.

»Ich hab mir das wegen der Freihandelszone gekauft, Steuerparadies, aber es ist mir alles zu künstlich. Frankreich ist alt, da gibt's Napoleon und so weiter, aber das da unten ist ja schlimmer als Las Vegas«, sagt der Prinz. »Außerdem kann ich die Araber nicht ab.«

Im Dezember kauft er sich noch 140 Quadratmeter in Monaco dazu, sagt er. Er hat auch ein Flugzeug, elf Motorräder, Speedboote, und vor zwei Monaten hat er auf der Rennstrecke in Le Castellet einen 750 000 Euro teuren Porsche zerlegt, 280 000 Euro Schaden, allein die Ersatzeile haben 190 000 gekostet. Er kann auch den Hockenheimring mieten, mit Sicherheitspersonal und Catering, und in einer Kutsche mit 22 weißen Pferden zu seinem eigenen Geburtstag vorfahren, aber in letzter Zeit befriedigt ihn das nicht mehr so richtig.

Deswegen hat er sich den Adelstitel gekauft. Er hat jetzt eine neue Mutter, die Zsa Zsa Gabor, und einen Vater, den Frederic von Anhalt. Sie wohnen im selben Haus in Bel Air, die beiden unten auf 1100 Quadratmetern, er obendrüber auf 900, er nennt sie »die Mama« und »den Papa«, nun braucht er noch eine Frau.

Die Gia geht nicht mehr, das ist klar.

Marcus Eberhardt ahnt, dass er, trotz Titel, in diesem Moment immer noch eher ein Frosch als ein Prinz ist. Er hat die Boote, die Häuser, die Uhren, sein Chefbodyguard Sandy Oschinger war vier Jahre bei den Feldjägern, er hat über 25 Hausangestellte auf drei verschiedenen Kontinenten, er hat seit zwölf Jahren nicht mehr selbst sein Bett gemacht, sagt er, aber er ist noch nicht erlöst. Er braucht den Kuss der richtigen Frau, um endlich kein Lude aus Pforzheim mehr zu sein. Und wenn jemand wie Prinz Marcus an die richtige Frau denkt, fällt ihm natürlich gleich Pamela Anderson ein.

»Sie ist das bekannteste Sexsymbol in der Welt. Bekannter geht nicht. Ich bin ein Typ, der fängt oben an zu fräge. Sonst bringt's ja nix«, sagt der Prinz.

Es traf sich gut, dass auch Pamela Anderson im Moment dabei ist, sich neu zu erfinden. Sie ist mit 41 Jahren genauso alt wie der Prinz, hat wie er ein bewegtes Leben hinter sich und festgestellt, dass es so nicht weitergeht. Sie war zwölfmal auf dem Titel des *Playboy*, so viel wie keine andere Frau der Welt, sie war dreimal verheiratet, im Internet kursiert ein Video, das sie und ihren damaligen Mann Tommy Lee beim Sex zeigt, nun möchte sie sich mehr auf ihre Rolle als Mutter und Tierschützerin konzentrieren.

Und weil sie Pamela Anderson ist, gibt es eine achtteilige Fernsehserie, die diese Wandlung dokumentiert. Sie heißt »Pam: Girl On The Loose« und wird seit vergangener Woche auch in Europa gezeigt. In Deutschland läuft sie sonntagabends im Kabelfernsehen. Es gab ein paar begleitende Interviews in der Presse, in denen sie erklärte, dass sie ihren Ex-Mann immer noch liebt, aber keinen Sex mehr mit ihm hat. Außerdem entstand parallel zur Serie das Gerücht, sie habe eine Affäre mit Michael Jackson.

»Pamela Anderson ist eine Frau voller Widersprüche«, heißt es im Werbetext.

Voller Widersprüche bin ich auch, dachte sich der Prinz vielleicht. Eddie Irvine, der frühere britische Formel-1-Rennfahrer, stellte den Kontakt her. Es könnte klappen, weil Pamela Anderson sowieso gerade in Europa ist, um für ihre Doku-Soap zu werben. Sie will ein Privatflugzeug, das sie aus London abholt und wieder zurückbringt, sie will Bodyguards, Cranberry Juice, Wodka und elektrische Lockenwickler auf dem Hotelzimmer, sie will vegetarische Küche, nur mit Kameras aufgenommen werden, die über einen Ringblitzaufsatz verfügen, und sie will eine 50 000-Euro-Spende für Peta, die Tierschutzorganisation, die sie seit Jahren unterstützt.

»Tiere find ich gut. Tiere und Kinder sind ja die Einzigen, wo sich nicht selbst helfe könne«, sagt der Prinz. »Im Gegensatz zum Beispiel zu den Arbeitslosen. Für die würde ich nichts machen.«

Er hat alle Autos, die am Rennen teilnehmen, mit dem Royal-Race-Wappen bekleben lassen, das er selbst entworfen hat, aber auch mit dem Peta-Zeichen. Er hat sich um alles persönlich gekümmert. Es gibt Giftbags für jeden Teilnehmer, in denen sich T-Shirts, Mützen, Schlüsselanhänger und Navigationssysteme befinden. Dreimal ist der Prinz die Rennstrecke abgefahren, er hat die Hotels begutachtet und die Clubs. Es ist sein Projekt, es soll gut werden. Ein Neuanfang. Ein Schritt weg vom Rotlicht.

Die Teilnehmergebühr betrug 16 000 Euro pro Auto. Er wollte die Crème der europäischen Autofahrer dabeihaben, aber die meldete sich nicht.

Er halbierte die Teilnehmergebühr, und als das immer noch nichts half, rief er seine Freunde an und bat sie um einen Gefallen, den sie ihm nicht abschlagen konnten. Gökhan, der die Bar im FKK-Club in Stuttgart machte, Andreas Schilfert, der das »Pure Platinum« leitet, die beste Tabledance-Bar von Ulm, und natürlich Fips, einen Bordellbetreiber, dessen Oberarme so dick sind wie die Oberschenkel von Miroslav Klose und der aussieht, als würde er einem die Nase abbeißen, wenn man ihn reizt.

Die vorzeigbareren Reiseteilnehmer sind ein Wiener Bauunternehmer und Robert Geiss, der die Bekleidungsfirma Uncle Sam gegründet hat, für die einst Axel Schulz warb. Sie sind wahrscheinlich auch die einzigen Teilnehmer, die bezahlt haben. Sie fahren Bentley und haben Frauen mitgebracht, die aussehen, als wären sie Pamela Anderson nachempfunden worden.

Robert Geiss hat keine Berührungsängste zum Milieu, weil die Klamotten von Uncle Sam ja praktisch für Zuhälter geschneidert worden seien, sagt er. »Es war Mode für die Jungs mit den dicken Oberschenkeln, die in keine Jeans passten.« Er hat seine Firma Ende der neunziger Jahre für 70 Millionen verkauft und ist nach Monte Carlo gezogen, 420 Quadratmeter Wohnfläche, sagt er. Die Terrasse allein misst 180. Er hat auch Häuser in Kitzbühel und St. Tropez, das Haus in Cannes hat er Anfang des Jahres an einen Russen verkauft.

»Der hatte noch mehr Geld als ich«, sagt Geiss. »Das Haus hatte zwei Fahrstühle, einen Helikopterlandeplatz, 16 Garagenstellplätze, zwei Pools, 1000 Quadratmeter Wohnfläche. Das Wohnzimmer war 300 Quadratmeter groß.«

»320«, sagt seine Frau Carmen, die ein T-Shirt aus ihrer Royal-Race-Geschenktüte zieht. »Ich brauche 'ne S-Größe, keine M.«

»Dann musst du dir die Brüste noch mal vergrößern lassen«, brüllt der Prinz.

»Klar, wenn's nach dir geht, kann ich danach nur noch 'ne XL tragen«, sagt Carmen Geiss.

»XXL«, sagt der Prinz und grinst, dass seine Augen in seinem knallroten Gesicht verschwinden.

Am nächsten Morgen springt er in einem Königskostüm aus dem Hotel. Die Hostessen tragen knappe Polizistinnenuniform, Robert Geiss ist Seeräuber, Fips Hardrocker und Sandy Oschinger, der Chef des zwölfköpfigen Sicherheitsdienstes, trägt einen Arztkittel. Das hat sich alles der Prinz ausgedacht. Sie stehen in der Ausfahrt des Hotels neben ihren dicken Autos wie auf einem Kindergeburtstag. Weil die richtige Königin immer noch in London ist, steckt die hübscheste Hostess im Königinnenkleid. Sonja aus Schongau begleitet den Prinzen im SLR nach Barcelona. Sie ist nicht Pamela Anderson, aber sie war mal Miss Landsberg.

»Heute Abend in Barcelona ist die Pamela da«, brüllt der Prinz und springt in seinen Wagen.

»Das glaube ich eher nicht«, sagt Gregor Leutgeb leise, der das Rennen als Pressesprecher begleitet. Er lächelt, aber sein Blick ist fiebrig. Er ist erst seit dieser Woche Pressesprecher. Seine Vorgängerin hat der Prinz gefeuert, weil sie ihm zu negativ war. Sie hatte vor zwei Wochen vorausgesagt, dass es in Cannes heute regnen könne.

Der Prinz lässt die Hinterräder seines Rennwagens durchdrehen, durch die Einfahrt des Hotels Martinez treibt der Gummiabrieb, bis einem die Augen tränen. Einen Augenblick lang wünscht man sich, dass Pamela Anderson lieber nicht kommt, weil es so besser wäre, für alle. Für sie, für den Prinzen, aber auch für Deutschland und Amerika. Als der Prinz acht Stunden später vor dem Hotel in Barcelona vorfährt, ist sie jedenfalls noch in London.

Die Teilnehmer des Royal Race feiern in dem eleganten Beachclub, den sie gemietet haben. Er ist groß, leer und kühl. Aber die Getränke sind frei. Prinz Marcus sitzt ganz hinten in der Ecke an der Glaswand zur Tanzfläche, trinkt, raucht und kontrolliert ab und zu seine verwirrend vielen Handys.

Einmal zeigt er eine SMS, die er gerade von einer Frau bekommen hat.

»Ich vermisse dich«, steht da. Er lächelt stolz.

»Ich kenn die gar nicht richtig«, sagt er.

Will er denn eine Frau richtig kennenlernen?

»In zwei Jahren«, sagt er, schweigt einen Moment und sagt dann, als gäbe es irgendeinen Zusammenhang: »Am 3. Oktober fliege ich nach Los Angeles. Da warten zwei neue Rolls-Royce. Ein Cabrio und eine Limousine, beide weiß. Vorher hatte ich silberne, aber jetzt find ich Weiß besser. So was geht ja in Deutschland nicht, in der Neidgesellschaft. Jemand wie ich, der gern herzeigt, was er hat, passt nicht nach Deutschland.«

Findet er, dass aus Reichtum Verantwortung erwächst?

»Nein, nur Luxus und Lebensfreude. Geld ist Freiheit. Das Rennen hier kost mich insgesamt vielleicht 390 000 Euro, aber ich hab meinen Spaß. Denkst du, ich brauche zwölf Bodyguards? Nee. Ich find das einfach geil. Der Oschi, der ist doch super. Der hat Manieren.«

Und Pamela Anderson, kommt die nun?

»Morgen ist sie da, definitiv«, sagt der Prinz. »Ich stell ihr einen Jet hin, der kost mich allein 38 500 Euro.«

Irgendwann surrt die Glaswand zur Discothek herunter, und der Prinz und seine Freunde gehen auf die andere Seite, um weiterzutrinken. Sie gehen um fünf ins Bett. Dadurch verzögert sich die Abfahrt am nächsten Tag nach Monte Carlo etwas. Aber Pamela Anderson geht es wahrscheinlich nicht viel besser. Sie soll gestern Nacht, gestützt von Bodyguards, volltrunken aus einem Londoner Club gestakst sein.

Irgendwann donnert der Prinz mit hochgeklappten Autotüren aus der Hoteleinfahrt, die Reifen qualmen, einer der Flügel klatscht an den Außenspiegel eines geparkten BMW.

»Grenzwertig«, murmelt Pressesprecher Leutgeb, der eingestellt wurde, um das Image des Prinzen aufzupolieren. »Das war jetzt absolut grenzwertig.«

Die Fahrt nach Monte Carlo ist langweilig, weil sie die Rennteilnehmer über dieselbe Autobahn führt, die sie gestern nach Barcelona brachte. Das liegt daran, dass der Kurztrip nach Ibiza, den sie ursprünglich zwischen Barcelona und Monaco mit zwei Boeings beziehungsweise Antonows einschieben wollten, ausfiel. Es war zu kurzfristig, um die Flugzeuge zu organisieren, und wahrscheinlich auch zu teuer für die wenigen Teilnehmer. Aber wenigstens ist Pamela Anderson in Monaco eingetroffen.

Als der Prinz im Hotel verschwindet, um zu duschen, ruft er einem Kamerateam zu: »Der Fürscht kommt heute Abend auch ins ›Jimmy'z‹. Der Fürscht und Madonna.«

Pamela Anderson zieht in diesem Moment von der Suite, die sie für sie reserviert hatten, in eine größere um. Ihre beiden Manager schritten das Zimmer ab und befanden es für zu klein. Dann machten sie sich auf die Suche nach einer geeigneten Pediküre für ihren Star. Zum Dinner, so heißt es, schaffe sie es nicht.

Schade, denn der Prinz hatte das »Belle Epoque« gemietet, ein riesiges Restaurant mit goldbemalter Decke. Es ist leer, der Prinz setzt sich mit Gia und Fips und dessen Freundin an den

Tisch in der Mitte. Überall stehen Kellner herum, und auf einem Podest spielt ein Pianist an einem großen Flügel. Die vier sehen aus wie die letzten Gäste auf einem untergehenden Luxusdampfer. Später stehen sie auf der riesigen Terrasse des Belle Epoque und rauchen, unter ihnen funkelt der Hafen von Monte Carlo. Man fragt sich, ob Menschen sich überhaupt neu erfinden können. Und was nun eigentlich mit dem Tierschutz ist.

Es ist alles viel zu groß für Fips, den Prinzen und ihre ausgehungerten, überoperierten Frauen, es war ja auch für Pamela Anderson gedacht, den Traum, der jetzt auf seinem Hotelbett seinen Rausch ausschläft oder sich die Nägel machen lässt oder die Locken, alles für die Katz.

»Ist das Ihre Freundin?«, fragt die Reporterin von »Brisant« und zeigt auf Gia.

»Ex-Freundin«, sagt der Prinz.

Er hat einen hohen Preis gezahlt, um bereit zu sein für Pamela Anderson.

Sie kommt nicht ins Belle Epoque, sie kommt drei Stunden später ins »Jimmy'z«, den teuersten und exklusivsten Nachtclub von Monte Carlo, in den sich der Prinz heute Nacht eingemietet hat. Eine zerbrechliche Figur in einem dünnen Kleid, die sich pausenlos die Haare vorm Gesicht ordnet. Ein Schatten eher. Sie läuft am Prinzen vorbei und irrt mit ihren beiden Managern durch den Club, bis Sandy Oschinger sie sanft zurück zum Gastgeber führt. Sie nimmt zwischen Carmen Geiss und dem Prinzen Platz.

Kaum sitzt sie, fängt der Prinz an zu telefonieren, vielleicht will er sich rächen, vielleicht will er ihr auch zeigen, dass er viel beschäftigt ist. Pamela Anderson redet mit Carmen Geiss, man möchte sich nicht vorstellen, worüber, und nach zehn Minuten steht sie auf und fährt ins Hotel zurück.

Der Prinz gibt sich die Kante. Vielleicht ist Pamela On The Loose, er sowieso. Am nächsten Mittag steht er mit glasigen Augen auf der Terrasse des »Café de Paris«, das er für den Brunch gemietet hat. Die Mittagssonne knallt auf seinen Schädel. Den Fürsten hat er nicht gesehen, Madonna auch nicht und Pamela Anderson nur sehr kurz.

Als ihn jemand fragt, ob sie gestern ihre Telefonnummern getauscht haben, sagt er: »Ich hatte noch nie was mit 'ner Frau, die älter als 40 war, nicht mal was mit einer, die älter war als 35.«

Dann verschwindet er, weil er ja noch mit Pamela Anderson im offenen Wagen durch Monte Carlo sausen muss. Robert Geiss, der Millionärsfreund aus Monaco, sagt, dass die Pamela vielleicht doch 'ne Nummer zu groß für den Prinzen war. Er habe sich keinen Gefallen mit ihr getan, aber er versteht seinen Freund schon.

»Marcus will eine Marke werden, und er hat das Zeug dazu. So, wie Pamela Anderson«, sagt Geiss, der Erfinder von Uncle Sam. »Oder wie die Verona Feldbusch.«

Verona Feldbusch?

»Na ja, im übertragenen Sinne. Die steht auch für irgendwas, ohne dass man genau weiß, wofür. Marcus könnte natürlich keine Werbung für Kindernahrung machen, aber für andere Sachen. Autos und so weiter.«

Als der Prinz die Flügeltür seines Rennwagens aufklappen lässt, zuckt Pamela Anderson zusammen, als hätte man auf sie geschossen. Die beiden drehen eine kurze Runde durch Monte Carlo, und obwohl man keine Wolken sieht, fängt es plötzlich an zu regnen. Sie flieht mit zerzausten Haaren vor den Kameras mit den aufgesetzten Ringblitzen in den bereitstehenden Rolls-Royce, der sie zur nächsten Station des Rennens bringen soll, an den Gardasee.

»Wie lange fahren wir?«, fragt sie einen ihrer Manager.

»Vier Stunden«, sagt er.

»Vier Stunden? Wo bringt ihr mich hin?«, flüstert sie, als würde sie entführt.

Im Film »Borat« erscheint Pamela Anderson einem kasachischen Reporter in ihrem roten »Baywatch«-Badeanzug wie die Göttin der westlichen Welt. Wie die Erlösung. Borat, der Reporter, folgt ihr quer durch Amerika und versucht sie am Ende in einen Sack zu stecken und zu entführen. Prinz Marcus scheint gerade denselben Fehler zu begehen. Nur ist er kein Kasache, er ist ein Rotlichtkönig aus Pforzheim, er nimmt den Rolls.

Am Abend sagt Pamela Anderson ein paar Sätze auf einem kurzen roten Teppich. Europa sei sehr interessant für sie. Sie bekomme hier jede Menge Unterstützung für Peta. Ihre Fernsehserie laufe jetzt an. Und der Prinz? Oh, der Prinz ist sehr nett. Ein guter Fahrer. Sie haben sich noch nie in L.A. getroffen, vielleicht jetzt mal. Vielleicht. Nein, nein, sie sei gern hier. 50 000 Dollar für eine Runde in einem schicken Auto, das sei doch kein schlechter Deal, was?

Als eine Reporterin im Gedränge stolpert, springt Pamela Anderson zurück und bricht die Interviews ab. Es gibt noch ein Gruppenfoto mit Marcus, Fips, Robert Geiss und deren Frauen, dann verschwindet Pamela Anderson im VIP-Bereich des Strandclubs.

Prinz Marcus erklärt vor den zurückgebliebenen Kameras, dass Pamela Anderson ganz bestimmt keine Affäre mit Michael Jackson habe.

»Wer war denn das eben?«, fragt ein italienischer Reporter.

Es gibt ein vegetarisches Buffet, zum ersten und einzigen Mal auf der Reise, und der Prinz erzählt dem Peta-Chef Dan Mathews, dass er dessen Buch gelesen habe, was ziemlich unwahrscheinlich ist, dem Peta-Chef aber sehr gefällt. Mathews erzählt, wie Pamela Anderson zur Tierschützerin wurde, nachdem sie als Kind beobachten musste, wie ihr Vater ein Reh schlachtete. Prinz Marcus erzählt nicht, dass er in Kitzbühel gern im dicken Nerz auftrat. Damit ist jetzt auch Schluss, in seinem neuen Leben als Wohltäter.

Um Mitternacht hat ein Fahrer Geburtstag, der DJ singt »Happy Birthday«, und auch Pamela gratuliert, man erwartet, dass sie jetzt geht, aber sie bleibt. Sie trinkt Champagner, unterhält sich angeregt mit dem Prinzen, lacht, und einmal berührt sie ihn am Rücken, es sieht beinahe zärtlich aus.

In diesem Moment kann man sich vorstellen, dass es doch etwas wird mit den beiden. Eine »Pretty-Woman«-Geschichte, mit umgekehrten Vorzeichen, die Nixe und der Zuhälter. Die Hochzeitsfeier würde auf irgendeiner Insel mit unfassbar vielen Quadratmetern stattfinden, eine Party mit weißen Pferden und Bentley, bewacht von der Schweizer Garde unter der Leitung von Sandy Oschinger. Das Kleid wäre von Versace, das Lied von Elton John und die Torte aus Tofu. Eine Traumhochzeit von zwei gelangweilten Menschen, die gegen ihr Wesen anrennen und gegen die Zeit. Die die Öffentlichkeit scheuen und suchen, alles gleichzeitig. Man könnte eine ewige Doku-Soap drehen, mit Hostessen und Schönheitsoperationen und heimlichem Fleischessen und Gerüchten und Pelzvideos, die im Internet kursieren. Ein ewiger Tanz ums Nichts. Wenn man Pamela Anderson eine Affäre mit Michael Jackson zutraut, warum dann keine mit Prinz Marcus aus Pforzheim. Den beiden kann eigentlich gar nichts mehr schaden.

Als der Prinz aufs Klo muss, tanzt er fast, so glücklich ist er.

»Das Mädel isch der Wahnsinn«, sagt er.

Um drei geht Pamela Anderson ins Bett, allein. Der Prinz macht noch ein bisschen weiter, im Morgengrauen steuert er seinen 670 PS starken Wagen im Glücksrausch um den Hotelpool, der vor dem schwarzen Gardasee leuchtet, erzählt jemand. Wenig später checkt Pamela Anderson aus. Es ist 8.20 Uhr, und »so sah sie auch aus«, sagt Sandy Oschinger, der ehemalige Feldjäger, der sie zum Flughafen nach Verona bringt, wo der Privatjet wartet.

Als Prinz Marcus sich Stunden später aus dem Bett schält, sitzt Pamela Anderson im Flugzeug nach Los Angeles. Er schaut in den Spiegel. Sie hat ihn an die Wand geworfen, aber es ist nichts passiert. Er ist immer noch ein Frosch. Er bürzelt sich die Haare an den Seiten nach oben, bis seine Frisur wirkt wie eine Krone. Am Pool sieht man noch die Reifenspuren der Hoffnung.

Deutsche Mädels sind zuverlässig

*Wie eine Studentin aus Jena in Los Angeles
zur Pornodarstellerin wurde und sich mehr
um das HIV-Virus als um Prüfungen sorgen muss*

Am siebten Tag der Quarantäne kniet Luissa Rosso vor einer fleckigen Couch im Bungalow von Rob Spallone. Man sieht nur ihren hellen Rücken, eine kleine Tätowierung auf der rechten Schulter, eine Rose, ihr Gesicht hat sie im Schoß einer dicken, schwarzen Frau vergraben, die vor ihr auf der Couch von Rob Spallone liegt und so nackt ist wie sie. Rob Spallone selbst ist gerade im Baumarkt, um ein paar Teppiche, Tischdecken, Vasen und Bilder zu kaufen, damit es in der nächsten Szene ein bisschen bewohnter im Hintergrund aussieht. Er benutzt das Haus erst seit kurzem und wird es sicher nicht lange behalten. Rob Spallone ist Pornofilm-Produzent, in seiner Welt wechseln die Hintergründe ständig.

Die schwarze Frau jongliert mit ihren schweren Brüsten und schaut dabei fragend zu dem älteren Herrn, der das Bett mit einer Videokamera umkreist. Der Mann hat gefärbte Haare, er trägt weiße Turnschuhe, hat gelbliche Raucherkrümel in den Mundwinkeln und heißt Henry Pachard. Er ist Regisseur und Kameramann dieser Szene, die irgendwann in einen Pornofilm montiert wird, der noch keinen Namen hat, aber bereits eine vage Struktur, die ihm Rob Spallone zugerufen hat, bevor er in den Baumarkt aufbrach. Sie machen erst die Brünette und die Schwarze, dünn und dick gewissermaßen, dann blond, brünett und schwarz, später blond und dick, schwarz und schwarz, und am Ende wird es noch eine Szene zwischen einer Großmutter und einer Blondine mit schottischem Akzent geben: Es ist ein reiner Frauenfilm. Spallone musste ein bisschen improvisieren, er hat heute keinen Mann bekommen. Zwei seiner Akteure stehen auf der Virus-Liste, ein paar halten sich an den empfohlenen

Drehstopp, andere arbeiten woanders. Männer sind knapp im Moment.

Es ist der siebte Tag der »Quarantäne«, wie sie im San Fernando Valley den Zeitraum nennen, in dem bestimmte harte Szenen eigentlich nicht gedreht werden sollen. 2 Darsteller sind positiv getestet worden, rund 50 weitere warten auf ihre Ergebnisse, keiner weiß, ob das alle sind. Das Virus ist zurückgekehrt, aber davon ist in Rob Spallones Bungalow nichts zu spüren. Die Frauen gehen gelangweilt ihrer Arbeit nach. Die Frauen hier wollen Männer. Für eine »Girl-Girl«-Szene gibt es 400 Dollar, für eine »Boy-Girl«-Szene doppelt so viel.

Henry Pachard schlurft um das Bett wie ein Familienvater, der eine Weihnachtsfeier filmt. Er hat in seinem Leben über 10 000 Pornoszenen gedreht, er ist bereits 64 Jahre alt und wohl nicht mehr zu überraschen. Sein Name ist so falsch wie seine Haarfarbe. Henry Pachard: Das sollte verrucht-international klingen, als er vor 40 Jahren anfing, Sexfilme zu drehen. Damals bekam er als Regisseur 40 000 Dollar für einen Film, heute sind es noch 800 Dollar. Damals gab es noch Beleuchter, Assistenten, Tonleute, Scriptgirls und einen richtigen Regiestuhl. Heute ist er allein mit seiner Kamera und den Frauen. Henry Pachard: Der Name sollte ihn so weit wie möglich wegbringen von seinem Geburtsort Wichita, Kansas.

Die Namen in der Pornowelt verwischen Spuren und sollen ein bisschen Atmosphäre schaffen, so wie die Blumenvasen und Kunstdrucke, die Rob Spallone gerade aus dem Baumarkt holt.

Das Mädchen mit der Tätowierung auf der Schulter hat sich Anfang des Jahres Luissa Rosso getauft, weil das nach Süden klang, nach Wein und nach Feiern. Sie kommt aus Sömmerda, das ist so was wie das Wichita des Bundeslandes Thüringen. Ihr bürgerlicher Name ist ein gewöhnlicher ostdeutscher Mädchenname, er ist so was wie ihr letztes Geheimnis.

Luissa Rosso also.

Wenn man ihre Geschichte glaubt, ist Luissa Rosso auf ziemlich direktem Weg von Sömmerda auf diese Couch im kalifornischen San Fernando Valley geraten und damit an den Rand der Katastrophe.

Ihre Geschichte hört sich so an: Vor einem Jahr war sie Studentin der Betriebswirtschaft im ersten Studienjahr in Jena und verdiente sich ein bisschen Geld als Kellnerin dazu. Sie hatte ein kleines Auto, eine Wohnung und einen Freund, der Koch in einem Weimarer Hotel war. Vor elf Monaten las sie in einer lokalen Thüringer Sonntagszeitung eine Anzeige, in der junge Frauen für erotische Fotos gesucht wurden. Sie meldete sich. Zum ersten Shooting war dann aber auch ein nackter Mann da. Sie machte erst mal mit. Es passierte auf einer Wiese am Rande von Gera, sie nennt es »Blümchensex«, der junge Mann sei genauso aufgeregt gewesen wie sie. Sie wechselte in die neue Welt, ihr Freund blieb in der alten zurück. Sie spielte in ein paar deutschen Pornofilmen kleine Rollen, ein Mädchen mit wechselndem Vornamen, sie lernte den Geschäftsführer einer großen deutschen Sexfilm-Produktion kennen. Sie wohnte bei ihm, half bei der Organisation, spielte in einem Film auf den Malediven mit und in einem Film auf einem südfranzösischen Landschloss, das war alles aufregender als Sömmerda. Auf der letzten Venus-Erotikmesse in Berlin traf sie einen jungen Mann, der ihr erzählte, dass man in Amerika viel, viel mehr Geld verdienen könne als in Europa. Er gab ihr die Adresse von Jim South, dem größten Modelagenten der amerikanischen Pornoindustrie.

Anfang des Jahres flog sie nach Los Angeles und nannte sich Luissa Rosso. Die erste Szene drehte sie in einer Villa am Pazifik. Es gab einen Pool und ein Volleyballfeld. Sie verdiente etwa viermal so viel Geld wie in Deutschland, wo sie für eine einfache Sexszene nur 200 Euro bekommen hatte. Im Valley gab es dafür 800 Dollar.

Luissa Rosso wollte in den drei Monaten, die sie mit dem Touristenvisum in Amerika sein konnte, 30 000 Dollar verdienen. Sie wollte kein Star werden, nur ein bisschen wohlhabend. Sie redete sich ein, dass sie mit dem Geld später vielleicht an einer der schönen Universitäten in Los Angeles studieren könnte. Das war der Plan. Sie fuhr zurück nach Deutschland, meldete ihren Honda Civic ab, holte sich eine Auszeit an der Hochschule in Jena und war Anfang März wieder in Los Angeles. Sie mietete sich eine kleine, saubere Wohnung in einem Apartmentkomplex im San Fernando Valley und fing an zu arbeiten. Sie hatte manchmal Schmerzen im Unterleib, aber das musste an den Darstellern liegen, die in Amerika ruppiger waren als in Deutschland, dachte sie. Außerdem arbeitete die 21-Jährige so viel wie nie zuvor. Sie schaffte drei bis vier Szenen in der Woche.

Luissa Rosso ist eine von etwa 1200 Pornodarstellern, die in diesem Frühjahr im San Fernando Valley gedreht haben, im Pornozentrum dieser Welt. In der Zeit also, in der sich das Virus ausbreitete und auch dieser jungen Frau aus Sömmerda gefährlich nahe kam, die sich jetzt von der Couch erhebt und mit schnellen, kleinen Schritten im dunklen Flur des Bungalows verschwindet. Henry Pachard lässt die Kamera für einen Moment sinken, er setzt sich zu der schwarzen Frau auf die Couch, kramt eine Schachtel rote Marlboro aus seiner Hemdtasche, zündet sich eine an und erzählt ein bisschen von früher, als es noch richtige Stars gab und es nicht, wie heute, nur noch um Frischfleisch ging.

»Jede Woche ein neuer Arsch«, sagt Pachard. Die nackte schwarze Frau sitzt still auf dem Sofa. Irgendwann drückt der Regisseur die Kippe aus und nickt der blonden Schottin zu.

Es kann weitergehen.

Ein paar Minuten später kommt Luissa Rosso in einem T-Shirt und einer weiten Hose zurück, sie weiß nicht genau, ob sie nachher noch mal ranmuss, sie geht auf den Hof, raucht eine Zigarette, wartet auf Spallone, der sie bezahlt. Es ist nichts Aufreizendes an dieser Frau, sie hat ein rundes Gesicht und einen singenden thüringischen Akzent.

Am 24. März dieses Jahres wurde Luissa Rosso für eine Szene mit den Pornodarstellern Marc Anthony und Darren James gebucht. Marc Anthony, der auch Produzent des Films war, hatte ihr am Telefon die Eckdaten mitgeteilt. Doppelpenetration, 1200 Dollar.

»In der Nacht vorm Dreh begannen meine Schmerzen im Unterleib schlimmer zu werden. Am Morgen hab ich's nicht mehr ausgehalten. Ich hab den Marc Anthony angerufen und abgesagt«, sagt sie. »Ich bin in eine kommunale Klinik gefahren, da haben sie eine Zyste an der Gebärmutter gefunden, sie haben mich gleich operiert. Als ich aus der Narkose aufgewacht bin, bin ich in mein Apartment gefahren. Es hat ja so schon 3000 Dollar gekostet, für eine weitere Nacht hätte ich noch mal 1000 bezahlen müssen. Ich war total fertig, und dann hat mir der Arzt auch noch gesagt, dass ich drei Wochen keinen Sex haben dürfte. Der wusste ja nicht, was das für mich finanziell bedeuten würde. Der dachte, ich sei eine stinknormale deutsche Studentin. Na ja, ich hab gedacht, mein Amerika-Abenteuer ist vorbei. Im Nachhinein muss man natürlich sagen: Ich hab Glück gehabt.«

Der Produzent ersetzte die erkrankte Deutsche durch die kanadische Darstellerin Lara Roxx. Lara Roxx war eine Stripperin aus Montreal, die ganz neu in der Stadt war. Produzent Anthony überredete sie am Drehort zu einer Doppelanalszene, die zu den unangenehmsten und riskantesten Pornostellungen zählt, aber 1800 Dollar bringt. Die höchstbezahlte Position in der amerikanischen Pornobranche. Einer der Partner von Lara Roxx war Darren James, ein 40-jähriger Pornodarsteller, der gerade von einem Dreh aus Brasilien zurückgekehrt war, wo er sich offenbar mit HIV infiziert hatte. Er steckte Lara Roxx an. Beide arbeiteten danach weiter. Sie wussten nichts von ihrer Krankheit. Sie hatten gültige Aids-Tests der »AIM«, die so etwas ist wie das Gesundheitsberatungszentrum für kalifornische Pornodarsteller. Alle 30 Tage muss sich hier jeder Akteur testen lassen, sonst darf er nicht drehen.

Aber 30 Tage sind eine lange Zeit im Pornogeschäft. Im San Fernando Valley werden jede Woche etwa 200 Filme gedreht. Als Darren James drei Wochen später bei seinem nächsten Gesundheitstest erfuhr, dass er das Virus im Körper trug, hatte er inzwischen mit 14 verschiedenen Darstellern gedreht – und die wiederum mit Dutzenden weiterer Partner.

Die AIM, die Adult Industry Medical Health Care Foundation, ermittelte in 72 Stunden ein Netz aller Pornodarsteller, die mittelbar oder unmittelbar mit Darren James Kontakt hatten. Sie fanden 47. Sie veröffentlichten die Künstlernamen der betroffenen Darsteller im Internet, um andere zu warnen.

Die AIM wird von der ehemaligen Pornodarstellerin Dr. Sharon Mitchell und dem Produzenten Ira Levine geleitet. Sie beraten Neuankömmlinge, sie verhandeln mit staatlichen Vertretern, die immer wieder Einfluss auf die Pornoindustrie nehmen wollen, und haben einen HIV-Test eingeführt, der innerhalb von 24 Stunden Ergebnisse liefert.

Die AIM-Funktionäre glaubten, in den letzten sieben Jahren einen sicheren Damm um die südkalifornische Pornogemeinde gezogen zu haben. Jahrelang schien es, als könne man sich in der freien Sexwelt eher anstecken als im San Fernando Valley. Jetzt war der Damm gebrochen. Die Namen von Darren James und Lara Roxx erschienen in den Nachrichtendiensten der ganzen Welt. Die kalifornische Gesundheitsbehörde schaltete sich ein, und manche glaubten sogar, ein fernes Grollen aus dem Washingtoner Justizministerium gehört zu haben, wo man die Pornoindustrie sehr gern abschaffen würde.

Die AIM rief zu einer Konferenz in den Ballsaal des Hilton und empfahl allen Akteuren eine 60-tägige Quarantäne. Die Industrie sollte ruhen. Es schien der einzige Weg zur Sicherheit zu sein.

Es ist der siebte Tag der Quarantäne. Morgen, am achten, ist Luissa Rosso für eine Analszene gebucht. Die erste seit dem Aids-Ausbruch. Die Firma heißt West Coast Productions, für die hat auch Darren James gearbeitet, der Träger des Virus. Ihr Partner wird Mr. Marcus sein, ein bekannter farbiger Darsteller. Er wird einen Doktor spielen und sie seine Patientin.

Hat sie nie daran gedacht, sofort nach dem Aids-Fall aufzuhören?

»Nö. Eigentlich nicht, man muss nur halt vorsichtig sein. Eigentlich sind die Vorschriften hier viel strenger als in Deutschland«, sagt sie.

Hat sie jemals Schuldgefühle gegenüber Lara Roxx gehabt?

»Sie tut mir natürlich leid, sie hat sich zu dieser Doppelanalszene überreden lassen, weil sie unerfahren war. Das hätte ich nicht gemacht. Glaube ich jedenfalls«, sagt Luissa Rosso.

Vielleicht ahnt sie, dass das nicht stimmt. Es hätte auch ihr Name sein können, der in den Fernsehnachrichten auftaucht. Lara Roxx oder Luissa Rosso, das klingt ähnlich. Sie sind beide

21 Jahre alt. Sie sind beide erst in diesem Jahr ins San Fernando Valley gekommen. Sie sind Ausländerinnen. Sie hatten einen ähnlichen finanziellen Plan. Die Kanadierin Lara Roxx sagt, dass sie 30 000 Dollar verdienen wollte, um sich dann aus der Pornobranche zurückzuziehen. Genauso viel wie ihre Kollegin aus Thüringen. 30 000 Dollar sind offenbar eine magische Zahl im Pornogeschäft.

Lara Roxx ist ein paar Tage ziellos durch Los Angeles getaumelt, nachdem sie ihr Testergebnis erfuhr. Dann ist sie zurück nach Montreal gefahren. Sie gibt dort jetzt auch Interviews. Sie erzählt, dass sie eine unglückliche Kindheit hatte, ihre Eltern hätten sich pausenlos gestritten. Auch Luissa Rosso sagt, dass ihre Eltern sich scheiden ließen. Ihre Mutter habe den Verstand verloren, ihr Vater sei weggezogen, sie habe jetzt keinen Halt mehr. Es sind böse Stiefmuttergeschichten, die vielleicht alle ein bisschen stimmen, vielleicht aber auch nicht. Sie passen jedenfalls.

Luissa Rosso schnippt ihre Zigarette in den Hof, drinnen im Bungalow wechselt Henry Pachard die Kombination, irgendwann rollt der dicke Lincoln Navigator von Rob Spallone auf den Hof.

Spallone ist klein und muskulös, seine Arme sind tätowiert, seine Jeans sind eng. Er kramt ein dickes Dollar-Bündel aus der Hosentasche, zählt 400 Dollar ab und gibt sie Luissa. Sie bedankt sich, nimmt ihre Tasche und fährt zurück ins Leben, in dem sie ihren Mietwagenvertrag um eine Woche verlängern muss. Spallone hat die fünf Szenen voll, aus denen ein Pornofilm besteht. Jedenfalls die Art von Pornofilmen, die er macht. Sie kosten im Durchschnitt 10 000 Dollar. Darsteller, Location, Regisseur, alles inklusive.

»Ich dreh dir jeden Film für 10 000 Dollar«, sagt Spallone. »Das muss ich auch, jeder Arsch kann doch heute einen Pornofilm machen, wenn er eine Kamera halten kann. Die Gewinnspanne ist natürlich gering, so eine DVD, wie die mit den Frauen, die wir heute machen, kostet später im Laden vielleicht zehn Dollar und hält sich für einen Monat. Wir vermarkten die Filme im Internet, dann reißen wir die Szenen auseinander, setzen sie neu zusammen. Was denken Sie, was ich mir schon für einen perversen Mist ausgedacht habe. Ich habe einen Sexfilm mit 100 fetten Männern gedreht, damit war ich auch in der ›Howard Stern Show‹ in New York. Ich such mir die Leute übers Internet. Dicke Frauen, alte Frauen, schwangere Frauen, behaarte Männer, alles. Es gibt einen Haufen Perverse da draußen, die das sehen wollen. Und es gibt jede Menge Perverse, die da mitspielen wollen. Die 100 dicken Männer hatte ich in 24 Stunden zusammen. Es gibt alles, ich habe sogar mal beinahe den größten Gangbang mit Liliputanern zusammenbekommen. Ich hatte zwölf Liliputaner zusammen, aber sechs sind dann wieder abgesprungen. Man muss sich was einfallen lassen«, sagt Spallone.

Kann es sein, dass er Bedürfnisse befriedigt, die er selbst geschaffen hat?

»Ach, so ein Scheiß! Es gibt große Firmen wie ›Wicked‹, die drehen nur Filme mit Kondomen. Das ist sehr lobenswert. Aber es gibt Leute da draußen, die wollen keinen Film, in dem sie ein Kondom sehen. Und für die bin ich da. Mein lieber Henry da drinnen, der versucht mir manchmal aus altem Ehrgeiz eine kleine Handlung in die Szene einzubauen. Aber ich drehe hier kein verdammtes ›Vom Winde verweht‹, ich bin Pornoproduzent.«

Spallone holt drei Baumarkt-Teppichläufer aus dem Kofferraum seines Autos. Kunstdrucke gab es nicht. Er weiß, dass es darauf nicht ankommt, es kommt immer auf die Frauen an. Neue Gesichter, neue Körper. Und die bestellt er bei Jim South.

South betreibt die größte Modelagentur im San Fernando Valley. Sie ist in einem schmalen, dunklen Büro am Ventura Boulevard untergebracht. South sitzt an einem Schreibtisch vor dem einzigen Fenster und wartet. Es ist still, manchmal schnalzt er mit der Zunge unter seiner Prothese, dass es leise klackt. Er ist 68 Jahre alt, seit 35 Jahren sitzt er in diesem Büro. Auf dem Sofa neben seinem Schreibtisch haben Tausende Pornodarsteller gesessen, nachdem sie in die Stadt kamen. Er trägt ein weißes Hemd, eine Westernkrawatte, enge dunkelblaue Wrangler und Cowboystiefel, denn er kam aus Texas nach Kalifornien. Er ist verheiratet, er hat zwei erwachsene Söhne, die ihm bei der Arbeit helfen.

Wenn eine neue Darstellerin kommt, schreibt Jim South ihre Daten auf eine Karteikarte, ihre Maße und die Sexualpraktiken, zu denen sie bereit ist. Dann geht er mit ihr in einen Nebenraum und macht zwei Polaroidfotos. Eins von vorn, eins von hinten. Die legt er zusammen mit der Karteikarte in einen seiner Aktenschränke.

800 Darsteller hat er im Moment im Bestand, 85 Prozent sind Frauen.

Lara Roxx war nur einmal hier. Er hat ihr einen Dreh vermittelt, er hat ihr einen Wagen geschickt, der sie früh vom Motel abholen sollte, aber die Kanadierin hat nicht aufgemacht und auch das Telefon nicht abgenommen. Da hat er sie aus den Akten genommen. Es ist eines seiner Gesetze. Wer zum ersten Dreh nicht erscheint, mit dem arbeitet er nicht mehr.

Luissa Rossos Akte habe er da, sagt er. Er holt einen Stapel rosa Karteikarten aus einem seiner Aktenschränke, befeuchtet seinen Finger und blättert sie durch. Dabei murmelt er »Rrrrrossso. Rrrrrossso.«

Sein Sohn, der am hinteren Schreibtisch mit einer großbusigen Blondine darüber verhandelt, wie lange sie mit ihrer Geschlechtskrankheit pausieren muss, lächelt.

Dann hat Jim South die Karte.

Luissa Rossos ostdeutscher Mädchenname steht ganz oben, ihr Geburtsdatum, ihre Passnummer und die Adresse eines kleinen Dorfes in der Nähe von Sömmerda. 325 Leute leben in diesem kleinen Dorf.

An der Seite hat South mit einem roten Filzstift notiert, wozu die Thüringerin bereit ist. Boy-Girl, Girl-Girl, Double Penetration, Anal, Interracial.

»Sie macht alles«, sagt South und schüttelt leicht den Kopf, als wundere er sich darüber. Normalerweise starten die Mädchen, die zu ihm kommen, nicht gleich mit dem ganzen Paket. Auf der Rückseite hat er die Interessenten für die Thüringerin aufgelistet. Es sind mindestens 20 verschiedene Firmen.

»Deutsche Mädels sind zuverlässig«, sagt Jim South und lächelt.

Vier Tage später sitzt Luissa Rosso aus Sömmerda im Starbucks-Café auf der Terrasse des Kodak-Theaters, in dem die Oscars verliehen werden. Von hier kann man den Hollywood-Schriftzug in den Bergen über Los Angeles sehen.

Es ist der elfte Tag der Quarantäne. Heute ist bekannt geworden, dass sich Jessica Dee mit dem Virus infiziert hat. Eine tschechische Darstellerin, mit der sie befreundet war, soweit man das in diesem Geschäft sein kann.

»Sie ist ein normales Mädchen, nicht so zickig wie die Amerikanerinnen. Sie hat auch keine Drogen genommen wie viele andere. Schade«, sagt Luissa Rosso. Sie trinkt einen Schluck Wasser, es ist heiß. Dann steht sie auf und setzt sich vorsichtig wieder hin.

»Ich habe leichte Probleme beim Sitzen«, sagt sie. »Ich habe gestern eine Analszene gedreht, die sich fünf Stunden lang hingezogen hat.«

Sie hat in dieser Woche jeden Tag gearbeitet. Sie hat die 30000 Dollar zusammen, macht aber erst mal weiter. In der »Los Angeles Times« erklärt Lara Roxx, die infizierte Kanadierin, dass sie kein Geld übrig behalten habe. Sie sei total abgebrannt. Die Pornoindustrie habe sie fallengelassen.

Luissa Rosso hat sich mit Joey Silvera angefreundet, einem Pornostar der achtziger Jahre, der inzwischen eine große Produktionsfirma besitzt. Er hat sie mit zum Spiel der Los Angeles Lakers genommen, sie haben in der ersten Reihe gesessen. In der neuesten Ausgabe der »Adult Video News«, dem wichtigsten Branchenblatt der Pornoindustrie, ist auf Seite sieben ein großes, ganzseitiges Bild von ihr. Es wirbt für eine DVD mit dem Titel »Multiples«.

Sie hat jetzt einen Fuß in der Tür zum großen Geschäft.

In der Stunde, die sie im Café sitzt, klingelt ihr Handy fünfmal. Es sind fünf neue Angebote. Sie kann nur drei annehmen, weil sie in vier Tagen nach Europa fliegt. Ihr alter Bekannter, der Geschäftsführer der großen deutschen Pornoproduktion, feiert seinen Geburtstag auf dem Landschloss in Südfrankreich. Er bezahlt ein paar europäischen Darstellern die Flugtickets, dafür dreht jeder eine Szene umsonst. Sie hat mit dem Geschäftsführer besprochen, dass sie den Film synchronisieren lassen und auf den amerikanischen Markt bringen. Jetzt, wo sie hier ein bisschen bekannter wird, sagt sie. Auf dem Rückweg will sie sich bei der Auslandskrankenversicherung in Thüringen die 3000 Dollar wiederholen, die ihre Unterleibsoperation gekostet hat. Vielleicht fährt sie auch kurz bei ihrer Universität vorbei, wenn Zeit bleibt.

Beer Forever

*Wie ein paar deutsche Aussteiger auf der
Trauminsel Phi Phi von der Tsunamiwelle
vorübergehend aus ihrem Traum geschreckt wurden*

Die heiße Luft schmeckt nach Staub und Verwesung, aber JP redet von Naturdärmen, Schinken und Kasseler, als laufe er durch eine heile Welt. Er sucht seinen Räucherofen. Er war schwer wie eine Lokomotive, sagt JP. 400 Kilogramm mindestens, in nullachter Stahl gewandet, so was verschwindet doch nicht einfach. JP folgt den Trümmern seines Restaurants die kleine verwüstete Geschäftsstraße hinunter, wobei er kurz in den Laden seines Nachbarn Heinz Oswald schaut, den sie sieben Tage nach der Flut unter einem Geröllhaufen fanden, so zerschunden, dass man nicht mal mehr die Tätowierungen erkennen konnte. Und Heinz hatte große Tätowierungen, sagt JP. Am Ende der Straße, 200 Meter von seiner Kneipe entfernt, findet er in der Ruine eines Reisebüros ein farbiges Betonstück aus seiner Bar.

»Beton«, sagt JP.

»Wasser hat Kraft. Dit darf man nich untaschätzen«, sagt Mister Blue, der neben ihm steht, eine Flasche Singha Bier in der Hand, die er vor zwei Minuten aus einem Schuttberg gezogen hat. Die Flasche ist halbleer. Es ist mittags, um die 30 Grad warm, und es ist nicht sein erstes Bier heute. Bier hat Blue gewissermaßen das Leben gerettet. Am Morgen, als die Welle kam, wollte ihn sein Kumpel Matten überreden, runter zum Frühstück in den Ort zu gehen, aber Mister Blue sagte: »Bier is ooch Frühstück«, riss sich ein Heineken auf und blieb auf der Terrasse seines kleinen Bungalows am Berg. Deshalb lebt er noch, sagt er.

JP läuft zurück zur Ruine seines Hauses, um die paar Dinge zusammenzusuchen, die es lohnt, von der Insel mitzunehmen. Zweieinhalb Wochen nach dem Unglück ist er noch einmal nach Phi Phi Island zurückgekehrt, um sich von seinem Traum zu verabschieden.

Es könnte sein, dass der Massentourismus auf Ko Phi Phi an dem Tag begann, an dem Jens Peter Marsch auf die Trauminsel in der Andamanensee setzte. Eine kleine Insel mit zwei grünen Felsen, die durch einen schmalen, mit hohen Palmen bestandenen Streifen weißen Sandes verbunden sind. Etwa 200 Leute lebten damals auf Phi Phi. Das ist etwa 15 Jahre her. Marsch war knapp 30, ein Koch aus Darmstadt, den sein Job bei der Lufthansa-Versorgungsgesellschaft in Frankfurt langweilte und dem das Wetter in Deutschland nicht mehr gefiel. Phi Phi schien das Gegenteil von Deutschland zu sein. Alles schien noch möglich. Anfang der achtziger Jahre kamen die ersten Ausländer auf die Insel, meist Taucher, die in bescheidenen Bungalows wohnten. 1992 baute Marsch sich in der Nähe des kleinen Hafens eine Hütte, nannte sie »Top Ten Burger« und begann sein Leben in Thailand. Die Taucher mochten seinen Imbiss. Sechs Jahre später, als der Raum zwischen den Palmen fast vollständig mit kleinen Bungalows gefüllt war, eröffnete JP mitten im alten Zentrum das Restaurant »Fatty's«. Der Name war seinem Nachbarn Heinz Oswald eingefallen, einem österreichischen Tauchlehrer, der etwa zur gleichen Zeit wie Marsch Phi Phi entdeckte.

Jens Peter Marsch, 44, nennt sich JP, seit er hier lebt. Er spricht es englisch aus, weil der Name Jens Peter Marsch zu der kalten, engen Welt gehört, die er zurücklassen wollte. Mister Blue heißt eigentlich Bernd Kunkel, aber auch das klingt viel zu sehr nach der Polizeiverwaltung in Berlin-Tempelhof, wo er vor über 30 Jahren mal die einzige Ausbildung seines Lebens begann. Er brach sie ab, weil er mit Kartenspielen an einem Abend mehr Geld verdiente als ein Verwaltungsbeamter in einem Vierteljahr. Blue wanderte im Himalaja, er fischte zwei Jahre lang vor Neuseeland, bestieg den Kilimandscharo und kannte jede wichtige Bar in Südostasien, bevor er hier ankam. Er mietete sich auf Ko Phi Phi eine kleine Hütte mit Dusche am Berg, kaufte sich ein altes Boot, baute es auf, nannte es »Electric Blue« und ging mit Touristen fischen.

»Ick jage den Blue Marlin, deswegen heiß ick Blue«, sagt er.

JP steht unentschlossen vor seinem wackeligen Holzhaus, neben ihm liegt das Fatty's-Schild, er hebt eine halbleere Flasche Amaretto auf, dreht den Verschluss auf, riecht, dann stellt er die Flasche wieder vorsichtig ab. Seltsam, dass es der Likör überstanden hat, nicht aber der Ofen. JP zeigt den Platz, auf dem der große Räucherofen stand. Die Welle hat das Haus seiner Nachbarn in den Biergarten gespült.

JP kämpfte seit Jahren einen Kleinkrieg gegen die muslimische Familie, der ein Teil des Grundstücks gehört. Die Familie erreichte vor zwei Jahren, dass der Zaun von Fatty's Biergarten ein Stück zurückgesetzt wurde. Man kann sich nur schwer vorstellen, was die Nachbarn empfanden, wenn JP seine Schweineteile in den Ofen hängte. Er sagt, die Nachbarn haben seinem Geschäft geschadet, weil sie ihren Dreck auf den kleinen Weg kippten, der ihr Haus von seinem trennte.

»Das stank erbärmlich. Die haben gelebt wie die Tiere. So, als hätten sie noch nie irgendwas von Tourismus gehört. Na ja, jetzt sind sie weg. Die hatten hohe Verluste, ein paar von ihnen lagen tot in unserem Gastraum«, sagt er. Man fragt sich, ob er noch immer unter Schock steht. Er schaut auf den Haufen aus Brettern und Wellblech, der von seinem Nachbarhaus übrig geblieben ist.

»Es gibt eine Überbevölkerung in dieser Religionsgruppe auf Phi Phi«, sagt JP. »Meine Beschwerden beim Bürgermeister haben nicht viel gebracht, weil der ja über drei Ecken mit denen verwandt ist. Wie alle hier.«

Aus dem Dunkel seiner Hausruine tritt ein glatzköpfiger Mann, der eine Kaffeemaschine in der Hand hält, die nicht aussieht, als würde sie noch funktionieren. Das ist Florian Asmussen, ein 27-jähriger Gärtner aus dem Allgäu, der seit zwei Jahren auf Phi Phi als Tauchlehrer arbeitet. Sie nennen ihn hier Floh, er hat als Roadie beim Jägermeister-Festival in Wolfenbüttel gearbeitet, bevor er nach Thailand zog. Floh wohnte in einem der winzigen Gästezimmer unterm Dach von Fatty's, als die Welle kam.

»Und?«, fragt JP.

»Nicht viel übrig«, sagt Floh.

Es kostet JP 20 Minuten, festzustellen, was er noch gebrauchen kann.

Zwei Türen, ein Deckenstrahler, ein paar Kleider seiner Frau und ein Stapel T-Shirts, auf die das Motto seines Restaurants gedruckt ist: »Beer Forever«.

Sie legen alles auf einen Haufen, dann ziehen die drei Männer über ihre Insel, hier und da finden sie ein Bier, wischen den Staub vom Hals und trinken es schnell. Das Reisebüro, in dem man Mister Blues Gamefishing-Touren buchen konnte, ist vom Erdboden verschwunden. Sein Boot »Electric Blue« lag glücklicherweise im Hafen von Phuket zum Tanken, es ist nur leicht beschädigt worden. Die Straßen, die das Touristendorf teilten, gibt es nicht mehr, nur noch die Schneisen, die die Planierraupen und Bagger auf der Suche nach Toten gezogen haben. 800 Menschen sind auf Phi Phi gestorben, heißt es, mehr als 1900 werden vermisst. Allein in JPs Erdgeschoss lagen zwölf Leichen, sagt er. Er hat dort kurz nach der Welle fotografiert und die Fotos auf eine CD gebrannt, die er »Tsunami Fatty's 2004« nannte.

6000 Menschen bevölkerten in der Hochsaison die kleine Insel, heute treffen Floh, Blue und JP vielleicht 50. Die meisten sind europäische Aussteiger wie sie, die testen, ob es sich lohnt, noch mal anzufangen. Eine deutsche Andenkenverkäuferin, ein französischer Restaurantbesitzer, zwei englische, ein schwedischer und ein österreichischer Tauchlehrer und eine Französin, die Klettertouren organisierten. Sie kamen heute Morgen mit der ersten Fähre und fahren später mit der letzten zurück nach Phuket. Es gibt keinen Strom und kein Wasser auf Phi Phi. Die Einheimischen sind fast alle kurz nach der Katastrophe von der Insel geflohen und nicht mehr zurückgekommen. Viele von ihnen wohnten in dem kleinen Hüttendorf, das mitten in der »Zone 4« liegt, dem Gebiet, in dem die Welle nichts übrig ließ.

Das dreistöckige Phi Phi Hotel scheint am 26. Dezember in einen Dornröschenschlaf gefallen zu sein. Es ist friedlich und ruhig in den langen Gängen, aber man sieht den Zimmern die Hast an, mit der sie verlassen wurden, überall liegen Schuhe, die Betten sind zerwühlt, auf den Nachttischen liegen noch die

Urlaubsbücher. Französische, holländische, deutsche, englische Taschenbücher. In der vierten Etage steht ein leerer schwarzer Rollenkoffer, an dem ein kleines Schild mit der Adresse einer schwedischen Frau hängt. JP prüft den Koffer, dann sagt er: »Den braucht sie ja wohl nicht mehr.« Er reißt das Schild ab und nimmt den Koffer mit.

Floh findet eine weiße Kühlbox, die sie mit Bierflaschen vom Wegesrand füllen und am Abend, nachdem die letzte Fähre Phi Phi verlassen hat, zu Blues Bungalow am Berg schleppen, wo sie die Nacht verbringen werden. Als die drei Männer mit der weißen Kühlbox durch die verlassene Trümmerlandschaft laufen, sehen sie aus wie die letzten drei Überlebenden von Phi Phi. Ein beunruhigender Gedanke.

Kurz bevor die Sonne untergeht, hat man von der kleinen Terrasse des winzigen Bungalows einen schönen Blick über das Strandstück der Insel. Noch vor drei Wochen wummerten nachts die Beats aus den Techno-Discotheken durch die Bucht. Blue hat ein paar Kerzen angezündet, und obwohl dort unten Trümmerberge rauchen, kann man sich einen Moment lang vorstellen, wie die Insel vor 20 Jahren ausgesehen hat, bevor die ersten Touristen ankamen. Dann erzählt JP von seinem Weihnachtsmenü, das er am Vorabend der Katastrophe anbot.

Es gab Entenkeulen, Rinderlende, Kasseler und Truthahn, der mit Schweinemett gestopft war, Kartoffelbrei, Kartoffelbällchen, Rotkohl und Speckbohnen. Floh sagt, dass er ziemlich zugenommen hat, seit er im Fatty's wohnte. JP lächelt stolz. Er hat sein Brot selbst gebacken. 670 Baht hat das Weihnachtsmenü gekostet, rund 13 Euro sind das, ein bisschen weniger als bei HC Anderson, einem dänischen Restaurant mit ähnlichem Angebot. JP hat am 25. Dezember 75 000 Baht eingenommen, 500 000 Baht hatte er insgesamt im Tresor, als die Welle kam. Die hat er retten können.

Blue schaut ihn an. Er hat kein Geld mehr, er weiß nicht, wie er die Reparatur seines Bootes bezahlen soll und seinen Kapitän, der wartet, dass es weitergeht. Er weiß nur, dass er nicht aufgeben wird. Er ist 53 Jahre alt, er hat kein anderes Leben mehr, schon gar nicht in Tempelhof. Auf seinem Tisch liegen ein paar *Spiegel*-Ausgaben, sie sind Jahre alt, immer wieder liest er darin, weil sich ja eigentlich nichts verändert, wie er sagt.

»Ick hätte der Welle gar nicht entfliehen können«, sagt Blue. »Ick war ja in den letzten 30 Jahren um diese Zeit immer irgendwo, wo sie auch war. In Indonesien, auf Sri Lanka, in Malaysia oder hier in Thailand. Ick bin ja Traveler. Dit is ja allet, wat ick bin.«

Sie trinken das gefundene Bier aus, später auch noch eine Flasche Whisky. Zwischendurch kocht Blue auf einem Gaskocher immer wieder Tütennudelsuppe, die er mit Thunfisch aus den Dosen verfeinert, die er heute Nachmittag in einem zerstörten Lebensmittelladen gefunden hat. Die Katastrophe verschwindet immer mehr in ihren lustigen Erinnerungen von der Insel, thailändische Frauen geistern durch die Geschichten, aber auch Männer aus Stendal und Stade, deutsche Reisende, von denen sie nur die Vornamen kennen oder die Spitznamen. Matten, Derek, Oli, Lars und Schuppi. Es sind die Geschichten eines endlosen Männerurlaubs.

Am nächsten Tag schleppt JP zusammen mit Floh und Blue seine beiden Türen, die Deckenlampe und den Rollenkoffer der Schwedin auf die Fähre nach Phuket. Sie haben wieder Bier mit an Bord, aber als das Boot langsam aus dem Hafen fährt, scheint die Luft aus seinem dicken, zufriedenen Gesicht zu entweichen.

»Ich hab einen richtigen Moralischen«, sagt JP. »Ich hab hier die glücklichsten und die schlimmsten Stunden meines Lebens verbracht. 1995 zum Beispiel hab ich mich hier von meiner ersten thailändischen Frau getrennt, die ich in Frankfurt bei der Lufthansa kennengelernt hatte. Die hatte ja neun Jahre lang in Deutschland gelebt, da war sie immer lieb und nett. Wir haben in Bangkok geheiratet, sind hierhergezogen, aber dann kam immer mehr die Thailänderin in ihr durch. Sie hat mich ausgenutzt, weil ich ihre Sprache nicht konnte. Es ging nicht mehr. Mein ganzes Leben schien im Sand zu verlaufen. So fühl ich mich jetzt auch ein bisschen.«

Was hat er hier eigentlich gesucht?

»Das Glück wahrscheinlich«, sagt JP und grinst.

Die drei Männer sitzen auf dem Außendeck, trinken Heineken und sehen zu, wie ihre Insel langsam am Horizont verschwindet. Je weiter sie sich entfernen, desto unversehrter sieht Ko Phi Phi aus.

Ein paar Tage später treffen Blue und JP ihren Kumpel Oli im Schweizer Restaurant »Swiss Delight« am Rand von Phuket. Oli ist heute überraschend in Phuket aufgetaucht, sie haben schon jede Menge Begrüßungsbiere getrunken. Es gibt Rösti, Käsenudeln und deutsches Bier, an den Nebentischen sitzen ältere weiße Männer mit jungen thailändischen Frauen. Oli ist ein später Urlauber. Er heißt Oliver Diehn und stammt aus Arendsee. »Das ist die Perle der Altmark«, sagt JP.

Oli erzählt, wie er mit vier anhaltinischen Freunden am 28. Dezember aufbrach, um seine Kumpel auf der verwundeten Trauminsel zu besuchen und zusammen Silvester zu feiern. Sie hatten ihren Urlaub schon so lange gebucht und wollten ihn wegen der Naturkatastrophe nicht absagen. Als sie in Bangkok ankamen, verließ sie aber doch ein bisschen der Mut. Es hieß, auf Phi Phi herrsche Seuchengefahr. In der *Bild*-Zeitung sah er schreckliche Bilder. Sie blieben über Silvester in der Hauptstadt und reisten dann doch lieber erst mal nach Ko Tao, an den unversehrten Golf von Thailand, und von da aus weiter nach Malaysia. Aber nun, drei Wochen nach der Welle, ist er hier, um seine Solidarität zu bezeugen.

Oli Diehn ist 37 Jahre alt, er hat sein Berufsleben als Agrartechniker bei der LPG in Arendsee begonnen, heute montiert er Sprinkleranlagen. Er erzählt, wie er beim Flug von Kuala Lumpur nach Phuket Phi Phi von oben gesehen und fotografiert hat. In gewisser Weise war er auch dabei, soll das wohl heißen. Er symbolisiert hier in der Schweizer Kneipe in Phuket das Mitgefühl der westlichen Welt.

»Ich hatte Tränen in den Augen, als ich erfahren hab, was passiert ist. In Deutschland trauern alle, und ihr macht hier Party«, sagt er mit schwerer Zunge.

»Das Leben geht weiter«, sagt JP. »Ich hab drei Kinder und 'ne Frau zu ernähren.«

»Entschuldigt mal, wollt ihr nicht wenigstens ein Wort über Heinz verlieren?«, sagt Oli.

»Wir haben Heinz und seine Töchter in diesem Chaos stundenlang gesucht, mein Lieber. Wir haben mit seiner Witwe geredet. Wir haben genug Tränen vergossen«, sagt JP.

Olis kleiner betrunkener Kopf kreist ratlos auf seinen schmalen Schultern. Er erzählt, wie sie noch am Abend des 27. Dezember in seiner Stammkneipe, dem Central Café von Arendsee, einen »Spendenfonds« für die Opfer der Flutkatastrophe ins Leben riefen. 300 Euro sammelten sie. Es war noch nicht ganz klar, welchem Land sie das Geld zukommen lassen wollten, als er abflog. Oli hofft, dass sie sich für Thailand entschieden haben. Es ist das Land, in das er reist, seit ihn vor fünf Jahren seine Freundin verlassen hat. Er war schon sechsmal auf Phi Phi. Dorthin kann er sowohl dem Winter als auch der schlechten Auftragslage entfliehen. Sein Chef hat ihn zwei Monate freigestellt, bezahlt aber die Versicherungen weiter. Sein Rückflug ist am 26. Februar. Thailand ist warm, billig, und es gibt Mädchen.

»Ann und Hue haben es nicht geschafft«, sagt Blue.

Oli schaut bestürzt.

»Ann und Hue sind Olis Parademösen«, sagt Blue, und Oli lächelt, ein bisschen beschämt, ein bisschen stolz.

»Weißte, was die Regierung mir für mein Restaurant an Entschädigung angeboten hat?«, fragt JP plötzlich. »20 000 Baht! Da sind Milliarden gespendet worden, und die finden uns so ab«, sagt er und legt einen kleinen Ausweis mit seinem Namen und dem Aufdruck Interpol auf den Tisch.

Er arbeitet seit ein paar Tagen als Fahrer und Dolmetscher für ein paar Experten des österreichischen Innenministeriums, die mit der Identifizierung von Flutopfern beschäftigt sind. Einen Monat, glaubt er, kann er das noch machen, denn es gibt ziemliche Schwierigkeiten. Einige Leichen, die anfangs anhand von Fotos identifiziert wurden, sind verschwunden, es herrsche ein ziemliches Chaos. Mehr könne er aber nicht verraten.

Er hat zwei Angebote aus Österreich bekommen, er könnte als Koch in Saisonrestaurants in Tirol arbeiten. Er liebe Österreich, sagt er, schon als Kind sei er gern dort hingefahren. Und die Experten vom österreichischen Innenministerium seien die fleißigsten, ernsthaftesten Arbeiter, die er je gesehen habe.

Will er denn seine Lebensgefährtin und die drei Kinder mitnehmen?

»Nee, nee«, sagt JP. »Die bleiben hier. Ich schick denen Geld nach Hause. Die Überfremdung in Österreich hat ja schon bedrohliche Züge angenommen. In den Städten leben ja schon fast so viele Ausländer wie Einheimische.«

Sein Weltbild ist mit den Jahren von der Sonne und dem vielen Bier aufgeweicht worden. In diesem Moment weiß er wohl selbst nicht, ob er eher Deutscher ist, Thailänder oder vielleicht sogar Österreicher. Im Herzen. Er will kein Vaterlandsverräter sein, sagt er, und auch, dass er seine thailändische Familie nicht im Stich lassen will. Er will nicht mehr nach Phi Phi zurück, er bewundert an den österreichischen Beamten, wie gut sie mit dem Wetter hier zurechtkommen, und glaubt, dass er seinen Lebensabend eher in Thailand verbringen wird. Letztlich hat er sich in Thailand genau jene Welt eingerichtet, der er vor 15 Jahren entfliehen wollte. Ursprünglich war sein Plan, eine Käserei im Nordosten zu eröffnen, wo er ein Haus gebaut hat. Aber als er erfahren hat, dass eine einzige Kuh dort 160 000 Baht kostet, hat er doch Abstand davon genommen. Oli sagt, dass er zu DDR-Zeiten 1500 Ostmark für ein Schwein bekommen hat und versucht, das in Baht umzurechnen. Er kommt auf 8000 Baht.

Dann fahren sie noch auf ein Bier zu JP, der mit seiner thailändischen Lebensgefährtin Bae und deren drei Kindern ein kleines Haus in einem Wohngebiet am Stadtrand von Phuket gemietet hat.

JP setzt sich auf die Couch neben der Schrankwand, wo der Fernseher läuft. Seine Frau Bae bringt Gläser und Bier und setzt sich dann neben ihn. Ihre 17-jährigen Zwillingssöhne, Wun und Gowit, und Gowits Freundin Naraphan gruppieren sich um den Familienvater. An der Wand hängen zwei Bilder mit nackten Frauen, vor ihm auf dem Tisch steht eine Flasche Kristallweizen, dazu das original bayerische Glas, im Fernseher laufen die Nachrichten der Deutschen Welle. Moshammer ist tot, an diesem Abend finden sie seinen Mörder.

»Moshammer ist tot«, ruft JP seiner Frau zu. Sie lächelt, freundlich, aber verständnislos. Sie stammt aus dem Nordosten

Thailands. Moshammer. Blue schaut verträumt die bildschöne Freundin von JPs Stiefsohn an, dann erscheint die Wetterkarte. Vier Grad in Hamburg. JP schüttelt sich. Vielleicht ist er in diesem Moment am meisten zu Hause, das Weizenbierglas auf dem Couchtisch, im Fernseher die schlechten deutschen Nachrichten, draußen die lauwarme Nacht und auf seinem Knie die Hand seiner stillen thailändischen Frau.

Oli kippt langsam vom Sessel, er kann erst mal bei JP bleiben. Mister Blue steht auf und wankt zur Tür.

»Ick schlaf im Puff in Phuket Town«, sagt er.

Er fährt durch die menschenleere Stadt zu einem vergammelten vierstöckigen Haus in der Nähe des Markts. Hier gehen die Einheimischen ins Bordell, sagt Blue. 28 Zimmer gibt es, die meisten sind bereits verschlossen, unten sitzt eine Art Portier hinter einem Schreibtisch. Blue ist bei einer Prostituierten untergekommen, die er seit vier Jahren kennt. Er war hier, wenn sein Boot im Hafen von Phuket lag. Manchmal kam er auch nur, um zu duschen. Sie hat ihn jetzt nach der Flutwelle aufgenommen, obwohl er kein Geld mehr hat, sie zu bezahlen. Er hat ihr ein paar Sachen von der zerstörten Insel mitgebracht, die er fand. Badelatschen, T-Shirts, eine Kette. Sie kocht für ihn und kauft Bier. Blue hat keine Versicherung, die Hilfe der Frau ist die einzige Unterstützung, die ihn erreicht. Am späten Vormittag, wenn die ersten Freier kommen, muss er weg sein.

Die Frau ist vielleicht Mitte vierzig, sie sieht aus wie eine Arbeiterin. Sie hat drei Kinder, irgendwo im Süden an der Grenze zu Malaysia. Sie heißt wahrscheinlich Ya. Das ist alles, was Blue von ihr weiß.

Er hat seinen Fernseher und seine Kaffeemaschine in dem winzigen Zimmer untergestellt. An den Wänden hängen Fototapeten mit Wasserfällen und ein Bob-Marley-Poster. Im Fernsehen läuft »Die Brücken am Fluss« in Thai-Synchronisation. Es gibt ein Bett, einen Fensterschlitz, einen Elektro-Wok, ein paar Töpfe und eine Duschkabine, deren Wände verschimmelt sind. Es ist nicht weit bis zum Hafen, wo sein Boot liegt, sagt Blue. Er nimmt sich eine Dose Bier aus dem kleinen Kühlschrank und reißt sie auf. »Küche, Bad, zwee Zimmer. Eigentlich jeht auch allet in einem Raum«, sagt Blue und durchmisst mit seinem glasigen Blick die Kammer. »Manchmal denke ick, dit Leben hat viel mit Ausschmückung zu tun.« Er versucht, diesen kleinen Satz in gebrochenem Englisch und mit den Händen für seine Freundin zu übersetzen. Sie sieht ihn an und lächelt.

Womöglich ist das hier das Ende seiner Flucht und auch deren Sinn.

Der Puffwächter schließt das Eisengitter vorm Eingang. Es ist nachts um halb zwei, auf dem Markt von Phuket Town, wo die Einheimischen einkaufen, beginnen die Händler ihre Stände aufzubauen. Kleinlaster mit Obstkisten fahren vor, Eissäcke werden ausgeladen, es riecht nach Fisch und Brot, das Leben beginnt.

Der diskrete Charme der Bourgeoisie

*Wie zugezogene Millionäre der Stadt Potsdam
nach und nach einen neuen Geist einhauchen*

Zu DDR-Zeiten hat der Landschaftsmaler Alfred Schmidt nie einen Auftrag von der Gewerkschaft oder der Partei angenommen, weil er es nicht nötig hatte, sagt er, aber als ihn im vergangenen Jahr die Frau des Springer-Vorstandschefs Mathias Döpfner bat, ein Bild ihrer Villa zu malen, das sie ihrem Mann zu Weihnachten schenken wollte, hat er zugesagt. Er hat drei Ansichten des Hauses gemalt, zwei hat Frau Döpfner gekauft. Wenn Schmidt mit seinem Boot dicht an der Villa vorbeifährt, sieht er sie im Foyer hängen – wie einen Beweis dafür, dass er, Alfred Schmidt, hierher gehört wie all die anderen schönen Dinge.

Bis vor zehn Wochen wohnte Alfred Schmidt in der einzigen Gründerzeitvilla am Heiligen See in Potsdam, die noch nicht verkauft war. Sie gehörte einem jüdischen Brüderpaar aus Australien, war schon seit ein paar Jahren im Angebot, aber niemand griff zu. Das Haus liegt traumhaft, ist aber doch ganz schön renovierungsbedürftig, und außerdem gibt es das Haus nur im Paket mit Alfred Schmidt, sagt Schmidt. Er hat all seine 64 Lebensjahre hier verbracht, er hat in verschiedenen Häusern gewohnt, bevor er vor nunmehr 25 Jahren über einen ziemlich komplizierten Ringtausch in die Seestraße Nummer 30 zog. Er bewohnt die Beletage, mit unwirklich schönem Blick aufs Wasser, einer zugewucherten Terrasse, von der eine alte Steintreppe hinunter in den verzauberten Garten führt, der am See endet, in den Alfred Schmidt zum morgendlichen Bad steigt. Es soll der zweitklarste See Brandenburgs sein, nach dem Stechlin. Am Ufer findet man zahlreiche Motive aus Schmidts Schaffen. Das Marmorpalais, das Grüne und das Rote Haus, die Villa Rumpf, die Villa Kellermann, den Hasengraben, den Neuen Garten, das Schilf, das Wasser, die Enten, die Bäume, die Angler.

»Ick ziehe hier nich aus«, sagt Schmidt an einem feuchtwarmen Septembermorgen, und genau das sagt er seit Jahren zu den zahlreichen Interessenten, die seine Wohnung inspizieren, sein Atelier, den Garten, den Steg und auch sein kleines Motorfloß. Viele hat das abgeschreckt, manche, so hofft man, weil sie es nicht übers Herz brachten, den kleinen Kunstmaler mit dem dichten weißen Bart aus seinem Paradies zu vertreiben. Andere irritierte womöglich der komplizierte Ringtausch, der Alfred Schmidt einst hierher führte, oder sie hatten Respekt vor seinem »alten Mietvertrag«, von dem er oft redet.

Aber vor zehn Wochen wurde das Haus doch verkauft, und Schmidt weiß nicht, an wen. Er hätte ein paar Wunschkäufer. Günther Jauch beispielsweise.

»Koof du it, Jünter«, bat Schmidt ihn mehrfach, aber Jauch sagte immer: »Zu teuer, Alfred.« Schmidt hatte sich auch vorgenommen, Mathias Döpfner nach der Bildübergabe zu ermuntern, sein Haus zu erwerben, aber es ergab sich nie eine richtige Gelegenheit. Jetzt hofft er, dass es vielleicht Hans-Joachim Sander war. Sander, ein Darmstädter Kunstsammler, dessen Frau Erbin des Kosmetikkonzerns Wella ist, besitzt bereits mehrere Häuser am Heiligen See und scheint wie Günther Jauch und Mathias Döpfner ein vernünftiger Mann zu sein. Seitdem hofft Schmidt wieder. Er kann am Ufer des Heiligen Sees eigentlich nur als Maskottchen überleben, als Talisman der Bourgeoisie, und tief im Herzen ahnt er das.

Günter Jauch stoppt sein Elektrofloß, auf dem er einen Frühstückstisch über den Heiligen See bewegt auf der Höhe von Schmidts Grundstück und kneift die Augen zusammen. Vom Wasser aus wirkt das Haus des Malers weniger charmant, es sieht verrumpelt aus, neben all den gepflegten Anlagen wirkt es wie Unkraut, das jemand übersehen hat. Jauch hat mal eine Ausstellung für den Maler eröffnet und verschenkt gern Schmidts Kunstkalender mit Potsdamer Motiven in Pastelltönen, aber er weiß natürlich, dass die Villa von Schmidt einen Preis hat, bei dem die Freundschaft aufhört.

»Der Alfred bibbert so ein bisschen. Wenn die Käufer Eigenbedarf anmelden, hätte er noch ein paar Monate Schutz. Das wären dann 17 Jahre seit der Wende. 17 Jahre hat er dann hier durchgehalten. Das ist ja auch nicht schlecht«, sagt Günther Jauch und steuert sein Floß weiter.

Am Heiligen See liegt die Villa Rumpf, wo Wolfgang Joop an neuen Kollektionen arbeitet. Es gibt das Haus eines Medienunternehmers, das wuchtig aussieht und von Joop mal ibizenkische Riesentoilette genannt wurde, und das Anwesen der Sanders, die zu 50 Prozent in Joops Wunderkind-Unternehmen eingestiegen sind. Die weiße Villa von Mathias Döpfner hat hier genauso ihren Platz wie die Villa Kellermann, in der kurz nach der Wende der Kreuzberger Weinhändler Max Dreier ein italienisches Restaurant eröffnete, wo sich Jauch manchmal mit Wein und Lebensmitteln eindeckt, wenn überraschend Besuch kommt. Eine frühere Schule gehört jetzt dem Wella-Erben Sander wie die Villa Kellermann und das Grundstück daneben. Wolfgang Joops Villa Wunderkind leuchtet weiß. Das Haus der Nordens aus Gelsenkirchen, die neu hier sind und von denen Jauch noch nicht viel weiß, sieht von außen sehr geschmackvoll aus, findet Jauch. Zur Sonnenwende und zum Jahreswechsel treffen sich die Nachbarn auf dem Wasser, ketten ihre Elektroboote zusammen und stoßen an. So ist die bürgerliche Revolution, die in den letzten zehn Jahren am Heiligen See tobte, unblutig verlaufen. Es ist still und friedlich hier draußen, nur manchmal hört man Wolfgang Joop auf der Terrasse seiner Villa bei einem aufgekratzten Telefongespräch.

Auf der anderen Uferseite liegt der Neue Garten in der Morgensonne, in der Mitte das Marmorpalais, das gerade eingerüstet ist. Von der Terrasse winken ein paar ältere Herrschaften, Jauch winkt zurück. Es ist wahrscheinlich das Aufregendste, was die Reisegruppe auf der Terrasse mit nach Hause nimmt. Eine Begegnung mit dem beliebtesten Mann Deutschlands. Günther Jauch hat sich mit mehreren hunderttausend Euro an der Renovierung des Marmorpalais beteiligt. Er hat ein paar Bedingungen gestellt, erst musste das Dach dicht sein, dann floss das Geld. Er ist vorsichtig geworden, seit er mal für einen

Potsdamer Kinderspielplatz gespendet hat, der dann aber über ein Jahr lang gar nicht gebaut wurde. Als er sein Geld zurückforderte, war es für irgendetwas anderes ausgegeben worden. Er hat mehrere Millionen Euro für verschiedene Potsdamer Baudenkmäler gespendet und außerdem fast zwei Dutzend heruntergekommene und zum Teil seit Jahrzehnten leerstehende alte Mietshäuser in Potsdam gekauft und hergerichtet. Es ist ein Verlustgeschäft, die versprochenen Wertsteigerungen sind nicht eingetreten, sagt Günther Jauch, für keines der Häuser würde er annähernd das wiederbekommen, was er investiert hat.

»Ich habe alle Immobilien ausschließlich in Potsdam gekauft und dort investiert. Klumpenbildung sagt man im Bankerdeutsch. Das ist eigentlich nicht empfehlenswert, weil man ja nie alles in ein Nest legen soll.«

Warum hat er es dann gemacht?

»Manchmal verstehe ich mich da selbst nicht. Ich bin kein Spekulant, ich verkaufe nichts, und mein Antrieb sind auch nicht die Steuerersparnisse, wie die PDS immer vermutet«, sagt Jauch. »Ich freue mich an den schönen Häusern, ich kann es mir leisten, und es bleibt in der Familie. Die Häuser können meine Enkel später nicht so schnell auf den Kopf hauen wie ein paar BASF-Aktien. Vielleicht ist es das.«

Jauch zog 1995 nach Potsdam. Er hatte gerade ein Haus in Zehlendorf gebaut. Zehlendorf war fertig, gediegen und, um ehrlich zu sein, langweilig, Potsdam verwachsen und verstaubt, aber wunderschön und noch weich. Seine Münchener Freunde schrieben Potsdam auf ihren Urlaubskarten in der Mitte mit tz und hinten mit Doppel-m, sie hatten den Eindruck, er sei nach Sibirien gezogen, und das freute Günther Jauch irgendwie, weil es ihn zum Pionier machte. Auch in den Erzählungen derjenigen, die ihm folgten, wirkt die Stadt wie ein Jungbrunnen und ein Abenteuerspielplatz. Potsdam schien der Ort zu sein, an dem man ein neues Leben beginnen konnte.

Wolfgang Joop glaubt, dass er seine Wunderkind-Kollektion nur in Potsdam machen kann, wo er geboren wurde. Er sei sein ganzes Leben lang auf der Suche nach diesem Platz gewesen, an dem er die Erinnerungen seiner Kindheit abrufen kann. Dr. Hermann Kremer, Frauenarzt aus Haltern am See, wollte nach 30 Jahren gutgehenden Praxislebens und dem Tod seiner Frau mal etwas zurückgeben. Peter Paffhausen, Maschinenbauer aus dem Westerwald, wollte dem Hamsterrad als Geschäftsführer der Berliner Mannesmann-Tochter entspringen.

Der rheinländische Rechtsanwalt Jörg Zumbaum, der Häuser und Niederlassungen auf der ganzen Welt hat, weil seine Eltern, die aus Königsberg flohen, ihm rieten, seinen Grundbesitz zu streuen, glaubt in Potsdam sein Zentrum gefunden zu haben, einen Schmelztiegel verschiedenster Kulturen, der überschaubarer und schöner ist als Manhattan, sagt er. Wella-Erbe Hans-Joachim Sander würde gern einen Teil seiner großen Kunstsammlung in Potsdam zeigen. Springer-Chef Döpfner, der jahrelang ruhelos durch verschiedene deutsche Städte gezogen war, verliebte sich 1994 bei einem Wochenendausflug mit seiner Frau in die »heruntergekommene Bürgerlichkeit« der Stadt. Er begeisterte erst Friede Springer für Potsdam, dann seinen ehemaligen *Welt*-Kollegen Wolfram Weimer, zuletzt auch Frank Schirrmacher von der *FAZ* und Kai Diekmann von der *Bild*-Zeitung.

Sie kennen sich nicht alle persönlich, aber sie wissen, dass sie nicht allein sind. Neben der Nähe zu Berlin, der Natur, der Stille, der Geschichte, der Schönheit, ist das ein weiteres Argument für Potsdam. Die anderen sind auch schon da.

Ministerpräsident Matthias Platzeck glaubt, dass Jauch und Joop eine Art Initialzündung für das Selbstbewusstsein der Potsdamer Bürger waren. Es habe sich eine Art neues Potsdamer Bürgertum gebildet, das zu DDR-Zeiten zerschlagen worden sei. Maximilian Dreier, der Wirt der Villa Kellermann, sagt, dass die Neuankömmlinge nach gesellschaftlichem Leben, nach Austausch suchten. »Das sind Leute, die sich einbringen wollen, aber mit den Strukturen hier nicht viel anfangen können. Die nehmen ihr Schicksal selbst in die Hand. Und damit das Schicksal der Stadt.«

Mathias Döpfner, der mit großen, ausgreifenden Schritten und entschieden schwingenden Armen die Schwanenallee hinunterläuft, passt gut in dieses Bild. Er passt an diesem sonnigen

Herbstmorgen überhaupt gut in die Landschaft an der Glienicker Brücke, wo die Havel zwischen den Schlössern Glienicke und Babelsberg, dem Jagdschloss und dem Kleinen Schloss vorbeifließt. Döpfner ist ein großer Mann mit einem gutsitzenden Anzug und einem gutgeschnittenen Gesicht. Es sind nur fünf Minuten von seiner Villa am Heiligen See bis zur Ruine der Villa Schöningen, die Mathias Döpfner im Frühjahr zusammen mit dem Banker Leonhard Fischer kaufte, um sie zu einem öffentlichen Kulturhaus zu machen, mit Restaurant, Biergarten und Ausstellungsräumen. Seit sieben Jahren interessiert er sich für das Gebäude, das an dieser historischen Stelle auf einem 6000 Quadratmeter großen Grundstück vor sich hin gammelte. Der Besitzer hatte verschiedene Pläne, einer sah vor, das Haus abzureißen und das Grundstück mit vielen Stadtvillen zu bebauen. Das wollte Döpfner verhindern.

Er öffnet die Tür und führt durch die Villa. Die Räume sind in einem erbärmlichen Zustand, aber Mathias Döpfner füllt sie, während er sie abschreitet, mit Geschichte. Die Villa wurde 1843 vom Schinkel-Schüler Ludwig Persius im Auftrag des Königs Friedrich Wilhelm IV. hergerichtet. Vorher stand dort das heruntergekommene Haus eines Schiffbauers, das dem König ein Dorn im Auge war, zwischen all den Schlössern und Parks, sagt Döpfner, und für einen Moment fällt ein Lichtschein auf die Analogie zwischen ihm und dem preußischen König. Später zog Hermann Wallich in die Villa Schönigen, einer der Begründer der Deutschen Bank. Die jüdische Familie lebte hier bis 1939. Wallichs Sohn Paul beging Selbstmord und hinterließ einen Abschiedsbrief, in dem er auch die Villa Schöningen erwähnte. Dann kamen die Nazis, die Russen, der KGB, und schließlich wurde die Villa ein DDR-Kindergarten, für den man einen Passierschein brauchte, weil er so dicht an der Grenze lag. Und nun ist er hier, Mathias Döpfner.

Er steigt die Treppen hoch bis zum Türmchen der Villa, von dem aus man über die Seen, die Wiesen und Schlösser schauen kann.

»Und das abreißen?«, sagt Döpfner. »Angeblich gab es keine Handhabe dagegen. Das muss man sich mal vorstellen, sonst diskutiert das Denkmalamt über jede Hecke. Ach, ich will mich nicht aufregen. Ich will ja, dass die Bauarbeiten hier so schnell wie möglich beginnen, damit wir das Haus bald eröffnen können. Das ist ohnehin schwierig genug. Manchmal bekommt man das Gefühl, als würde man mit der Genehmigung von der Stadt etwas Unanständiges verlangen. Dabei haben wir finanziell gar nichts davon.«

Warum macht er es dann?

»Man möchte was zurückgeben von dem, was man durch Glück und Fleiß erworben hat. Und natürlich freut mich die Form. Ich finde das Haus schön. Es ist ein gutes Gefühl, es erhalten zu können. Schreckliche Stadtvillen gibt es genug«, sagt Döpfner.

Um das auch nach außen deutlich zu machen, spannte über dem Gerüst wochenlang ein riesiges Plakat, auf dem stand: »Villa Schöningen – Demnächst offen für alle!« Vor ein paar Tagen hat jemand das Wort »Bonzen« dahintergesprüht. Da haben sie es abgenommen. Mathias Döpfner zuckt mit den Schultern, er sagt, dass die Leute sowieso besser Bauarbeiten sehen sollten als Plakate. Er hat von einer Anzeige abgesehen. Er versucht, sich aus den politischen und öffentlichen Belangen der Stadt herauszuhalten. Er kenne den Bürgermeister, das sei ein netter Mann, mehr kann er nicht sagen. Es klingt nicht so, als hätte er großes Vertrauen in die Kraft der Lokalpolitik.

Später, im wilden Garten der Villa Schöningen, sagt er noch: »Sehen Sie sich die Buchen an. Die sind über 200 Jahre alt.«

Vor ein paar Wochen trafen sich Mathias Döpfner, der westfälische Frauenarzt Hermann Kremer und der Darmstädter Wella-Erbe Hans-Joachim Sander zu einer kleinen Bürgerrunde. Den Rechtsanwalt Zumbaum hatten sie auch eingeladen, aber der war gerade auf Korsika.

Zumbaum, der bereits Häuser in Connecticut, Kopenhagen, Paris, Berlin, Mittelschweden und Frankfurt sowie ein großes Weingut in Frankreich besitzt, restaurierte gerade für mehrere Millionen Euro die Potsdamer Villa Gericke, die er auch hätte abreißen können, weil sie vom Hausschwamm befallen war. Er trocknete die Wände, rekonstruierte historische Details und verwandelte das zugewachsene Grundstück in einen Park. Am Ende erschien die Denkmalschutzbehörde, forderte Bauaufträge und warf ihm vor, Bäume gefällt sowie einen historischen Weinberg abgetragen zu haben.

Zumbaum beschwerte sich beim Potsdamer Oberbürgermeister Jann Jakobs. Jakobs forderte seine Verwaltung auf, Zumbaum zu unterstützen, der bereits ein Haus in der Nauener Vorstadt renoviert hatte und vier Millionen Euro in eine Stiftung stecken wollte, die die historische Matrosenstation an der Havel wiederherrichten sollte. Die Presse witterte Amtsmissbrauch, am Ende wackelte der Stuhl des Oberbürgermeisters, und Zumbaum stand da wie ein Verbrecher. Er behielt die vier Millionen Euro fürs Matrosenhaus. Die Potsdamer Bürokratie hatte seinen guten Willen abgewehrt wie einen Anschlag, und wahrscheinlich erinnerte das Jauch, Döpfner, Sander und Kremer an ihre eigenen Initiativen. Sie bildeten, wenn man so will, eine kleine Bürgerwehr der Millionäre.

»An diesem Abend brach es regelrecht aus allen heraus«, sagt Günther Jauch. »Die gucken natürlich auf uns. Ist ja auch okay, wenn sie sagen: Ach, der ist vom Fernsehen, mal sehen, was der macht. Aber wenn's dann umschlägt und die sagen: Hier sind wir übergenau und kühlen mal unser Mütchen, dann ist das nicht mehr okay. Der Denkmalchef hat mal zu mir gesagt: ›Es ist ganz gut, dass Sie 'ne Investitionspause haben, da können Sie mal in Ruhe über alles nachdenken.‹ Oder der PDS-Fraktionsführer sagt der Lokalpresse: ›Wenn jemand wie Herr Jauch als Bauherr mehr Potential hat als andere, dann kann man ihn auch mehr fordern.‹ Mit anderen Worten: Was schert mich, dass die Gesetze eigentlich für alle gleich gelten. Der hat die Kohle, also her damit. Und der gemeine Potsdamer ruft: Jenauso iss et.«

Als Jauch in diesem Jahr die Schinkel-Medaille bekam, sagte Ministerpräsident Platzeck, der Prinz Jauch habe sich in das Aschenputtel Potsdam verliebt, und weil Jauch im Märchenbild bleiben wollte, bezeichnete er Potsdam als Mischung aus missgünstiger Fee und bösem Wolf. Es waren eine ganze Menge Journalisten da, und ein paar Tage später erfuhren deren Leser, dass die Denkmalschutzbehörde Jauch aufgefordert hatte, die Kellerfenster eines Miethauses mit sechsfach gewundenen Eisenstäben zu vergittern statt mit dreifach gewundenen. Oberbürgermeister Jann Jakobs beauftragte eine unabhängige Kommission unter Leitung des Berliner Rechtsprofessors Ulrich Battis, die herausfand, dass Jauch im Großen und Ganzen recht hatte.

Jauch wurde in diesem Sommer von der Lokalpresse wahrscheinlich öfter zu Potsdamer Problemen befragt als Jakobs. Wenn man die Zeitungen überflog, schien er die Stadt zu regieren, nicht der Oberbürgermeister.

»Wenn ich mich zu etwas äußere, hat das manchmal eine absurd große Wirkung. Damit muss man auch umgehen lernen«, sagt Jauch. »Als ich den Jakobs traf, hab ich mich bei dem für den Wirbel entschuldigt. Aber der fand das gar nicht so schlecht. Der will dieses Obrigkeitsdenken ja auch aus seiner Behörde rauskriegen.«

Im Zimmer des Potsdamer Oberbürgermeisters riecht es nach kaltem Zigarettenrauch, die Fenster stehen offen, von draußen schwappt Baustellenlärm herein. Jann Jakobs redet seit zehn Minuten von sich entwickelnder Servicehaltung im Rathaus, vom einmaligen Potential Potsdams, von Grünpflanzen in Beamtenbüros, von Schwierigkeiten, alten Mentalitäten, er erwähnt einen Dienstleistungspreis, den sie für ihren neuen Bürgerservice bekommen haben. Eigentlich wollte er über die neuen, wohltätigen Bürger dieser Stadt reden, aber wahrscheinlich hat er das Gefühl, das einbetten zu müssen, damit man nicht vergisst, dass er auch noch da ist.

Irgendwann steckt sich der Oberbürgermeister eine Zigarette an und sagt: »Na klar profitiert die Stadt von Jauch, Joop und Springer. Die schauen nicht nur auf ihr Grundstück, sondern wollen auch was bewirken. Die müssen wir pflegen wie einen Schatz. Sie hätten mal sehen sollen, wie viele Leute hier waren, als Jauch sein Fortunaportal eingeweiht hat. Ich geh auch gern zu Jauchs Sommerfest, ich treffe auch die Döpfners. Das sind interessante Menschen, die prägen das intellektuelle Klima in der Stadt. Das Klein-Klein, das hier jahrelang gemacht wurde, muss aufhören.«

Jakobs zieht an seiner Zigarette, schaut aus dem Fenster und sagt noch: »Aber es kann natürlich nicht sein, dass sich der *Cicero*-Chefredakteur Wolfram Weimer in der Lokalpresse darüber aufregt, wenn er in Potsdam von der Polizei geblitzt wird.«

Er hat keinen einfachen Job zwischen den störrischen Beamten und den drängenden, energiegeladenen Neuen. Er ist ostfriesischer Sozialdemokrat, kein populärer Handeschüttler wie sein Vorgänger Platzeck. Seine Genossen haben ihn gedrängt, aus dem Haus in Berlin-Spandau, das er gerade gebaut hatte, nach Potsdam zu ziehen, weil ein Oberbürgermeister in der Stadt wohnen muss, die er regiert. Jakobs argumentierte mit den guten Verkehrsverbindungen zwischen Spandau und Potsdam, und als ihm der Halterner Frauenarzt Kremer eins der russischen Holzhäuser anbot, das er in der Potsdamer Siedlung Alexandrowka gekauft und hergerichtet hatte, konnte er sich nicht mehr wehren.

Jetzt wohnt der Oberbürgermeister bei einem der neuen, wohltätigen Bürger zur Miete.

Kremer ist ein leiser weißhaariger Mann, der vom Oberbürgermeister nicht mehr will als die Miete, sagt er und lächelt. In seinem anderen Alexandrowka-Haus hat Kremer ein Museum eingerichtet, am Bassinplatz ließ er ein altes, verfallenes Bürgerhaus detailgetreu wiederherstellen und öffnet es für Brandenburger Kulturvereine. Er hat eine siebenstellige Summe in die Stadt investiert, obwohl er nicht mal in Potsdam wohnt. Er fühlte sich nicht immer willkommen, sagt er, aber er lasse sich von den Behörden nicht ärgern. »Es geht ja nicht um meine Existenz, sondern ich betreibe in Potsdam ein Hobby«, sagt Kremer. »Die Dinge, die wir erhalten und die wir bauen, beschreiben uns. Sie zeigen, wer wir sind.«

Aber wer sind sie dann?

Man kann sagen, dass sie alle das Stadtschloss wiederhaben wollen. Ansonsten ist es schwierig. Kremer interessiert sich für alte Kaminzüge. Zumbaum ist Skandinavien dankbar, weil Dänemark seine Familie nach der Flucht aus Ostpreußen so gastfreundlich aufnahm. Deswegen wollte er die Matrosenstation renovieren und auch die Villa Gericke, die in einem nordischen Stil gebaut wurde. Peter Paffhausen, Geschäftsführer der Potsdamer Stadtwerke, hat für den Entwurf eines Spaßbades am Potsdamer Brauhausberg den brasilianischen Architekten Oscar Niemeyer verpflichtet, »weil Niemeyer der einzige lebende Architekt ist, dessen Werk Weltkulturerbe ist«.

Paffhausen flog viermal nach Rio, um Verträge und Entwürfe mit Niemeyer zu besprechen. Im Moment liegt der Spaßbadplan zwar auf Eis, aber Paffhausens Enthusiasmus ist ungebrochen. Auf seinem letzten Stadtwerkefest spielten Manfred Mann, Gianna Nannini und die Puhdys. Eigentlich sollten auch ZZ Top spielen, aber leider war der Bassgitarrist krank geworden. Paffhausen sucht die Bands persönlich aus, er hat, bevor er Mannesmann-Manager wurde, als Jugendlicher im Westerwald selbst Musik gemacht und »jeden ›Rockpalast‹ gesehen«. Und weil er damals auch Fußball spielte, ist er heute Präsident von Potsdams bestem Fußballverein, Babelsberg 03.

Wolfgang Joop sagt, dass nur Durchschnitt entstehe, wenn man nach anderen schiele. Potsdams perfekter Plan existiere bereits, man brauche keine senilen Architekten aus Brasilien. Man brauche Sandstein und gelben Klinker, keinen Marmor, keinen Beton, keine blauen Keramikdachziegel und vor allem keine »Dr.-Oetker-Farben«.

Das sind sie, das ist ihr Potsdam. Eine Mischung aus ZZ Top und Schinkel.

Es ist ein junges Bürgertum, das sich da versammelt hat. Döpfner, Jauch, Zumbaum, Kremer und auch Joop sind Männer, die sich ihre Karriere und ihr Geld selbst erarbeitet haben und eine schwer zu beschreibende Mischung aus Verantwortungen und Möglichkeiten spüren, die daraus erwächst. Es ist ein sehr amerikanisches Gefühl. Sie alle haben Schwierigkeiten mit dem langsamen Getriebe der Verwaltung und ein Gefühl für die eigene Kraft. Wenn man mit Jörg Zumbaum durch den Park seiner Villa Gericke hetzt, spürt man, wie schwer es dem Mann fällt, auf andere zu warten. Er will zeigen, dass er etwas Richtiges und Gutes getan hat, aber eigentlich hat er keine Zeit dafür und schon gar keine Lust, sich zu rechtfertigen. Man kann sich vorstellen, wie überflüssig sich ein Beamter der Potsdamer Baubehörde an der Seite dieses Mannes fühlt.

Zumbaum selbst fällt kein einziger Grund ein, aus dem die Potsdamer Beamten ihm Schwierigkeiten machen. Er kann sich das einfach nicht vorstellen.

Maximilian Dreier erzählt, dass Wella-Erbe Hans-Joachim Sander pausenlos hin und her überlegt, ob er in die Villa Kellermann, die er gerade gekauft hat, einziehen soll oder nicht. Dreier hat ihm gesagt, dass er da ein Restaurant mit vielen Leuten betreibe und langfristig Bescheid wissen muss. »Er hat mich ganz erstaunt angesehen. Er wusste nicht, wovon ich rede«, sagt Dreier. »Ich hab mir daraufhin mal die Zahl eine Milliarde auf ein Blatt Papier geschrieben, all die Nullen, um mal ein Gefühl dafür zu bekommen, wie unvorstellbar viel das ist.«

Manchmal hört man von den Neubürgern den Satz: »Ich habe einen Narren an Potsdam gefressen«, als hätten sie es im Schaufenster entdeckt und unvernünftigerweise gekauft.

Selbst wenn man die Schlösser und Villen von Persius und Schinkel, die Parks von Lenné wiederherrichtet, ist es doch schwer zu sagen, wie es hier war, als es noch ein Bürgertum gab. Man könnte die alte Frau Dencker fragen, die schon als Kindermädchen der Familie Linde in einer Villa am Heiligen See gewohnt hat. Linde war ein Verleger aus Berlin, er erschoss sich, als die Rote Armee nach Potsdam kam. Auch seine Frau wollte sich erschießen, aber das Kindermädchen hat sie abgehalten. Die beiden Kinder der Familie Linde wanderten aus, und bevor Frau Linde starb, vererbte sie die Villa an Frau Dencker, das Kindermädchen. In den siebziger Jahren verkaufte die das Haus an den Ostberliner Neurochirurgen Manfred Schulz, weil er ihr ein Wohnrecht auf Lebenszeit einräumte. Sie war schon über sechzig, und man weiß nicht, was Schulz dachte, aber Frau Dencker feierte vor ein paar Tagen in der Villa am Heiligen See ihren 100. Geburtstag. Man müsste sie also fragen, ob die neuen Bürgerlichen am Heiligen See denen ähnlich sind, die hier vor hundert Jahren lebten.

Leider sei Frau Dencker etwas verwirrt. Sie redet noch, das schon, aber Herr Schulz und seine Frau erkennen keine Zusammenhänge mehr. »Nur ihr Ton ist immer noch sehr gepflegt, sehr vornehm und irgendwie«, sagt Frau Schulz und macht eine kleine Pause, bevor sie das geeignete Wort findet, »bürgerlich.«

An einem schönen Spätsommerabend stehen zwei Paare am Ufer des Neuen Gartens und schauen über den See. Ein Paar erklärt dem anderen, wo der Jauch wohnt und wo der Joop. Sie stehen in diesem wundervollen alten Park zwischen Schlösschen und Pavillons und bestaunen die Häuser eines Fernsehmoderators und eines Modemachers.

Es ist eine seltsame, fast historische Szene. Es wirkt fast so, als hätten die Herrscher von Potsdam das Ufer gewechselt. Sie geben keine Befehle, aber ihr sanfter Druck verändert Potsdam. Das Murmeln in den Salons, bei den Abendessen, den größeren und kleineren Bürgerrunden und auf den Sommerfesten erreicht die Stadt. Es beeinflusst die große Diskussion um den Wiederaufbau des Stadtschlosses genauso wie die winzige um den Wintergarten der Familie Nölte.

Klaus Nölte wohnt seit 1964 am Heiligen See. Sein Vater, ein Potsdamer Fleischermeister, hatte das Haus von zwei alten Damen gekauft. 1988 starb der Vater, Klaus Nölte erbte das Haus und eröffnete hier nach dem Mauerfall die erste Potsdamer Suzuki-Motorrad-Vertretung. Er hat einen Wintergarten angebaut, um seine Motorräder auszustellen. Mitte der neunziger Jahre fand er einen besseren Platz für die Motorräder, jetzt nutzt seine Lebensgefährtin Ute Wabertzeck den Wintergarten vor allem, um ihre Palmen unterzustellen, wenn es kalt wird. Im Sommer sind dort Stofftiere ausgestellt und andere Dinge, für die sonst kein Platz ist.

Mit der Zeit wirkte der kleine Glaspavillon immer seltsamer. Das lag natürlich auch an den Nachbarn. Es gibt Momente, da denkt sie, dass sie nicht mehr so richtig dazupassen. Und das könnte durchaus an ihrem Pavillon liegen. Manche haben sie auch schon darauf hingewiesen, dass der Wintergarten nicht so schön aussehe, und sie versteht schon, was gemeint ist. Aber sie braucht ihn ja für die Palmen, und so widersteht sie noch dem diskreten Charme der Bourgeoisie, gerade noch so.

Günther Jauch sagt, dass die sozialen Gegensätze, die Lautstärke und Energie hier zehnmal spannender sind als in Zehlendorf, von wo aus er nach Potsdam aufbrach.

»Die Kontraste sind schärfer und damit auch interessanter«, sagt Jauch.

Aber schafft er diese Kontraste nicht gerade ab?

»Zum Teil ja, wir tragen dazu bei«, sagt Günther Jauch und lacht, ein wenig besorgt und auch ein bisschen stolz.

Der ewige Krieg

*Wie amerikanische Soldaten aus fünf Jahrzehnten
jede Woche darum kämpfen, Frieden zu finden*

An einem warmen Mittwochabend im Juli erzählt Patrick Piccard der Gruppe, dass er sich vor ein paar Tagen umbringen wollte. Steven Schuyler ist gerade mit den Neuigkeiten von seiner Scheidung durch, er hat von den beiden Anwälten berichtet, die seine Frau auf ihn losließ, um das Sommerhaus in Maine zu bekommen, das er gebaut hat. Zwei Anwälte. Alle sind ziemlich entrüstet. Sie wissen, wozu Soldatenfrauen in der Lage sind. Patrick Piccard sitzt am Kopfende des Konferenztisches, wo er immer sitzt, das Bonbonglas in Reichweite, er wippt auf seinem Stuhl wie immer, grinst wie immer, und wie immer weiß niemand, was er lustig findet.

Allen Gaskell hatte gefragt: »Was gibt's bei dir Neues, Pat?«

Und Patrick Piccard hatte geantwortet: »In der letzten Woche wollte ich mich umbringen.«

Er lümmelt entspannt in seinem Bürostuhl, aber sein Knie schlägt von unten leise gegen den Konferenztisch, seine Finger spielen mit dem knisternden Papier, aus dem er eben einen Milchbonbon wickelte, und gelegentlich scheint ein elektrischer Schlag in Patrick Piccards Schädel zu fahren. Seine Pupillen hetzen, aber seine Stimme ist ruhig, schläfrig fast. Er wirkt lässig und nervös zugleich.

»Umbringen?«, fragt Allen Gaskell, der die Gruppe leitet, nicht fassungslos, eher interessiert.

»Na ja«, sagt Patrick. »Sie haben mich wieder zu einer Reserveübung eingezogen, obwohl sie meinen Befund kennen müssten. Ich weiß auch nicht, warum.«

»Weil sie Idioten sind«, sagt jemand.

»Ja«, sagt Patrick. »Es war alles in Ordnung, aber als ich die

Waffe bekam, dachte ich, ich blase mir damit das Gehirn raus. Ich habe es richtig gesehen, versteht ihr, ich habe gesehen, wie ich es mache.«

»Was für 'ne Waffe?«, fragt Dan Birmingham.

»M16«, sagt Patrick und tippt schnell gegen den Mittelsteg seiner Brille, sein Kinn zuckt kurz auf seine Brust zu, dann sagt er noch mal: »M16«, als hielte er sich an seinem Gewehr fest. Das M16 ist die Waffe des gewöhnlichen amerikanischen Soldaten.

Dan Birmingham nickt. Er war im ersten Golfkrieg, der Operation »Desert Storm«. Er hat zehn Jahre lang darüber nachgedacht, sich umzubringen, sich abzuschalten, wie er sagt. Auch die anderen in der Gruppe wirken nicht besonders erschüttert. Peter Gailes und Steven Schuyler waren in Vietnam, Allen Gaskell auch, Ray Ferguson war im Zweiten Weltkrieg, und Mark Yeblonski kam im vorigen Jahr aus dem Irak-Krieg zurück, wo auch Patrick Piccard war. Sieben Männer, vier Kriege, ein amerikanisches Jahrhundert. Piccard ist 23 Jahre alt, Ferguson 83. Die Männer am Tisch kennen sich mit Waffen aus, das macht es einfacher. Sie müssen nicht so viel erklären wie zu Hause, hier in dem Raum des Gemeindezentrums von Beverly, Massachusetts, wo sie sich jeden Mittwochabend treffen.

»Ich hab die Waffe genommen und sie meinem Unteroffizier gebracht«, sagt Patrick Piccard. »Ich hab ihm gesagt: Ich bin gefährlich. Er war eigentlich ganz cool, als er die Waffe dann hatte. Sie haben mich erst in den Sanitätsraum gebracht und später dann ins Veteranenhospital nach Boston. Drei Tage lang haben sie mich da durchgecheckt.«

»Und?«, fragt jemand.

»Posttraumatisches Stresssyndrom«, sagt Patrick Piccard, wieder schnappt sein Finger hoch zum Brillensteg, und er grinst breit, als amüsierte ihn sein Selbstmordversuch oder die Bemühungen der Veteranendoktoren oder die Gruppe hier oder die ganze beschissene Welt.

Die Gruppe schaut ihn gelassen an. Posttraumatisches Stresssyndrom haben sie alle. Deswegen sind sie hier. Die Symptome sind Schlaflosigkeit, Sucht, Dünnhäutigkeit, Ehekrisen,

Probleme mit Vorgesetzten, Depression, Sehnsucht nach Ruhe, Einsamkeit, einem Ende. Genaugenommen hat ihnen Patrick Piccard nichts Neues erzählt. Piccard greift sich einen Milchbonbon und knackt ihn, wippt, grinst. Dann reden sie über Dans Rückenschmerzen, Stevens gnadenlose Frau und Rays todkranken Sohn, wie immer, und weil heute der vierte Mittwoch im Monat ist, bietet Allen Gaskell am Ende der Stunde noch sein Entspannungstraining an, eine Mischung aus Meditation und Yoga, die er sich ausgedacht hat. Er dunkelt den Raum ab, sie legen sich auf den grauen Nadelfilzboden.

Es ist acht Uhr.

Nach den Entspannungsübungen verabschiedet Gaskell die Gruppe, er macht noch ein bisschen Papierkram für das Veteranenzentrum, das die wöchentliche Stresstherapie finanziert. Dann setzt er sich in seinen alten Volvo-Kombi und fährt über die schmalen Straßen Neuenglands nach Marblehead, wo er zusammen mit seiner Frau Mary Ann in einem dreistöckigen Haus auf einem kleinen Hügel wohnt.

Der Weg führt vorbei an kleinen Städten im Umland Bostons. Städte mit weißgestrichenen Holzhäusern, guten Restaurants, Strandpromenaden, altem Baumbestand, Yachthäfen und Namen wie Peabody, Salem, Essex und Melrose. Hier hat der amerikanische Traum begonnen. Der Kies knirscht gemütlich, als Allen Gaskell auf die Auffahrt rollt. Mary Ann Gaskell ist eine Unterstufenlehrerin im Ruhestand, eine leise, sanfte Frau, die ihre neugewonnene Freizeit damit verbringt, eine Mauer aus flachen Steinen um das Grundstück zu errichten. Ihr Vater war im Zweiten Weltkrieg, sie hat Erfahrungen mit Veteranen. Das Ehepaar isst Abendbrot in dem großen Wohnzimmer, das in Pastelltönen gestrichen ist. Es gibt keinen Fernseher in diesem Zimmer. Es gibt auch keine Zeitungen. Allen Gaskell hat sich seit Jahren in einen Raum zurückgezogen, wo ihn Dinge, die ihn aufregen, nicht mehr erreichen.

Nach dem Essen geht er in die Garage, um für eine knappe Stunde zu meditieren, wie jeden Abend und jeden Morgen. Dann versucht er zu schlafen.

Allen Gaskell wurde 1946 in New York geboren. Sein Vater

verließ die Familie früh, seine Mutter starb, als Allen auf dem College war. Kurz nach ihrem Tod meldete er sich zum Militär. Er war patriotisch, sagt er, er wollte der besten amerikanischen Generation nacheifern, der, die den Zweiten Weltkrieg gewonnen hatte. 1966 ging er nach Vietnam. Er kämpfte in einem Sechs-Mann-Spezial-Team, das im Feindesland abgeworfen wurde. Long Range Patrol. Manchmal waren sie 30 Tage lang draußen im Dschungel. Er mochte es, sagt er. Die Stille, die Einsamkeit. Es gibt ein Foto, das ihn im Dschungel zeigt. Er schaut gleichgültig in die Kamera, nicht böse und nicht ängstlich, wie ein Tier in vertrauter Umwelt.

Er verlängerte seine Dienstzeit zweimal, wurde Chef des Long-Range-Patrol-Teams und blieb insgesamt zwei Jahre draußen im Dschungel.

»Das zweite Jahr verschwamm, rückblickend war ich wahrscheinlich depressiv«, sagt Allen Gaskell. »Ich fühlte mich verfolgt, von Feinden umgeben, allein. Am Ende führte ich meine Gruppe in einen Hinterhalt, weil ich nicht mehr klar denken konnte. Um uns herum explodierte alles, ich blutete, aber ich wusste nicht, wo ich getroffen worden war. Ich lag da im Dreck und wartete auf die nächste Kugel, und irgendwie wurde mir in diesem Moment, nach zwei Jahren Vietnam, klar, dass ich hier nicht in einer epischen Schlacht starb, wie ich mir das vorgestellt hatte. Ich war völlig unwichtig, irgendeine Figur in einem Spiel, das nicht mein Spiel war. Ich bin aufgestanden und weggegangen. Ich bin nicht gerannt, sondern ganz ruhig weggegangen«, sagt er.

Er ging weiter, immer weiter, irgendwann erreichte er seine Einheit, sie schickten ihn zusammen mit anderen Verletzten und Toten zurück nach Amerika. Das Flugzeug landete in der Nacht. Tote und Verletzte kamen immer in der Dunkelheit an, sagt Gaskell, als schämte man sich für sie. Im Armeekrankenhaus in New Jersey sah er im Fernsehen all die Protestler gegen den Krieg und fühlte sich ihnen seltsam nah, verwandt. Er trat aus der Armee aus und ging zurück nach New York. Er ging aufs College auf Long Island, er war klein und dünn, niemand vermutete, dass er in Vietnam gewesen war, und er erzählte es auch nicht. Einmal hörte er, wie sich zwei Mädchen und ein Junge in der Mensa darüber aufregten, dass Vietnam-Veteranen Stipendien bekamen, sagt er. Er hatte nie das Gefühl, dazuzugehören, nach dem ersten Semester schmiss er das Studium, er arbeitete auf Ölraffinerien in Kalifornien, als Bartender in Washington, er studierte ein bisschen Forstwirtschaft in Vermont. Er trank viel, nahm Speed, Mescalin und LSD. Er hatte verschiedene, meist kurze Beziehungen und suchte nach einer Religion. Er war als Protestant groß geworden, probierte Buddhismus aus und wurde schließlich katholisch. Er folgte einer Freundin nach Maine, arbeitete auf einer Farm. Irgendwann ging die Freundin nach Washington, um Jura zu studieren. Er hatte nicht die Kraft, sie zu halten, und nicht die Kraft, ihr zu folgen. Manchmal schlief er besoffen im Stall zwischen den Tieren.

Drei Tage nach Neujahr 1978 hörte er auf zu trinken, er studierte an der Boston University Psychotherapie und fand eine Stelle als Studentenberater an einem kleinen College in Salem, wo er heute noch arbeitet. Es ist ein ruhiger Posten, er hat vier Monate im Jahr frei. Einen davon verbringt er im Kloster, um zu meditieren.

Allen Gaskell läuft immer noch weg von der Stelle am Ho-Chi-Minh-Pfad, an der ihn die Kugel traf, immer weiter weg. Er schläft schlecht, höchstens fünf Stunden pro Nacht. Er hat Alpträume. Aber er nimmt keine Antidepressiva. Er trinkt nicht, er raucht nicht, er isst kaum noch Fleisch. Vor fünf Jahren gründete er, zwischen dem ersten und zweiten Irak-Krieg, die Gruppe für Veteranen, die unter posttraumatischem Stress leiden.

Allen Gaskells Veteranengruppe repräsentiert Amerika. Ray Ferguson ist ein 83-jähriger, verwitweter Rentner, Steven Schuyler ein 58-jähriger Brillenträger, der in Harvard promovierte. Dan Birmingham ist ein 34-jähriger Straßenbauarbeiter mit Rückenproblemen, Peter Gailes ist ein übergewichtiger, gutgelaunter Vietnam-Veteran, der zu allem eine Meinung hat und mit seiner dritten Frau und fünf Hunden in einem völlig verkramten Haus wohnt. Patrick Piccard, 22, lebt noch bei seinen Eltern. Software-Händler Mark Yeblonski, 26, glaubt, dass er völlig normal sei.

Am folgenden Mittwoch ist Yeblonski schon eine Dreiviertelstunde vor den anderen im Gemeindezentrum von Beverly. Die Polizei hat ihn vor einem halben Jahr betrunken in New Hampshire gestoppt. Um seine Fahrerlaubnis wiederzubekommen, braucht er ab und zu eine Extraberatung mit Allen Gaskell.

Yeblonski hat sich kurz nach dem 11. September 2001 bei der Navy gemeldet, weil er das Gefühl hatte, irgendetwas tun zu müssen. Sein Vater war vor 30 Jahren aus Polen ins gelobte Land geflohen, Yeblonski ist stolz und dankbar, Amerikaner zu sein. Aber die langweilige Ausbildung in der kalifornischen Wüste und vor allem die chaotischen Zustände im Irak, wo er zum Bewachen von Versorgungskonvois eingesetzt wurde, haben Mark Yeblonski frustriert. Der Höhepunkt ihres Feldzugs sei der 4. Juli 2003 gewesen, als ihr Kommandeur sie mit amerikanischen Fahnen durch Diwanija marschieren ließ, um den Unabhängigkeitstag zu feiern, sagt Yeblonski. Er kam sich vor wie ein bewegliches Ziel. Seitdem wollte er nur noch weg.

Er sei sehr wütend geworden in dieser Zeit, unkontrolliert, und, ja, er habe auch hier und da zu viel getrunken, seit er zurück sei in den USA, sagt er. Aber er verdient 70 000 Dollar im Jahr als Software-Verkäufer. Er trägt einen Bürstenhaarschnitt, einen fein ausrasierten Kinnbart und ein perfekt gebügeltes Oberhemd. Vielleicht studiere er irgendwann noch mal Jura. Er sei zufällig in die Therapiegruppe gerutscht, glaubt er. Er fliegt überm Kuckucksnest.

»Was gibt's Neues an der Heimatfront?«, fragt Allen Gaskell später, als die Stunde beginnt.

Steven Schuyler erzählt, dass sein Scheidungstermin noch mal verschoben werden muss. Dan Birmingham sagt, dass im Vorortzug, mit dem er zu seinem Internisten nach Boston fuhr, Nationalgardisten mit gezückten Waffen patrouillierten. Vor kurzem gab es den zweiten Anschlag auf die Londoner U-Bahn.

»Was für Waffen?«, fragt Patrick Piccard, der sich vor zwei Wochen noch umbringen wollte.

»M16, meist«, sagt Dan.

»Ich wette, die trauen sich nicht, die Knarre im Zug abzufeuern«, sagt Patrick Piccard, wippt in seinem Stuhl, grinst.

»In London trauen sie es sich«, sagt Peter Gailes, der Vietnam-Veteran. »Die machen kurzen Prozess. Sie haben einen Unschuldigen getroffen, vielleicht. Aber sie haben die Terroristen gefasst. Wir sind zu blöd dazu.«

»Weil die Nationalgarde in diesem idiotischen Krieg steckt, obwohl wir sie hier brauchen«, sagt Steven Schuyler.

Allen Gaskell versucht die Diskussion wegzuführen vom Politischen, aber er schafft es nicht. Sie reden eine halbe Stunde über Bush, Cheney, Rumsfeld und Öl, als säßen sie in einer Talkshow. Gaskell empfiehlt der Gruppe, keine Nachrichten zu sehen, die ersten Seiten der Tageszeitungen zu überblättern. Bilder vom Krieg und anderen Katastrophen lösen seiner Meinung nach neue Schübe aus. Das Internet und die Nachrichtenkanäle mit ihren fiebrigen Spruchbändern bringen das Chaos zurück in ihr Leben, glaubt Gaskell. Die Gruppe hier soll eine behagliche, stressfreie Kapsel sein. Es gibt keine Fenster in dem Raum. Es gibt die Flaggen Amerikas, Vietnams, Koreas und die Fahne der amerikanischen Kriegsgefangenenorganisation, auf dem Tisch stehen zwei Glasschalen mit Bonbons und Lutschern, an der Wand hängen zwei schmale Bücherregale mit Ratgebern für Alkoholiker, Unterhaltspflichtige und Arbeitssuchende.

Ursprünglich hatte die Frau, die im Auftrag des Staates Massachusetts das lokale Veteranenbüro leitet, die größte Wand des Zimmers mit kleinen Papierkreuzen beklebt, auf die sie die Namen jedes im Irak-Krieg gefallenen amerikanischen Soldaten schrieb. Allen Gaskell überzeugte sie jedoch davon, dass sich die Kreuze negativ auf seine Gruppenarbeit auswirken könnten. Die Beamtin hängte die Bastelarbeit in das kleine Büro nebenan.

An diesem Augusttag hängen dort 1875 Kreuze.

Kurz bevor die Stunde um ist, fragt Allen Gaskell, was Dan Birmingham eigentlich bei seinem Internisten wollte.

»Ich hab diese tierischen Schmerzen, die einfach nicht aufhören«, sagt Dan. »Ich habe Darm- und Magenspiegelungen hinter mir, Ultraschalluntersuchungen und Computertomografien. Sie finden nichts. Aber ich wache nachts auf, weil es so wehtut.«

»Glaubst du, dass es mit dem Krieg zu tun hat?«, fragt Gaskell.

»Ja, schon«, sagt Birmingham. »Ich war drei Monate an diesen brennenden Ölquellen im Irak. Wir haben das Zeug ja die ganze Zeit eingeatmet. Und dann mussten wir auch diese Pillen einwerfen, die uns vor Husseins Giftgas schützen sollten. Die waren noch nicht richtig getestet, aber wir mussten unterschreiben, dass wir niemanden verklagen, wenn es Nebenwirkungen gibt. Sie haben mir in den letzten zehn Jahren 40 Zysten rausgeschnitten. Ich hatte sie überall. Meine Eier waren geschwollen wie Baseballs, mein Kiefer war vereitert, ich habe Blut im Urin gehabt, Kopfschmerzen, Rückenschmerzen und diese Bauchschmerzen. Es ist so, dass ich schreien möchte, mitten in der Nacht.«

Nach der Stunde setzt sich Birmingham in seinen roten Pickup und fährt nach Hause. Auf die Heckklappe des Wagens hat er gleich nach dem 11. September einen »Ich bin stolz, ein Amerikaner zu sein«-Sticker geklebt. Inzwischen weiß er nicht mehr so genau, was er damit eigentlich sagen wollte.

Er lebt mit seiner Frau und drei Kindern in Peabody. Sie haben ein Haus zwischen einem Baseballfeld und einer katholischen Schule gekauft. Es ist nur ein kleiner Bungalow. Aber hinter dem Haus liegt ein vielleicht tausend Quadratmeter großer Garten, in dem Dan Birmingham die vergangenen zwei Jahre verbracht hat. Er hat eine Terrasse gebaut, einen Abenteuerspielplatz mit einem wuchtigen hölzernen Klettergerüst, einen Pavillon, einen Grillplatz, er hat Natursteinpfade angelegt, Sträucher gepflanzt und einen großen Pool aufgestellt, mit Sprungbrett. Es ist eine kleine, heile Gartenwelt, eine Oase in der endlosen Wüste.

Dan Birmingham ist 35 Jahre alt, mit 18 meldete er sich bei der Army. Sein Großvater war im Ersten Weltkrieg, sein Vater in Korea. Birmingham verpflichtete sich für vier Jahre. Sie schickten ihn zur Artillerie. Nach der Ausbildung in Oklahoma und Deutschland musste er in den ersten Golfkrieg. Im Januar 1991 flog er los, wohin genau die Reise ging, war ihm nicht klar. Er erinnert sich, dass sie lange warteten, lange durch grenzenlose, staubige Landschaften zogen und plötzlich aufgefordert wurden zu schießen.

Er wusste nicht, wo er war, er wusste nicht, wen er bekämpfte, und nach einer Weile vergaß er auch die Zeit.

»Wir schossen vier Tage lang ohne Unterlass, rollten ein Stück, schossen, rollten. Wir sind mit unseren M109-Haubitzen einfach durch Leute hindurchgefahren, die auf uns zuliefen, unser Befehl war, auf keinen Fall anzuhalten. Das war unsere Mission. Wir hatten keine Möglichkeit herauszufinden, wer wer ist. Vier Tage lang haben wir nur gefeuert und uns weiterbewegt. Wir haben in 75 Minuten 62 Granaten abgeschossen, jede 120 bis 200 Pfund schwer. Da kannst du nicht mehr nachdenken. Du wirst Teil der Maschine, ein Teil der Waffe«, sagt er.

Sein Krieg dauerte vier Tage und vier Nächte.

Später sah er, was sie angerichtet hatten. Krater, die mit Matsch und Blut gefüllt waren, kaputte Fahrzeuge, Tote. Dem kurzen Krieg folgten drei Monate in den brennenden Ölfeldern. Totale Dunkelheit wie in Alaska im Winter, sagt er. Er spürte keine Traurigkeit, Reue, Wut oder Angst über das, was er gesehen und getan hatte. Auch nicht, als er nach Deutschland zurückkam. Er spürte Durst. Er hatte ein halbes Jahr keinen Alkohol getrunken, das holte er jetzt nach. Er versoff die 5000 Dollar, die er im Krieg gespart hatte. Als er bei einem Alarm nicht aus dem Bett kam und sie bei einem Bluttest Alkohol und Marihuana fanden, entließen sie ihn vorzeitig. Das war im Dezember 1991.

Er fuhr zurück nach Massachusetts, dort, außerhalb der Kasernenmauern, tauchten die Bilder wieder auf. Die unbewaffneten Männer und Frauen, in die sie hineinrollten, die Schüsse auf Menschen, die sich ergaben, die Flüche der Gefangenen, der blutige Matsch in den Bombenkratern, der schwarze Himmel.

Er konnte nicht mehr schlafen. Er konnte sich nicht mehr unterordnen. Er legte sich mit allen an. Am längsten blieb er bei einer Straßenbaufirma, weil der Chef dort wusste, dass er Kriegsveteran war. Er trank, er wurde aggressiv, im Drugstore schrie er Leute an, die arabisch aussahen, er weinte ohne jeden Grund mitten am Tag. Zehnmal machte er eine Entziehungskur im Veteranenhospital in Boston. 2001 warf ihn seine Frau raus und zog mit den Kindern in eine andere Stadt, Birmingham trank weiter, lebte in seinem Auto, er durfte die Kinder nicht sehen, und irgendwann würgte er im Streit seinen Boss, der immer zu ihm gehalten hatte. Er flog raus und lebte auf der Straße.

Im Januar 2003 ging Birmingham zum ersten Mal zu Allan Gaskells Runde, aber weil er eine Alkoholfahne hatte, schickte ihn Gaskell wieder nach Hause. Es ist die einzige Regel, die er hat. Alle müssen nüchtern sein.

Am 25. Februar 2003 begann Dan Birmingham seine vorläufig letzte Entziehungskur, er ist jetzt seit zweieinhalb Jahren trocken.

Es bleiben die Schmerzen, die Gedanken über die Dinge, die in seinem Körper passieren, die Gesichter der Leute vor seinem Panzer. Bis heute wacht er nachts auf, schweißgebadet, sieht die Bilder. Er steht auf, raucht, läuft stundenlang durch den Garten. Er schluckt Antidepressiva, Celexa, jeden Tag. Das macht ihn hyperaktiv und sexuell unzuverlässig. Seine Frau nahm ihn zurück, aber zufrieden wirken sie nicht. Birmingham werkelt im Garten, pflanzt, setzt Steine ein. Einen Job hat er noch nicht gefunden, wegen der Schmerzen, sagt er. Die Arzttermine bringen einen gewissen Rhythmus in sein Leben. Allan Gaskells Therapierunde ist der Höhepunkt seiner Woche.

25 Millionen Veteranen leben in Amerika, das sind fast neun Prozent der Gesamtbevölkerung. Acht Millionen waren in Vietnam. Viereinhalb Millionen waren im Zweiten Weltkrieg. Zehn Millionen sind älter als 65 Jahre, einer davon ist Ray Ferguson. Normalerweise haben die verschiedenen Kriegsgenerationen nicht viel miteinander zu tun. Sie reden sich ihre Kriege gegenseitig schlecht.

Ferguson sagt, dass die Jungen in der Gruppe vielleicht etwas von seinen Erfahrungen lernen können. Aber wenn man ihn fragt, welche Erfahrungen er meint, schweigt er.

Er war im Sommer selten bei den Gruppenabenden, weil er seinen Sohn Buck pflegte, der an Krebs litt. Am zweiten Augustwochenende starb Buck Ferguson. Am Mittwoch danach wurde sein Körper in Peabody aufgebahrt. Allen Gaskell schlägt der Gruppe vor, die Sitzung ausfallen zu lassen und stattdessen Ray Ferguson ihr Beileid auszusprechen. Alle nicken, aber am Ende tauchen nur Allan Gaskell, Peter Gailes und Steven Schuyler am Sarg auf, die drei Vietnam-Veteranen. Auch Buck Ferguson war in Vietnam.

Fergusons Körper ist mit der amerikanischen Fahne bedeckt. Hinter dem Leichnam steht die Fahne der Marines, daneben wartet sein Vater, der dem toten Mann im Sarg sehr ähnlich sieht. Ray Ferguson schüttelt die Hände seiner Therapiekameraden. Im Raum stehen vielleicht 50 Leute mit Plastikbechern in der Hand, die Fergusons sind beliebt in Peabody.

Die drei Veteranen aus der Therapiegruppe stehen am Rand. Peter Gailes trägt Shorts sowie ein T-Shirt, auf dem steht: »Ich komme sicher in den Himmel, denn ich habe die Hölle schon gesehen. Vietnam.« Buck sei an dem verdammten Agent Orange gestorben, flüstert Gailes. »Jede Wette. Er war in Khe Sanh. Ich kenne eine Menge Jungs, die dort waren und später Krebs hatten.«

Schuyler und Gaskell schweigen. Die drei Veteranen bleiben für 20 Minuten, sie nicken Ray Ferguson kurz zu, bevor sie gehen. Er steht zwischen all den Fahnen am Sarg seines Sohnes wie ein Soldat.

Allan Gaskell sagt, draußen auf dem Parkplatz, dass die Weltkriegsveteranen die größten Schwierigkeiten hätten, mit ihren Gefühlen umzugehen. Sie kamen als Helden zurück in ein boomendes Land. Sie blieben ihr Leben lang Helden, die beste Generation von allen. Eigentlich müsste es diesen Veteranen gut gehen. Doch mehr amerikanische Soldaten sind an den psychologischen Folgen des Zweiten Weltkrieges gestorben als in der Schlacht.

Ray Ferguson, der Vater des Aufgebahrten, hatte sich 1942, nach dem Angriff der Japaner auf Pearl Harbor, zur Air Force gemeldet. Im Frühjahr 1944 flogen sie in ihr Basislager nach San Pancrazio, Italien. Ferguson gehörte als Bordschütze zur Besatzung eines B-24 »Liberator«, eines schweren Bombers. 50 Einsätze sollte er fliegen, bevor er wieder nach Hause durfte. Ihr erstes Ziel war Sofia.

Ray saß vorn in der Nase des Bombers in einer winzigen gläsernen Kanzel. Gebückt hockte er da, es war nicht mal Platz für einen Fallschirm. Aber Ray Ferguson dachte nicht an Fallschirme, als sie ihre Bomben über Sofia abwarfen und zurück nach Italien flogen. Es war ein ruhiger Tag, niemand beschoss sie, die Sicht war gut, es war faszinierend.

Der nächste Einsatz änderte alles. Sie flogen in Richtung Steyr in Österreich, um ein Kugellagerwerk zu zerstören. Sie wurden mit Hunderten Flugabwehrgranaten beschossen, sie sahen Bomber ihrer Staffel brennen, trudeln, abstürzen.

Ray fühlte sich schutzlos vorn in seiner gläsernen Kanzel. Als sie am späten Nachmittag zurück ins Lager kamen, dachte er, dass er diesen Krieg nicht überleben würde.

Es war der 2. April 1944.

Ray Ferguson weiß das genau, er weiß auch, an welcher Position sein Flugzeug an diesem Tag in der Formation flog, wer abgeschossen wurde, wer starb. Er weiß, wie stark die Flugabwehr war, er weiß, wie viele Bomben sie abwarfen und wie lange sie flogen.

Vor fünf Jahren tauchten auf einem Mikrofilm in Washington die Flugprotokolle seines »Liberator«-Geschwaders wieder auf. Ray Ferguson hat sich Abzüge machen und sie in ein dickes Buch binden lassen, in welchem er fast täglich blättert.

Er hat jetzt die Daten zu den Bildern in seinem Kopf.

Sie bombardierten Sofia, Bukarest, Budapest, Bratislava und München. Er saß in seiner Kanzel und sah die Flüsse, die Städte, die Berge und die kleinen Punkte der Flak unter sich wie Wunderkerzen. Er konnte zählen, bis sie oben bei ihm waren, in 24 000 Fuß Höhe. 29 Sekunden dauerte es. Manchmal flog ihr Bomber auch so tief, dass sie Menschen rennen sehen konnten.

Nach den Einsätzen legte er sich in sein Zelt, die Bilder des Tages liefen vor seinen Augen ab. In den Briefen an seine Freundin durfte er davon nichts schreiben, nichts von den Bildern, nichts von seiner Angst, jeder Brief wurde von den Offizieren gelesen. Abends trank er manchmal zwei, drei Gläser Wein, um schlafen zu können. Am nächsten Morgen flog er wieder los.

Am 21. Juli 1944 holten sie ihn zu seinem letzten Einsatz über Hörsching in Österreich. Er hatte sich verrechnet, er dachte, er sei schon fertig, könne nach Hause. In dem Moment brach er zusammen, zum ersten Mal. Er wollte nicht mehr, er übergab sich, sie schoben ihn hinein in seine Kanzel. Er überlebte es, aber er war nicht mehr derselbe Mann.

Als er zurück in Amerika war, wollten sie ihn gleich weiterschicken, mit den neuen B-29-Bombern nach Osten, wo es gegen die Japaner ging. Da hat er gekündigt und auf seine Pension verzichtet. Er wollte leben.

Es war ein guter Krieg, und er sei stolz auf das, was er getan habe, sagt er. Er würde gern ein Buch schreiben, damit die Kinder wissen, was er für sein Land getan hat. Er habe immer nur auf Häuser gezielt, nie auf Menschen. Es war ein guter Krieg, aber das hilft ihm nicht. Wenn er die Augen schließe, sagt Ray, sehe er immer noch den brennenden Himmel, er sehe die Flugzeuge neben sich abstürzen und fühle das Rumpeln seiner Maschine. Es ist jede Nacht so, seit über 60 Jahren. Er hat Alkohol probiert, Tabletten, es hat nichts geholfen. Anfangs hat er sich nicht getraut, den Ärzten etwas davon zu erzählen.

»Ich dachte, ich bin verrückt geworden«, sagt Ray Ferguson.

Wieso hat er seinen Sohn dann nicht daran gehindert, nach Vietnam zu gehen?

»Jeder muss seine eigenen Erfahrungen machen«, sagt er.

In der dritten Augustwoche wurde sein Sohn beerdigt, in der vierten kommt Ray Ferguson wieder zur Veteranengruppe, er parkt seinen goldfarbenen Cadillac auf dem Behindertenparkplatz direkt vor der Tür, nimmt den Stock und die Pepsi-Cola-Büchse, die er immer mitbringt, und hinkt hoch in den zweiten Stock, wo der kleine fensterlose Raum liegt, mit den Fahnen, den Bonbongläsern und den Kameraden.

Auf der breiten Stoßstange seines Cadillacs kleben ein »Bush«-Aufkleber und einer von den »Liberators«, mit denen er flog, den Befreiern.

Für Ray Ferguson gehört das alles zusammen. Sein Einsatz im Zweiten Weltkrieg, George W. Bush und sogar der goldene Cadillac. Es ist alles Teil des amerikanischen Traums, für den er, sein Sohn und auch die Irak-Soldaten in den Krieg zogen. Er hört die schlechten Nachrichten aus Washington, aber sie verblassen vor der großen Aufgabe. Sie sind die Befreier. Man muss einen Preis zahlen, wenn man im besten Land der Welt leben will, und er zahlt jetzt diesen Preis. So sieht es Ray Ferguson. Und wohl auch sein Präsident.

In der ersten Septembersitzung sagt Steven Schuyler, der immer noch nicht geschieden ist, dass er versuche, die Beziehung zu seinen beiden Töchtern zu verbessern. Schuyler ist der Intellektuelle der Gruppe, er hat in Harvard und Berlin Germanistik studiert, handelt mit antiquarischen Büchern, er reist viel, hat Freunde in der ganzen Welt. Er hatte lange gedacht, dass er seine Vietnam-Erlebnisse verarbeitet habe. Aber der Irak-Krieg, das Zählen der gefallenen amerikanischen Soldaten in den Zeitungen und die Probleme in seiner Ehe holten die Bilder zurück. In der Eheberatung warf ihm seine Frau, die auch Germanistin ist, vor, dass er nie über den Krieg geredet habe. Er fand keine Worte, mit denen er ihr hätte erzählen können, was er in den anderthalb Jahren erlebt hatte. Er konnte mit ihr über Kafka sprechen, aber nicht über »Clusterfuck« in Vietnam, wenn alles um ihn herum explodierte. Er hat herausgefunden, dass die Scheidungsrate bei Veteranen extrem hoch ist. Er bringt oft Statistiken mit in die Stunde, als wolle er sich und den anderen beweisen, dass sie nicht allein sind.

»Mädchen halten in Scheidungsfällen eher zu den Müttern, aber ich bemühe mich«, sagt Steven Schuyler.

Er zitiert aus einem Gedicht, das seine ältere Tochter im Englischunterricht geschrieben hat. Es schildert den Moment, in dem er in Vietnam auf eine Mine trat, die wie durch ein Wunder nicht explodierte.

Allen Gaskell fragt: »Du redest mit deiner Tochter über Vietnam?«

»Ja, sie hat mich eines Abends danach gefragt. Ich habe immer bereut, dass mein Vater mir nie etwas über seinen Krieg erzählt hat, als ich ein Junge war. Ich hätte ihn so besser verstanden, glaube ich«, sagt Schuyler. »Mein Vater war mit der Navy auf den Philippinen, sie haben die Japaner bekämpft. Als er nach Hause kam, war er ein anderer Mann. Er hat angefangen zu saufen und ist dann auch bald abgehauen. Meine Mutter musste uns vier Kinder allein großziehen. Ich hab ihn gehasst.

Aber am Ende, kurz vor seinem Tod, hat er mir vom Krieg erzählt, wie sie den angeschwemmten toten Japanern die Finger abschnitten, um die Ringe zu bekommen, furchtbare Sachen, Bilder, die er nicht mehr loswurde. Und ich hab ihm von Vietnam erzählt, und irgendwie war das die einzige Ebene, auf der wir uns nahekamen. Der Krieg. Verrückt eigentlich, aber so war's.«

»Hast du mit deinem kranken Sohn über eure Kriegserfahrungen geredet, Ray, als es mit ihm zu Ende ging?«, fragt Gaskell.

»Es waren verschiedene Kriege. Ich wollte das nicht gegeneinander aufrechnen«, sagt Ray Ferguson und dreht die Pepsi-Cola-Büchse, die vor ihm auf dem Tisch steht.

»Hast du Schwierigkeiten zu weinen?«, fragt Gaskell.

»Ich konnte nicht weinen, als mein Sohn starb«, sagt Ferguson. »Ich will kein schlechtes Beispiel geben.«

Patrick Piccard grinst, wippt, dreht an seinem dicken Ring, in den die Wörter »Military Police« eingraviert sind. Es ist der einzige Ring, den er hat. Er ist 23, er hat noch nicht viel erlebt, er war nur einmal im Ausland, im Irak. Er kann immer noch ein paar Wörter in der Landessprache. Er weiß was »fuck you« heißt, was »eat shit« und was »thank you«.

Patrick Piccard wohnt in der Nähe des Gemeindezentrums. Er ist nach dem Krieg wieder in sein Kinderzimmer gezogen. Er sitzt nicht gern in den schönen Restaurants in der Innenstadt, und auch bei McDonald's sitzt er lieber draußen. Er möge keine geschlossenen Räume, sagt er. Er hat versucht, für eine Sicherheitsfirma im Einkaufszentrum zu arbeiten, aber die vielen Menschen haben ihn zu nervös gemacht, vor allem die Kinder mit ihren überraschenden, lauten Geräuschen.

Er habe immer Soldat werden wollen, sagt er, seit er fünf war. Sein Vater kämpfte in Vietnam, vielleicht deshalb. Er hat sich schon während der High School bei der Army-Reserve gemeldet. Im November 2001 fing er mit der Grundausbildung an, und als er fertig war, schenkten ihm seine Eltern den Ring, in den »Militärpolizei« eingraviert ist. Sie waren stolz auf ihn, er war in der Schule immer ein Einzelgänger gewesen, ein Sonderling. Jetzt schien doch noch was aus ihm zu werden. Im Februar 2003 flog er in den Krieg.

Die Soldaten warteten eine Weile im Camp in Kuweit, dann wurden sie zur Sicherung von Militärtransporten eingesetzt. Patrick Piccard fuhr in einem Jeep, es gab nur eine Plane über ihm, und er sah nicht viel, er fühlte sich schutzlos. Er wusste auch nicht so richtig, was sie in diesem Land eigentlich beschützen wollten. Es gab nichts Schönes im Irak, sagt er, die einzigen ansehnlichen Dinge, die er sah, waren ein Palast von Saddam und ein Ferienheim der Baath-Partei in Falludscha. Die Einheimischen schienen feindselig.

Die Zeit sickerte vorbei, es war heiß und staubig; im Herbst, kurz vor Thanksgiving, hatte sein Vater eine Herzattacke. Patrick Piccard flog nach Hause, besuchte ihn, der Vater erholte sich. Aber der Soldat, der Piccards Dienst bei der Militärpolizei übernommen hatte, starb in seinem Jeep, auf dem Sitz, in dem er vorher gesessen hatte. Seitdem gebe es keinen Ort mehr, an dem er sich sicher fühle, sagt Patrick Piccard. Als seine Dienstzeit vorbei war, kam er zurück nach Beverly, er schrieb seine Symptome in ein Formular der Militärpolizei, zog in sein Kinderzimmer und bewarb sich hier und da, meistens in Autohäusern. Er mag Autos. Sie sagten ihm, sie würden zurückrufen, aber niemand rief zurück. Er ist jetzt seit einem Jahr arbeitslos. Er hat 20 Kilogramm zugenommen. Er trinkt keinen Alkohol und raucht auch nicht, aber er kann nicht schlafen. Er sitzt die ganze Nacht an seinem Computer und wartet einfach darauf, dass er umfällt, meistens ist das morgens, gegen fünf Uhr.

Seine Hände trommeln auf den Tisch, er trägt den Ring der Militärpolizei, ein Army-T-Shirt und ein Basecap in Tarnfarben. So, als hätte er immer noch einen Auftrag zu erfüllen. Man möchte sich nicht vorstellen, welchen.

Im zweiten September-Meeting der Veteranengruppe erzählt Patrick Piccard, dass ein Krimineller in New Orleans nach dem Hurrikan »Katrina« einem Nationalgardisten die Waffe gestohlen und ihn damit getötet habe. Mit einem M16. Niemand hat davon gehört, aber Patrick Piccard bleibt dabei.

»Es war ein M16«, sagt Piccard.

Allan Gaskell widerspricht nicht, er lenkt die Gruppe sanft aus solchen absurden Diskussionen. Er wolle nicht, dass jemand noch mehr isoliert werde und nicht mehr wiederkomme, sagt er. Nach dem 11. September hat Ray Ferguson in der Gruppe vorgeschlagen, Mekka zu bombardieren. Als der Irak-Krieg lief, haben sie darüber diskutiert, ob Jessica Lynch von Saddam Hussein in einen Harem gesteckt wurde. Peter Gailes glaubt, dass sein verschwundener Kamerad immer noch in Vietnam gefangengehalten wird. Er ist auch der Meinung, dass man Jane Fonda erschießen sollte. Allen Gaskell hält den moderaten Republikaner John McCain für keinen guten Präsidentschaftskandidaten, weil er sich in Vietnam gefangennehmen ließ.

Die Soldaten in ihnen hören nie auf zu kämpfen.

Bei einem Meeting Ende September sagt Peter Gailes, dass er sein Leben lang dem Rausch nachjagte, den er erlebte, als er mit seinem Kampfhubschrauber über Vietnam flog und die Menschen vor ihm flüchteten wie Wild.

Ein Großteil der 21 Milliarden Dollar, die Amerika jährlich für seine Kriegsversehrten ausgibt, fließt in die psychologische Betreuung. Man weiß heute, dass mindestens 30 Prozent der Vietnam-Veteranen unter posttraumatischem Stress litten. In vielen Fällen wurde die Krankheit chronisch.

Das will man jetzt verhindern. Die Veteranen, die aus dem Irak-Krieg zurückkommen, müssen Fragebögen ausfüllen. Haben sie Symptome des posttraumatischen Stresssyndroms, werden sie zu den lokalen Veteranenzentren geschickt, um an Therapiegruppen teilzunehmen.

Es gibt wahrscheinlich Tausende solcher Gruppen wie die von Allen Gaskell in den USA, und täglich produziert der Krieg im Irak neue Teilnehmer. Ein großer Teil der Amerikaner leidet unter posttraumatischem Stress, jeder neue Krieg konfrontiert die Bürger mit der Frage, was der Export des amerikanischen Traums kostet.

An einem Abend Ende Oktober bringt Peter Gailes ein Buch mit zur Sitzung. Er legt es auf den Tisch. Es heißt »Ambush Alley« und beschreibt den Angriff auf eine amerikanische Einheit in Nassirija im Irak. Allen Gaskell sagt, dass es nicht gut für ihn sei, solche Dinge zu lesen.

»Mich regt auf, wie schlampig die auf den Krieg vorbereitet waren«, sagt Gailes.

»Das amerikanische Militär hat bisher in jedem Krieg Scheiße gebaut. Mich wundert, dass wir überhaupt schon mal gewonnen haben, im Zweiten Weltkrieg. Jede Schlacht ist Chaos. Krieg ist Chaos«, sagt Allen Gaskell.

Steven Schuyler erzählt, wie er beim Schießen in Vietnam gelegentlich völlig die Übersicht verloren habe. Dan Birmingham redet über die vier Tage und Nächte, in denen er vergaß, wo er war, Ray Ferguson beschreibt einen Tiefflug über Pitesti in Rumänien, sie lachen, fallen sich ins Wort, und für eine Viertelstunde scheinen ihre Kriege miteinander zu verschmelzen zu einer einzigen, ewigen Schlacht auf den Kontinenten dieser Erde. Sie reden über Drogen, Bordelle und Kriegsgefangene, als säßen sie alle in einem einzigen, großen Zeltlager. Sie gehören zum amerikanischen Heer, das ausgeschickt wird, die Welt zu retten. Irgendwann landet ihr Gespräch bei den Folterungen im Gefängnis von Abu Ghureib.

»Ich glaube nicht, dass es in der Öffentlichkeit wirklich noch jemand interessiert. Nicht im Detail«, sagt Allen Gaskell. »Ich glaube auch nicht, dass Amerika im Krieg ist. Die Jungs da drüben sind im Krieg.«

»Und die wissen auch nicht, wofür sie kämpfen«, sagt Dan Birmingham, der Golfkrieger. »Ich wusste es jedenfalls nicht.«

»Ich auch nicht«, sagt Steven Schuyler, der Vietnam-Veteran.

»Ihr solltet den Kommunismus zurückschlagen«, sagt Ray Ferguson, der Weltkriegsveteran.

»Vielleicht. Aber es war was anderes bei euch, Ray. Ihr wart noch in einem guten Krieg«, sagt Schuyler.

Ferguson nickt. Sie schauen den Soldaten aus dem Zweiten Weltkrieg an. Vor ihm auf dem Tisch liegt seine »Liberator«-Mütze, er hat gewonnen damals, aber er sieht nicht zufrieden aus. Der Krieg hört nie auf. Die Männer am Tisch folgten ihren Vätern, und ihre Söhne werden ihnen folgen. Dan Birminghams Großvater war im Ersten Weltkrieg, Steven Schuylers Vater war auf den Philippinen, Patrick Piccards Vater war in Vietnam wie Ray Fergusons Sohn. Sie haben keine anderen Vorbilder und immer wieder Präsidenten, die die amerikanische Freiheit bedroht sehen. Vielleicht wissen die Veteranen nicht mehr, wofür sie wirklich kämpften, aber am Ende scheinen ihre Kriege das zu sein, was sie ausmacht.

»Ich fühlte mich von Feinden umgeben und sehr allein«, sagt Allen Gaskell über seine Vietnam-Zeit. Es ist ein sehr amerikanisches Gefühl.

Ende Oktober schneidet die Beamtin des Veteranenzentrums das 2000. Papierkreuz aus und klebt es an ihre Bürowand. Die Bäume Neuenglands glühen im späten Indian Summer.

Einige Tage später erscheinen alle wieder zum Meeting, auch Patrick Piccard, der sich vor vier Monaten umbringen wollte, ist wieder da. Er war in den vergangenen Wochen ein paar Mal nicht gekommen, sie hatten sich gesorgt und hinter ihm her telefoniert. Piccard setzt sich auf seinen Platz am Kopfende des Tisches, angelt sich wie immer einen Milchbonbon, grinst, wippt. Er trägt ein grünes T-Shirt, auf dem »Army« steht.

Der Fluch der Teppiche

*Wie der Münchener Kunsthändler Eberhart Herrmann
in seinem neuen Leben beweisen will, dass
er in seinem alten nicht verrückt war*

»Das Kamel ist mondbezogen, das Pferd dagegen ist sonnenbezogen«, sagt Eberhart Herrmann und beugt sich über den kaukasischen Läufer, den er eben ausgerollt hat. Es ist nicht ganz klar, worauf sich die Bemerkung bezieht, denn auf dem Teppich sind weder Kamele noch Pferde zu erkennen. Herrmann aber scheint sie zu sehen, die Pferde und auch die Kamele, seine Hand fährt über den alten Läufer wie die Hand des Wettermanns über die Wetterkarte.

»Man hat in einem Herrschergrab mal 22 Pferde gefunden. Zwei mal elf. Elf bedeutet Feuer. Verstehen Sie, das reinigende Feuer! Teppiche sollten ja die Seele vom Diesseits ins Jenseits tragen«, sagt er und scheint, während er immer weiter und schneller redet, mit dem leuchtenden Teppich aus der Schweizer Bergwelt wegfliegen zu wollen, in die Vergangenheit, zu den Sternen und den Toten.

Eberhart Herrmann steht in seiner Galerie in Emmetten, einem von drei Plätzen in der Schweiz, an denen er seine Teppiche zeigt, die viele Millionen Euro wert sind. Er ist 65 Jahre alt, trägt einen dunklen Anzug, ein helles Hemd und einen gestutzten weißen Bart. Sein Gesicht ist tiefgebräunt, er würde einen guten Indiana Jones abgeben, er kennt sich mit Bergen ebenso aus wie mit Pyramiden. Sein Blick ist sanft, seine Gesten sind kontrolliert, seine Stimme summt, aber wenn man versucht, seinen Worten zu folgen, platzt einem der Kopf.

Wie kommt er darauf, dass Kamele mondbezogen sind?

»Das habe ich entdeckt«, sagt Herrmann. »Ich bewege mich zwischen sechs, sieben Wissenschaften hin und her wie ein Fisch im Wasser. Deswegen bin ich ja für viele konventionelle Denker der Antichrist. Der Antichrist hat das Wissen der Welt, warum, glauben Sie denn, hat man den Giordano Bruno verbrannt?« Er lächelt, über jeden Zweifel erhaben. In der Ecke der Galerie steht der flache weiße Plastikkoffer, den er fast immer dabeihat. Er enthält eine Zeichnung der Cheopspyramide, mit der er beweisen kann, dass nicht Archimedes die Zahl Pi entdeckt hat, wie die Welt bislang annahm.

In diesem Moment kann man sich vorstellen, wie Eberhart Herrmann zum Gegenstand eines der langwierigsten und heftigsten Streitfälle in der jüngeren Geschichte der deutschen Psychiatrie werden konnte.

Bis zum Dezember 1994 betrieb Herrmann eine Galerie in der Münchener Theatinerstraße, in der die besten Geschäfte der Stadt ansässig sind. Er war ein weltbekannter Händler für kostbare Teppiche, hatte enge Kontakte zu Auktionshäusern in London und New York. Zu seinen deutschen Kunden gehörten Vorstandsmitglieder großer Banken, Leo Kirch und der Baumarktbesitzer Albert Hornbach, der bei ihm Teppiche für mehrere Millionen Mark kaufte, sagt Herrmann. Der Verleger Hubert Burda, so heißt es, kam an Samstagnachmittagen gern zum Meditieren in die Galerie auf der Theatinerstraße.

Eberhart Herrmann hatte von seiner Mutter eine Orientteppichhandlung übernommen und sie gemeinsam mit seiner Frau Ulrike in eine moderne Kunstgalerie verwandelt. Er hat Jura studiert, seine Frau Mathematik und Germanistik. Sie waren ein Münchener Power-Paar, kauften keinen Teppich, ohne einander zu beraten, und gaben einmal im Jahr einen Katalog heraus, der in der Teppichwelt wie ein Nachschlagewerk gehandelt wurde. Sie erforschten die in Europa weitgehend unerkundete Geschichte der asiatischen und orientalischen Teppichkunst. Ulrike Herrmann beschäftigte sich vor allem mit dem Gewebe, Eberhart Herrmann mehr mit den Symbolen.

Von 1989 bis 1992 zählte Herrmann oft tage- und nächtelang Muster aus, auf der Suche nach einem System. Je länger er zählte, desto mehr begriff er, dass Menschen ihre Weltsicht, ihre Erkenntnisse und Geheimnisse verwebt hatten, dass man in den Teppichen lesen konnte wie in Büchern. Die Zahlen fügten sich zu einem Sinn, das Welträtsel zerfiel vor seinen Augen. Viele, die ihn damals kannten, sagen, dass es immer schon kompliziert war, seinen Aufsätzen und Reden zur Teppichkunst zu folgen, in denen er Mathematik, Religion, Geschichte und Sternenkunde miteinander verknüpfte. Manche hielten ihn gerade deswegen für genial.

Eberhart Herrmann aber konnte auch andere Sachen.

Er war Ski-Bergführer und Kletterer, er hat den Pik Lenin im Pamirgebirge bezwungen und alle europäischen Viertausender, den Montblanc allein dreimal. Seine Diplomarbeit wurde im bayerischen Justizministerium ausgehängt, er sprach Persisch, Italienisch, Spanisch, Französisch, Englisch, Latein und ein bisschen Russisch, er vergaß keine Telefonnummer, die er einmal gewählt hatte, und spielte als Junge beim FC Bayern München Fußball. Er hatte dichte schwarze Haare, ein ansteckendes Lächeln, er kam gut bei Frauen an.

Im Jahr 1994 aber wurde das Besondere in Eberhart Herrmann plötzlich besorgniserregend. Vieles, was bislang für ihn sprach, sprach nun gegen ihn.

Detlev von Zerssen, ein Psychiatrieprofessor im Ruhestand, beobachtete im November 1994 auf der jährlichen Ausstellungseröffnung in der Theatinerstraße einen veränderten Herrmann, sagt er. Der sonst ruhige, zurückhaltende Teppichhändler habe fiebrig, fahrig und mit großem Selbstbewusstsein einen Vortrag gehalten, dem offensichtlich niemand folgen konnte. Zerssen, der seit vielen Jahren Kunde der Galerie war, informierte Ulrike Herrmann darüber, dass ihr Mann wahrscheinlich unter einem hypomanischen Symptom leide. Sie war nicht überrascht, sie hatte schon seit längerem den Eindruck, dass Eberhart Herrmann in seiner Zahlenwelt versank. Da er selbst nicht mehr praktizierte, empfahl Zerssen seinen ehemaligen Schüler Hans-Jürgen Möller, der gerade Chef der Psychiatrie an der Münchener Maximilians-Universität geworden war.

Professor Möller ließ sich von Ulrike Herrmann die Symptome schildern und besuchte, gewissermaßen inkognito, die Teppichgalerie auf der Theatinerstraße. Eine halbe Stunde lang beobachtete er, wie Eberhart Herrmann, von ihm durch eine

Glasscheibe getrennt, mit einer Kundin verhandelte. Als ihm Ulrike Herrmann einige Tage später telefonisch mitteilte, dass ihr Mann auf der Autobahn einen anderen Fahrer bedrängt habe, stellte Professor Möller ein Attest aus. Er diagnostizierte eine schwere endogene Psychose – obwohl er seinen Patienten weder untersucht noch befragt hatte.

»Herr Herrmann ist als psychisch krank und selbst- und fremdgefährlich zu betrachten«, heißt es im Attest. »Seine sofortige Unterbringung in einer geschlossenen Abteilung einer psychiatrischen Klinik ist zwingend erforderlich. Die Unterbringung könnte in unserer Klinik erfolgen.«

Am folgenden Tag gab Herrmann dem Drängen seiner Frau nach und besuchte Möllers Klinik. Zur Sicherheit nahm er seinen Freund Herald Oestreicher mit, in dessen Betrieb Herrmanns Teppichbücher hergestellt wurden. Professor Möller teilte Eberhart Herrmann mit, er sehe schon in seinen Augen, dass er verrückt sei, erzählt Herrmann, Oestreicher bestätigt diesen Satz. Er bezeugt auch, dass Professor Möller Eberhart Herrmann beim Verlassen der Klinik hinterhergerufen habe: Wir kriegen Sie schon!

Herrmann bekam es mit der Angst zu tun. Mit ein paar Freunden räumte er nachts seine Galerie aus, lud die Teppiche auf einen Laster und versuchte, mit ihnen in die Schweiz zu fliehen. Weil sich darunter auch Kommissionsware des Auktionshauses Rippon Boswell befand, die Herrmann noch nicht bezahlt hatte, wurde er am 15. Dezember 1994 verhaftet und ins Gefängnis Stadelheim gebracht.

Detlef Maltzahn von Rippon Boswell sagt, er sei nervös geworden, als ihm Herrmann am Telefon mitgeteilt habe, er befinde sich zurzeit in einem Adlerhorst. Maltzahn erstattete Anzeige. Eberhart Herrmanns Schwiegermutter strengte unter Bezugnahme auf das Attest von Professor Möller ein Betreuungsverfahren an.

Nach einer Woche entließ man Herrmann wieder aus dem Gefängnis, aber in der Teppichwelt hatte sich das Gerücht verbreitet, einer der wichtigsten Händler der Welt habe den Verstand verloren. Das Geschäft mit alten Teppichen ist so sensibel wie der Aktienmarkt, es gibt nicht viele Dinge, an denen man sich festhalten kann. Ein Händler, von dem es heißt, er glaube in einem Adlerhorst zu sitzen, drückt die Preise seiner Ware.

Herrmanns Teppiche, die noch im Sommer 1994 von der Hypo-Bank München mit 30 Millionen Mark bewertet worden waren, wurden im Jahr darauf von Sotheby's nur noch auf 6 bis 8 Millionen Mark geschätzt.

Die wichtigsten deutschen Sammler wandten sich von ihm ab, sagt Herrmann, sein ehemaliger Freund Hornbach kaufte nie wieder einen Teppich von ihm, Kreditlinien wurden gestrichen, internationale Messen verweigerten ihm den Zugang.

Eberhart Herrmann zog in die Schweiz, baute in Zürich, Emmetten und Luzern neue Handelsplätze auf und beschloss dann, seinen Ruf zu retten.

Im Dezember 1997 verklagte er Professor Möller und dessen Dienstherrn, den Freistaat Bayern, auf insgesamt acht Millionen Mark Schadensersatz. Der Prozess währte elf Jahre, die Akte ist über 3000 Seiten stark. Sie liest sich in Teilen, als hätten sie Franz Kafka, Patricia Highsmith und Ken Kesey zusammen geschrieben. Sie enthält Aussagen und Gutachten zu Eberhart Herrmanns Gesundheitszustand von zehn Ärzten aus vier verschiedenen Ländern, die sich alle mehr oder weniger widersprechen. Es gibt Autoverfolgungsjagden, Liebesgeschichten und Verschwörungen bis in die Vorstandsetagen der Dresdner Bank und ins bayerische Justizministerium.

Im Spätsommer dieses Jahres verurteilte das Münchner Landgericht Professor Möller und den Freistaat Bayern zu 5000 Euro Entschädigung, weil durch die Herausgabe des Attests an die Ehefrau die ärztliche Schweigepflicht verletzt worden sei. Die restlichen Klagen wurden abgewiesen, die Kosten des Verfahrens muss Eberhart Herrmann tragen. Er hat mittlerweile fast 500 000 Euro in den Rechtsstreit investiert, schätzt er. Aber es geht ihm nicht ums Geld.

»Es geht um das System, ich bekämpfe die Missstände in der Psychiatrie«, sagt Herrmann. »Die meisten Menschen haben doch gar nicht die Möglichkeiten, sich zu wehren. Allein finanziell würden die das gar nicht durchstehen. Die sterben hinter den Kliniktüren den bürgerlichen Tod. Kein Arzt stellt sich doch gegen so eine Koryphäe wie Professor Möller.«

Er rollt den kaukasischen Läufer zusammen, nimmt den weißen Koffer mit der Cheopspyramidenzeichnung auf, löscht die Lichter der Galerie und tritt in die sternenklare Schweizer Nacht. Im Tal glitzert der Vierwaldstätter See. Die Ausstellung hier oben zählt zur Tour, die er seinen Kunden aus aller Welt bietet, bevor sie über Geld reden. Berge, Banken, Seen. Sie kaufen die Reise mit, die Bilder, die Geschichten, die ihnen Eberhart Herrmann auf dem Weg erzählt.

Heute Mittag hat er sein Lager in Zürich vorgestellt, und auch seinen Kollegen Sandro Mischioff, einen alten russischen Juden, der ihn schon kennt, seit er als Kind mit seinem Vater bei ihm auftauchte. Herrmann hat einen Audienzteppich aus dem Kaiserpalast in Peking ausgerollt, 16. Jahrhundert, für den jemand in China demnächst vielleicht 6,2 Millionen Dollar zahlt. Er spult die Geschichte des Teppichs ab, an deren Ende er steht. Herrmann hat ihn 1987 bei einer Auktion in Boston für 180 000 Dollar gekauft. Er hat das Studio gezeigt, in dem er Teppiche mit einer alten Plattenkamera aufnimmt, und den Raum, in dem Tausende Bücher darauf warten, dass ihr Autor rehabilitiert wird. Er hat über drei Millionen Mark für die Herstellung der prachtvollen Bildbände ausgegeben, sagt er, aber wer kauft schon ein Fachbuch von einem Geisteskranken.

Morgen wird er die Galerie in Luzern vorstellen, und jetzt zeigt er noch schnell seine Eigentumswohnung, die hoch oben über dem See thront. Sie hat eine große Terrasse und einen Arbeitsbereich, der in drei Teile zerfällt: Geschäft, Forschung und Recht. Herrmann ist ja nicht nur Händler und Wissenschaftler, er ist auch Anwalt, nicht nur vor Gericht. Auch diese Tour – der Abstecher in seine Galerie, der Besuch in seiner Wohnung – ist Teil der Beweisführung. Eberhart Herrmann will beweisen, dass er da ist. Dass er immer da war. Er will sein Leben zurück, oder das, was er für sein Leben hielt.

Es ist schwierig, und man spürt das am deutlichsten, wenn man mit ihm durch München läuft, wo er geboren wurde. Er sucht die Plätze, an denen er einst wirkte, wie eine untergegangene Welt. In seinem Geschäft in der Theatinerstraße sitzt jetzt eine Modefirma; die Buchhandlung im Hof führt seine Bücher nicht mehr.

Einige Menschen, die ihn kannten, sind bereits verstorben oder weggezogen oder nicht mehr ansprechbar. Er kann ihre alten Telefonnummern aufsagen. Er stellt die wenigen Zeugen seiner Leidensgeschichte vor wie Beweisstücke. Den Teppichexperten Alfred Ruppenstein, bei dem er seine Waren unterstellte, bevor er in die Schweiz floh. Den Drucktechniker Herald Oestreicher, der ihn in die Psychiatrie begleitete. Zwei alte Männer, er redet, sie nicken. Oestreicher wird wenige Wochen später sterben. Sie illustrieren die Geschichte der versuchten Auslöschung des Eberhart Herrmann.

Es ist eine Rosenkriegsgeschichte, und sie geht ungefähr so: Ulrike Herrmann gefiel es nicht, dass sie immer nur im Schatten ihres eloquenten Mannes stand. Als sie herausbekam, dass er seit Jahren Affären in London und New York hatte, beschloss sie, sich zu rächen. Gemeinsam mit dem Sohn eines ehemaligen bayerischen Ministerpräsidenten, der eifersüchtig war, weil sich seine Frau in Herrmann verliebt hatte, organisierte sie dessen Vernichtung.

Zunächst versuchte sie, ihn zu vergiften, weswegen er lange Zeit unter Schlafstörungen und Verdauungsproblemen litt. Später bedrohten ihn holländische Autos auf der Autobahn, und auch ein Grieche jagte ihn, der einst für den deutschen Verfassungsschutz gearbeitet hatte. Dann wurde Professor Möller engagiert. Einer der hochrangigsten deutschen Psychiater erklärte Herrmann für verrückt, bezahlt wurde er dafür vom Sohn des ehemaligen bayerischen Ministerpräsidenten, in Millionenhöhe. Es klingt wie eine große klassische Tragödie, und so reagiert Eberhart Herrmann auch darauf.

»Ich muss in einer herkulischen Aktion das Biest erlegen. Die Köpfe der Hydra wachsen ja immer wieder nach. Ich töte das Biest«, sagt Herrmann.

»Herrmann redet immer nur vom Vernichten«, sagt Detlev von Zerssen, der den jahrelangen Streit mit seiner allererstenFerndiagnose ausgelöst hat. Eberhart Herrmann hat ihm zwar mal erklärt, dass der Mensch von australischen Flugsauriern abstamme, aber als Jurist bewies er bislang einen scharfen Verstand. Ein Mensch ist nie völlig normal oder völlig verrückt, sagt Zerssen. Das denken nur Laien.

Zerssen ist ein großer, dünner und sehr blasser Mann mit einem Seidentuch am Hals. Er läuft vorsichtig und langsam durch sein Starnberger Haus, wie ein Geist. Er zeigt seine Teppiche und erzählt ihre Geschichten. Er liebt sie. Ein paar hat er von Herrmann gekauft, er hat auch Herrmanns Bücher. Er bewundere den Mann, sagt er.

Warum aber hat er dann damals auf der Vernissage nicht mit Herrmann selbst, sondern mit dessen Frau gesprochen?

»Es ist naiv, mit jemandem in Herrmanns Zustand über seinen Zustand zu reden. Er wäre nicht einsichtig gewesen. Das gehört zum Krankheitsbild«, sagt Zerssen.

Welcher Krankheit?

Er schweigt. Dann sagt er: »Wissen Sie, ich wollte dem Mann doch nur helfen.«

Zerssen hat die Pyramidenberechnungen von Herrmann zwei Mathematikern gezeigt. Zu deren Urteilen möchte er lieber nichts sagen, lächelt aber schief. Die Teppiche sind doch von Analphabeten gemacht worden, sagt er. Wie sollen diese einfachen Menschen kosmische und theologische Erkenntnisse verarbeitet haben? Er glaubt, dass es Eberhart Herrmann nicht mehr genügte, nur ein Teppichhändler zu sein. Er wollte Teppichwissenschaftler sein, der Begründer der Teppichwissenschaft.

»Wie wollen Sie sich mit einem Mann auseinandersetzen, der sich für Kepler hält, der Kopernikus übertreffen will? Wie?«, fragt Zerssen leise. Er sieht jetzt beinahe durchsichtig aus, so blass ist er. Zerssen ist 82 Jahre alt, er ist müde, aber es ist noch nicht vorbei. Eberhart Herrmann legt Berufung ein, und auch Professor Möller akzeptiert das Urteil nicht.

Möller will Eberhart Herrmann in die Schranken weisen. Der Fall, der so winzig begonnen hat, wuchert, vor ein paar Wochen hat er sogar New York erreicht, wo Juan Mezzich sitzt, der ehemalige Präsident des Weltverbandes für Psychiatrie.

Die KVPM, eine deutsche Gruppe von Scientologen, hat den Weltverband in einem Brief über den Fall Eberhart Herrmann informiert. Möller habe sich für den Psychiatriepreis disqualifiziert, der ihm im Herbst in Prag verliehen werden sollte. Es ist der höchste Preis, den die Psychiatrie vergibt, eine Art Oscar, der nur alle drei Jahre verliehen wird. Möller sah sich veranlasst, in einem Schreiben an Juan Mezzich seine Version des Herrmann-Falls zu erläutern. Er bekam den Preis im September. Aber draußen auf den Prager Straßen demonstrierten Scientologen. Sie verteilten Hunderte Flugblätter, auf denen sie behaupteten, dass Hans-Jürgen Möller einst Eberhart Herrmann für verrückt erklärte, ohne ihn untersucht zu haben. Auf ihren Plakaten stand: Psychiatrie ist Tod.

»Der Mann verfolgt mich jetzt seit 14 Jahren«, sagt Möller. »Es ist absurd. Ich habe diese Dinge, die er mir unterstellt, nie gesagt. Aber es beginnt meine Reputation zu beschädigen. Ich muss mich jetzt wehren.«

Möller sitzt in seinem Chefzimmer in der Münchner Nußbaumstraße, der Teppich ist tief, die Bücherregale wachsen bis an die Decke, die Kugelschreiber in Möllers Brusttasche sehen teuer aus, aber Möller wirkt verunsichert. Er stößt seine Wörter aus, als schmeckte er sie vorher einzeln ab. Gelegentlich steht er auf, sucht ein Buch, das seine Worte bestätigen soll, und meist hat er es selbst geschrieben.

Er redet über die Anfeindungen, denen die Psychiatrie seit Jahrzehnten ausgesetzt ist, über die KVPM-Scientologen, über die Betreuungs- und Unterbringungsgesetzgebung in Deutschland, über die Notwendigkeit der Fremdanamnese. Er redet von den Anschlägen auf Schäuble und Lafontaine, die hätten verhindert werden können. Manche Patienten mit sehr akuten Erkrankungen, die nicht freiwillig zum Psychiater gehen, müsse man ohne persönliche Untersuchung diagnostizieren, um sie und die Gesellschaft zu schützen, sagt er. Er will das Allgemeingültige des Falls herausarbeiten, weil er sich an die Schweigepflicht halten muss. Aber auch, weil er keinen Ringkampf will. Er sucht Distanz zu Eberhart Herrmann.

Die Frage ist, warum er dessen Nähe damals überhaupt gesucht hat. Wieso engagiert sich ein Klinikdirektor in diesem einzelnen Fall?

»Ich mag Teppiche«, sagt Möller. »Ich hab mir oft die Nase plattgedrückt an der Galerie. Ich mochte auch Herrmann. Ich verstehe in gewisser Weise sogar, was er wollte. Ich habe mich ja selbst mit der Bedeutung der Zahl als metaphysisches Prinzip bei den Pythagoreern beschäftigt, mit den theologisch-philosophischen Problemen der Antike. Ich bin ja kein 08/15-Mediziner, ich habe zunächst Philosophie und Musikwissenschaften studiert«, sagt Professor Möller.

Vielleicht war das das Problem. Vielleicht wollte er einen Bruder im Geiste retten. Er hat sich zu sehr engagiert damals, und er weiß das. Er hatte seinen Posten als Klinikdirektor gerade erst angetreten, sagt er, er war ehrgeizig, die schönen Teppiche, na ja, es ist zu spät jetzt. Es ist ein Duell geworden zwischen den beiden Männern. Möller hat sich einen Medienanwalt zugelegt, Herrmann einen, der auf den Missbrauch in der Psychiatrie spezialisiert ist.

Später führt Professor Möller noch durch seine Klinik, die Fenster sind nicht vergittert, es gibt Türklinken. Das Personal auf den Fluren grüßt ihn wie einen Staatsgast. Er geht an den Porträts seiner Vorgänger vorbei. Es sind nicht so viele, die Psychiatrie ist eine junge Wissenschaft. Sie hat einen schlechten Ruf, weil sie unsere dunklen Seiten beobachtet, sagt Möller. Niemand schaut dort gern hin, auch deshalb ist es für die Angehörigen oft eine Qual.

»Reden Sie mit Frau Herrmann«, sagt er. »Das war kein Rosenkrieg, das war eine Liebesgeschichte. Die Frau hat ihren Mann nicht gehasst, die hat ihn geliebt. Die ist zu mir gekommen, weil sie dachte, dass sie so das Schlimmste verhindern kann.«

Ulrike Herrmann sitzt aufrecht hinter dem langen gläsernen Schreibtisch ihres Arbeitszimmers, wie eine Sachbearbeiterin. Auf dem Schreibtisch liegt ein Stoß Blätter, Dokumente, deren wichtigste Stellen sie mit Leuchtstift markiert hat. Neben dem Tisch sitzt eine befreundete Rechtsanwältin. Ulrike Herrmann beginnt, aus den Unterlagen vorzutragen. Es erinnert an eine

Testamentseröffnung, aber es ist nicht viel zu verteilen. »Ich habe nach der Scheidung keinerlei mir zustehende materielle Versorgung von E.H. bekommen«, sagt sie.

Sie möchte ihren Ex-Mann nur noch E.H. nennen, ihre Ellenbogen liegen auf dem Tisch. E.H. habe sich einen Kosmos gebaut, in den immer weniger Menschen vordringen konnten und am Ende dann auch sie nicht mehr.

»Er hat lange Zeit schon von Entdeckungen geredet, die er in seinen Teppichen gemacht zu haben glaubte, aber vom Sommer 1994 an veränderte er sich äußerlich dramatisch. Er lief mit einer turkmenischen Filzkappe durch den Englischen Garten und behauptete, er sei Kurde, er traf wichtige Kunden in durchlöcherten Jogginghosen im besten Hotel der Stadt. Es wurde geschäftsschädigend. Sein finanzielles Verhalten wurde beängstigend, und wenn er Auto fuhr, war er eine Gefahr für sich und andere. Ich wollte mich nicht von ihm trennen. Ich wollte ihm wirklich helfen«, sagt sie. »Aber ich habe ihn nicht mehr erreicht. Er hatte kein Leben mehr in den Augen.«

Sie liest aus den Gutachten verschiedener Ärzte vor, die ihre Sicht bestätigen. Sie schaut auf den Stapel, der vor ihr auf dem Tisch liegt. All die Unterstreichungen, die gegenseitigen Beschuldigungen, die Gefälligkeitsgutachten, die Teppichschätzungen. »Er führte 20 Prozesse. Seine Strafanzeige gegen angebliche Verfolger ist fast 200 Seiten lang«, sagt sie. »Im Grunde ist er ein armer Hund«, sagt sie. »Er hat mein Leben zerstört, aber seines auch.«

Die Anwältin nickt, Ulrike Herrmann ordnet ihre Unterlagen.

»Wissen Sie, Ulrich Schürmann, einer der wenigen, die sich intensiv mit Orientteppichen beschäftigt haben, schrieb mal sinngemäß: Das Teppichsammeln ist eine Krankheit, die nicht zum Tode führt. Aber sie ist unheilbar.«

Sie starrt ins Leere, und man hat für einen Moment das Gefühl, die Teppiche seien schuld. Möller, Zerssen und Ulrike Herrmann scheinen darin zu versinken. Eberhart Herrmann dagegen glaubt, dass sie ihn durch die schwere Zeit getragen haben. Sie sind die Liebe seines Lebens.

»Ich schaue mir seit über 50 Jahren Teppiche an«, sagt Herrmann. »Sie sprechen zu mir.« Er sitzt auf den Stufen zur Bibliothek der Columbia University und hält sein Gesicht in die Spätherbstsonne. Er ist für ein paar Tage nach New York geflogen, um sich vor den Winterauktionen die Teppichlager von Christie's und Sotheby's anzuschauen, vor allem aber, um sich seine Theorie bestätigen zu lassen. In einer halben Stunde trifft er Professor Phong, einen der führenden Mathematiker der Universität. Der weiße Koffer mit der Cheopspyramide steht neben ihm auf den Stufen.

»Ich hab's zusammen«, sagt Herrmann. »Ich gehe seit 1983 einen Alleingang in der Forschung. Und jetzt setz ich den Schlusspunkt. Ich brauch nur den Persilschein von Phong. Die Theorie ist fertig, ich muss sie nur an den Mann bringen. Das geht nur im Ausland. Wenn in Deutschland jemand Heureka ruft, wird er doch gleich für verrückt erklärt.«

Professor Phong kennt er schon seit vielen Jahren. Phong hat ein paar kaukasische Gebetsteppiche bei ihm gekauft, sagt er, und war auch immer sehr an seinen Berechnungen interessiert. Aber als Eberhart Herrmann wenig später in Phongs Büro seine Pyramidenzeichnung ausrollt und den Tischrechner auspackt, schaut ihn der Professor erschrocken an. Phong ist ein kleiner Vietnamese in Flanellhemd und schlammfarbenen Cordhosen. Er hatte damit gerechnet, über Teppiche zu fachsimpeln.

»Bitte nicht, Eberhart. Ich kriege jede Woche irgendwelche Entdeckungen angeboten«, sagt er. »Ich bin nicht in der Lage, das einzuschätzen. Es wäre unseriös.«

Herrmann scheint ihn nicht zu hören. Er würfelt mit Zahlen.

»Bitte, hören Sie auf«, ruft Professor Phong in den Redestrom.

Eberhart Herrmann kann nicht aufhören. Er ist den ganzen Weg hierhergekommen, um den Schlusspunkt zu setzen. Er redet und redet, und als sich Professor Phong die Ohren zuhält, greift er sich ein Stück Kreide, malt seine Formel an die Tafel.

»Nein, bitte, gehen Sie«, sagt Phong.

»Aber Sie werden sich ärgern, meine Theorie ist nicht aufzuhalten. Die ist wie ein Panzer, der rollt.«

»Es tut mir leid«, sagt Professor Phong und deutet eine Verbeugung an. Eberhart Herrmann steht noch einen Moment da, kampfbereit, dann packt er die Zeichnung und den Rechner ein, schüttelt Phongs Hand und steigt die vier Stockwerke hinunter. Als er zwischen den Platanen vorm Mathematikgebäude steht, ist er schon wieder einigermaßen gut gelaunt. Er ist es ja gewohnt. Bei einer Konferenz zur Himmelsscheibe an der Universität Halle erhielt er vor kurzem Redeverbot, gerade als er den lokalen Professoren Wissenschaftsfälschung nachweisen wollte. Er hatte die Berechnungen da, aber sie hörten nicht zu.

»Die westliche Methode setzt auf Sicherheit, ich bevorzuge die indische. Den Tanz mit dem Ungewissen«, sagt er.

Am nächsten Morgen schaut sich Herrmann die Teppichlager von Christie's und Sotheby's an. Er ist ein anderer Mensch dort, ein Experte. Er kann beinahe zu jedem Teppich sagen, was er wert ist, wie alt er ist; er weiß, wo er herkommt, wie er angefertigt wurde. Er übersetzt persische Inschriften, russische. Die Auktionäre lauschen seinen Worten.

Mary Jo Otsea, die Direktorin für Teppiche bei Sotheby's, kennt Eberhart Herrmann seit 1983. Neben ihrem Schreibtisch stapeln sich seine Bildbände. Sie dienen ihr als Leitfaden, wenn sie einen Katalog vorbereitet. Er hat die bedeutendsten Teppiche dieser Welt gehandelt, sagt sie. Er hat ein einzigartiges Auge, er ist eine Größe in der Teppichkunstszene. Die Bieter im Teppichhandel sind ganz anders als die in der bildenden Kunst, sagt sie. Unberechenbarer.

»Viele unserer besten Kunden waren Hippies«, sagte Mary Jo Otsea. »Sie reisten in den Sechzigern und Siebzigern nach Persien und Afghanistan, kauften Teppiche und schwelgten in Geschichten aus Tausendundeiner Nacht, keine Ahnung, was sie bei ihren Studien alles so einwarfen, um ihr Bewusstsein zu erweitern, aber inzwischen sind viele von ihnen sehr wohlhabend, und ihre Teppiche haben stark an Wert gewonnen.«

Mary Jo Otsea zeigt ein paar der Stücke, die sie im Dezember versteigern werden. Sie schaut auf die alten Teppiche, die ihr Gesicht erhellen wie die Sonne. Sie kann Eberhart Herrmann nicht folgen, wenn er über die Sterne redet, die geflügelten Tiere und die Pyramiden. Aber was heißt das schon, sagt sie. »Es kann ja sein, dass er recht hat.«

Sie folgt der indischen Methode. Im Attest von Professor Möller, das Herrmann in die geschlossene Psychiatrie bringen sollte, heißt es, er habe absurd hohe Ausgaben geplant. Einer der Gutachter bezweifelte später vor Gericht, dass »absurd« eine taugliche Kategorie für den Kunstmarkt sei, auf dem gerade 64 Millionen Dollar für einen van Gogh bezahlt worden waren. Herrmann war eine Leitfigur für die Teppichsammler. Nachdem er verhaftet worden war, brach der Markt regelrecht zusammen. Sie haben ihm geglaubt, wie die Anleger Alan Greenspan glaubten. Es ist gar nicht so wichtig, ob er verrückt war oder nicht, viel interessanter ist doch, dass es offenbar gar keine Rolle spielt. In einer Welt, die den Tanz des Ungewissen tanzt.

Eine Woche später erklärt Eberhart Herrmann den Teilnehmern einer Konferenz über antike Maßeinheiten im Museum für Vor- und Frühgeschichte von Berlin, warum weder das Urmeter in Paris noch die Definition der megalithischen Elle korrekt sind. So lange, bis man ihm das Wort entzieht.

Der Hollywoodreporter

*Wie sich der Journalist
Tom Kummer erfand*

Vor ein paar Monaten bot Tom Kummer an, gemeinsam mit ihm den Schauspieler Russell Crowe zu interviewen. Es gebe totalen Zugang und viel Zeit, schrieb er in einer E-Mail. Wir dürften einen Fotografen unserer Wahl mitbringen und könnten das Interview dann im *Spiegel* veröffentlichen.

Es war ein überraschendes Angebot. Russell Crowe gilt als einer der medienscheusten Schauspieler der Welt. Und das war ja nicht alles.

Tom Kummer ist der Schweizer Journalist, der vor einigen Jahren berühmt wurde, als herauskam, dass er eine Reihe von Interviews mit verschiedenen Hollywood-Stars erfunden hatte. In den Gesprächen, die vor allem das Magazin der *Süddeutschen Zeitung* druckte, redete Kummer mit Mike Tyson über Nietzsche, mit Courtney Love über ihre Brüste und mit Brad Pitt über Dinge, die ihm gelegentlich aus der Nase hängen. Weil sonst kein deutscher Hollywood-Korrespondent solche offenen Interviews bekam, recherchierte ein Reporter des Magazins *Focus* Kummer hinterher und stellte fest, dass der sich mit vielen Stars nie getroffen hatte. Es gab einen kurzen Aufschrei in der deutschen Medienlandschaft, die *Süddeutsche Zeitung* fiel auf die Knie, sie veröffentlichte auf einer Doppelseite eine Chronik ihrer Versäumnisse und entließ die beiden Chefredakteure ihres Magazins.

Tom Kummer selbst war zunächst verschwunden.

Er gab ein paar verwirrende Interviews und veröffentlichte in der kleinen Berliner Zeitschrift *Das Magazin* eine Handvoll Kurzgeschichten. Zur ersten Kurzgeschichte erschien ein kleines Foto von ihm.

Jetzt wollte Tom Kummer offenbar wieder zurück ins Licht. Russell Crowe im *Spiegel,* warum nicht? Vielleicht schienen Kummer vier Jahre eine angemessene Strafe für seine Verbrechen zu sein. Es war ja nicht klar, welche Art Verbrechen er eigentlich begangen hatte. Es war nie juristische Anklage gegen ihn erhoben worden. War er eine Art Heiratsschwindler? Ein Hütchenspieler aus Hollywood? Ein Robin Hood der Celebrity-Presse?

Auf dem Foto im *Magazin* sieht man einen kahlgeschorenen Kopf, der zur Hälfte von einer riesigen Sonnenbrille verdeckt wird. Es erinnert an Aufnahmen der späten Greta Garbo. Ein Phantom.

Der Tom Kummer, der im Farmers Market in Los Angeles wartet, wirkt unspektakulärer. Er wollte sich in dem familienfreundlichen Einkaufspark treffen, neben ihm steht ein blonder, sechsjähriger Junge, sein Sohn, leicht hinter ihm seine Frau, die das zweite Kind, ein Baby noch, in einem Tuch vor der Brust trägt. Kummers Kopf bedecken jetzt viele kleine dunkle Locken. Er trägt Shorts und ein buntes, kurzärmliges Hemd, er ist braungebrannt, er wackelt mit den Armen und lächelt. Er hat jetzt ein richtiges Leben, heißt das.

Was hat er in den vergangenen vier Jahren gemacht? »Tennis gespielt«, sagt Kummer. »Paddle-Tennis, das ist eine Art Kleinfeldtennis. Im Herbst 2000 hab ich als Coach in so einem privaten Club in Santa Monica angefangen, da sind alle wichtigen Leute der Immobilienbranche von Los Angeles Mitglied. Ich war ja ein Top-Ten-Tennisspieler in der Schweiz. Für die Leute in Santa Monica war ich was Exotisches. Ich hab 30 Stunden die Woche gegeben, oft 8 Stunden am Tag gespielt. Ich glaub, ich bin mit der einzige Paddle-Tennis-Pro, der wirklich davon leben kann«, sagt Kummer.

Hat er nie daran gedacht, ein Buch zu schreiben, wie all die berühmten Fälscher im amerikanischen Journalismus?

»Ich war zu müde abends. Und ich hab auch nie den richtigen Sound gefunden«, sagt Kummer. Wir sitzen an einem langen Holztisch im Farmers Market, die Händler in den Buden packen zusammen, es wird langsam dunkel, seine Frau ist mit den Kindern nach Hause gefahren.

»Und die Leute, mit denen ich darüber hätte reden können, erreichte ich nicht mehr. Die haben mich fallenlassen, mein Agent hat mir ein Fax geschickt. Auf dem stand, ich hätte die Definition von Freundschaft verletzt. Am Ende denkt jeder nur an sich selbst. Den Jungs geht's doch allen gut. Die sind alle wieder untergekommen in den Medien. Es hat niemand angerufen. Ich hab angerufen, aber keiner wollte sich mit mir treffen.«

Wir fahren durchs nächtliche Los Angeles, Kummer erzählt über die Stadt, die Kultur, die Veränderung, die Palmen, die Stars, die Verbrecher, er erzählt wie ein alternativer Stadtführer. Er ist 1993 hierhergegangen, weil es der Bruch war, den er suchte, sagt er. New York war ihm zu europäisch, zu sehr achtziger Jahre, was immer das bedeutet. Es gibt wenige Städte, in denen man so vereinsamen kann wie in Los Angeles, alle sitzen in Autos oder hinter Zäunen. Sein ganzes Leben lang schon fühle er sich von Feinden umgeben, sagt er.

Kurz nach Mitternacht sitzen wir in einer handtuchschmalen Bar in Koreatown. Kummer erzählt, wie er hier eines Nachts während einer Schießerei saß. Er beschreibt die Flugbahn der Kugel, parallel zum Tresen, an dem er damals saß. Sie kann ihn nur knapp verfehlt haben.

Kummer kann sein Leben aus solchen Geschichten zusammenfügen, eine schöner als die andere: Mit 17 spielte er in Bern Tennis und war gleichzeitig in einer Art anarchistischen Kunstszene unterwegs. Kurze Zeit war er Fahrer des brasilianischen Botschafters in der Schweiz. Irgendwann zog er nach Berlin in die Wohnung eines Malers, der ein Stipendium in New York gewonnen hatte. Er nannte sich »Scapoda« und machte Aktionen, beispielsweise zündete er die Berliner Mauer an. Einmal fuhr er aus Versehen bei Glatteis in Bayern den Mercedes eines Freundes gegen einen Baum und stellte ihn später als Objekt in einer Galerie in Mönchengladbach aus.

Sein journalistisches Leben begann bei *Tempo,* dem jüngsten und aufregendsten deutschen Magazin der späten achtziger Jahre. Die erste Reportage, die er für *Tempo* schrieb, war ein Porträt des Schweizer Skifahrers Pirmin Zurbriggen. Kummer fuhr vor Wettkampfbeginn eine Weltcup-Abfahrtsstrecke herunter, um zu empfinden, was Zurbriggen empfindet, und verlor so seinen noch frischen Presseausweis. Einmal sollte er für *Tempo* recherchieren, wie leicht es ist, Drogen in Deutschland zu besorgen. Er fuhr mit einem BMW-Mietwagen durchs Land und kaufte für 10 000 Mark Kokain, LSD, Meskalin, Speed und Marihuana ein. Die Redaktion nahm das Zeug dann in den folgenden Wochen selbst, das Stück wurde nie geschrieben.

Es ist ein aufregendes Leben, aus dem er berichtet. Es klingt mehr wie ein Entwicklungsroman als eine Biografie.

»Das Interview mit Russell Crowe klappt leider nicht«, sagt er irgendwann leise. Für einen Moment schaut er wie ein geprügelter Hund. Er erzählt was von einem Agenten, der ihn im Stich gelassen hat. David Lynch könnte er stattdessen anbieten. Kummer redet von einem Einsatz im ersten Golfkrieg, wo er eine Woche lang mit anderen Reportern im Hotel Intercontinental in Amman saß und begriffen habe, »dass es keinen Zugang zur Wirklichkeit mehr gibt«.

War ihm nicht klar, dass irgendwann alles auffliegt?

»Die Interviews haben ja stattgefunden, bis auf die letzten drei oder vier, die ich mir dann im Wahn komplett ausgedacht habe«, sagt er. »Ich hab auch immer gedacht, ich mach ein supergutes Piece, das beste Interview, das man sich vorstellen kann. Ich habe ja Bänder von Interviews, aber das waren ja nur Produkte dieses absurden Aufeinandertreffens von Stars und Journalisten. Völlig uninteressant.«

Er habe sich nie als Journalist verstanden, sagt er, er habe eher Samplings angefertigt als klassische Interviews, er habe Hollywood die Maske vom Gesicht gerissen, er habe nur das geliefert, was alle haben wollten. Keine Reue, keine Entschuldigung, keine Erklärung.

»Alle, die mit mir zu tun hatten, wussten, dass ich mit dem Feuer spiele«, sagt er. »Ich habe ein Recht zu schreiben. Ich bin nicht nur ein Fälscher. Ich habe eine Spur im deutschen Journalismus hinterlassen.«

Da hat er wohl recht, aber es ist schwer, ihr zu folgen. Die meisten Leute, die mit Tom Kummer zu tun hatten, wollen nicht mehr über ihn reden, oder wenn, nur in Hintergrundgesprächen. Es sind die Männer, die Tom Kummer »die Jungs« nennt, das Netz, das ihn lange hielt. Einige von ihnen klingen gelangweilt, wenn man sie nach ihm fragt, manche alarmiert. Für einige scheint der Fall zu lange zurückzuliegen, für andere ist er noch zu frisch. Einer sagt: »Kummer? Über den ist doch alles geschrieben. Das ist ein Kleinkrimineller.« Ein anderer sagt: »Tom Kummer ist ein dostojewskischer Charakter. Der zieht irgendwann jeden Kollegen, den er berührt, mit sich in den Abgrund.«

Aber alle, selbst die, die nicht reden wollen, haben irgendwas zu sagen. Es sind Gerüchte, Erinnerungen, man kann ihre Aussagen zu einem Puzzle zusammenfügen, das ein flirrendes Bild eines Menschen auf nicht endender Flucht zeigt.

Kummers deutscher Steckbrief würde etwa so aussehen: Tom Kummer wurde vor 40 Jahren in Afghanistan gezeugt. Seine Mutter verliebte sich bei einem Auslandsaufenthalt als Krankenschwester des Internationalen Roten Kreuzes in einen Einheimischen und schob das Baby ihrem Ehemann unter. Der Mann war ziemlich wohlhabend, ein Bergbahnbesitzer. Kummer kämpfte immer um dessen Liebe und Anerkennung. Tennis schien ein Weg zu sein, seinem Vater zu zeigen, dass er etwas taugt. Er war sehr gut im Tennis, aber er konnte in wichtigen Spielen nicht gewinnen. Manchmal führte er schon uneinholbar und brach dann doch noch zusammen. Er hatte eine Versagensangst, die irgendwann in eine Versagenssehnsucht umschlug. Anfang der achtziger Jahre arbeitete er dann als Tennislehrer in einem ziemlich exklusiven Club in New York. Das wurde dann immer mehr zu einem Escortservice für reiche, ältere Herren. Am Ende war er eine Art Edelstricher. Einer der Freier hatte sich wahnsinnig in ihn verliebt. Der Mann hatte Kontakte zur Zeitschrift *New Yorker,* so konnte Tom Kummer einen kurzen Text über ein Tennisspiel in der berühmten Zeitschrift unterbringen.

Die deutsche Zeitschrift *Transatlantik* wurde auf ihn aufmerksam und dann *Tempo*. Er zog nach Hamburg, schrieb ein paar erfolgreiche Texte, er war jetzt einer der »Jungs«. Manchmal wurde ihm ein Redakteur zur Seite gestellt, der seine Arbeit überwachte. *Tempo* konnte sich keine Fehler erlauben, weil es von den etablierten Medien beobachtet wurde. Für eine Recherche über Isolationshaft sperrte man Kummer fünf Tage lang in den Redaktionskeller. Mitunter scheint es, als hätten sie mit ihm experimentiert wie mit einem wilden Tier. 1990, nachdem Markus Peichl, der Mann, der *Tempo* gründete und leitete, gefeuert worden war, verlor Tom Kummer den Kontakt zur Redaktion. Der spätere Chefredakteur Michael Jürgs traute Kummer nicht und trennte sich von ihm Anfang der neunziger Jahre.

Kummer begann, Reportagen für verschiedene Magazine zu schreiben. Sie führten die Leser oft in schwer zugängliche, menschenleere Gegenden der Welt, an die verlassene peruanische Küste bei Sonnenuntergang, in das gesetzlose Rostow am Don, in chilenische Vorstädte oder an den Rio Grande. Es waren Abenteuergeschichten, und Kummer ritt immer mit in den Sonnenuntergang.

Kummer half, dass er in einer Medienlandschaft unterwegs war, die den Journalisten als Starfigur wollte. Nach dem ängstlichen »Wir« und »Man« in den Reportagen der etablierten deutschen Journalisten sollte endlich jemand »Ich« sagen können. Jemand, der mit den Todessurfern in Peru Joints raucht, jemand, der dem Choleriker Sean Penn vor seinem Wohnwagen mal richtig die Meinung sagt, jemand, der mit Sharon Stone nach dem Interview ins Bett hätte gehen können, theoretisch. Jemand mit wirklichem Zugang. Keiner mit diesen kleinkarierten Jacketts, der jeden Text mit einem Zitat beendet, um nicht selbst in die Verlegenheit zu kommen, einen Schlusssatz schreiben zu müssen.

Als *Tempo* starb, gab das Magazin der *Süddeutschen Zeitung* solchen Reportern eine Heimat.

»Unser Ding war, die Grenze zur Fiktion elastisch zu machen, zu dehnen, so weit es geht«, sagt Christian Kämmerling, der damals einer der beiden Chefredakteure des Magazins der *Süddeutschen Zeitung* war.

Aber ist es nicht genau das, was auch Kummer wollte?

»Nein, nein«, sagt Kämmerling »Wir wollten Zauberer sein, Illusionisten, aber keine Kleinbetrüger. Es ging um Tricks, nicht um Diebstahl. Das ist nach dem Fall Kummer alles in einen Topf geworfen worden, und das war schmerzlich. Es ist etwas kaputtgegangen, was uns sehr wichtig war«, sagt Kämmerling.

Er sitzt auf dem Balkon seiner Wohnung in Zürich. Der Blick geht auf die wolkenverhangene Stadt. Kämmerling ist in die Stadt zurückgezogen, in der er aufwuchs. Nachdem er beim *SZ*-Magazin entlassen wurde, hat er ein paar Sachen ausprobiert. Er ging als Berater zur *Bild*-Zeitung, er arbeitete am Konzept einer jungen *Bunten*, einer Astrologiezeitschrift und der neuen *Weltwoche* mit.

Aber seine Rede steuert immer wieder auf das Magazin der *Süddeutschen Zeitung* zu, er beschreibt es wie eine wunderschöne, untergegangene Welt. Sie hatten alle Freiheiten damals, waren unabhängig von ihrem Mutterblatt, ein ständiger Dorn im Auge von Hans Werner Kilz, dem Chefredakteur der mächtigen *Süddeutschen Zeitung*. Kilz nutzte den Fall Kummer, um das Magazin unter seine Kontrolle zu bekommen, sagt Kämmerling.

»Ausgerechnet Kummer. Ich hab dessen Texte nie besonders gemocht. Ich hätte nicht gedacht, dass ich auf dieser Bananenschale ausrutsche«, sagt Kämmerling. Er sitzt barfuß da, ein kräftiger Mann, das Hemd weit aufgeknöpft, eine Zigarette in der Hand. Ein Macher, jemand, an den man sich anlehnen kann. Kämmerling ist keiner von den »Jungs«. Vielleicht kann er auch deshalb offen über den Fall reden, er macht einfach weiter. In ein paar Tagen erscheint sein neues Magazin. Es heißt *whynot!* und wird dem *Handelsblatt* beigelegt. Kämmerling ist so was wie das Gegenteil von Kummer, und dieser kühle, stille Platz am Hang ist das Gegenteil von Los Angeles. Es ist schwer vorstellbar, dass so ein Kerl glaubt, Kummer habe mit Mike Tyson über Nietzsche geredet.

»Was sollten wir denn machen? Alle Bänder abhören? Stimmproben machen? Das geht doch gar nicht. Wir haben ihm vertraut. Wir dachten, er hat Beziehungen, die die anderen nicht haben«, sagt Kämmerling.

Kummer hat in diesem Mythos lange überlebt, ein Mythos, den er gemeinsam mit seinen Redakteuren gewoben hatte. Ulf Poschardt, der andere Chefredakteur des Magazins, hat in seinem Vorwort zu Kummers Interviewbuch »Gibt es etwas Stärkeres als Verführung, Miss Stone?« diesen Mythos in Worte gefasst. Eine Sehnsucht nach Tiefe und Exklusivität weht durch Poschardts Text. Es gab Zeiten, da hätte jedes Magazin in Deutschland liebend gern Kummers Interviews gedruckt. Vielleicht will ihn deshalb heute auch keiner mehr wiederhaben.

Es ist kein Zufall, dass Roger Köppel diesen Mythos in Frage stellte. Köppel trägt eine Brille, seine Anzugbeine scheinen eine Idee zu kurz zu sein, er hüpft eher, als dass er läuft und schleppt eine Plastiktüte mit sich herum. Köppel ist seit kurzem Chefredakteur der *Welt,* als er Kummer kennenlernte, war er gerade Chef vom Magazin des Zürcher *Tages-Anzeigers* geworden. Köppel war ein Anfänger, Kummer ein Star.

»Ich hatte ein paar Interviews gelesen, zum Beispiel das mit Sean Penn, die mir zu gut schienen, um wahr zu sein«, sagt Köppel. »Ich hab dem Tom also ganz vorsichtig gesagt: Hör zu, du brauchst nichts zuspitzen, wir sind die Schweiz, ich erwarte nicht von dir, dass du *Vanity Fair* übertrumpfst. Schreib mir doch lieber ein paar Sozialreportagen.«

Kummer nickte und schrieb eine Geschichte über Ultimate Fighting, eine neue Kampfsportart in Los Angeles. Als die Reportage fotografiert werden sollte, gab es Probleme, weil die Akteure nicht aufzutreiben waren. Köppel bat einen Freund, der in Los Angeles lebte, ein bisschen gegenzurecherchieren. Der Freund fand nicht mal den Club, den Kummer beschrieben hatte, auch für den Kampf gab es keine Hinweise. Das war 1999, ein Jahr, bevor Kummer endgültig aufflog.

»Ich hab Tom angerufen und gesagt: Wir beschäftigen dich nicht mehr. Du hast mein Vertrauen missbraucht. Er hat alles abgestritten, aber für mich war das erledigt«, sagt Köppel. Vor ein paar Wochen hat Kummer ihm noch mal eine E-Mail geschrieben. Er hat gefragt, unter welchen Umständen sie noch mal zusammenarbeiten könnten. Und er hat ihm ein Interview mit Russell Crowe angeboten, mit viel Zeit, totalem Zugang und dem Fotografen seiner Wahl. Köppel hat kein Interesse. Die Einzigen, die mit Kummer zusammenarbeiten, sind *Das Magazin* und die *Berliner Zeitung.* Kummer wird dort von ostdeutschen Redakteuren betreut. Die wissen, dass man auch nach schweren Fehlern weiterschreiben kann, und haben noch den nötigen Respekt vor Hollywood.

Der Mann, der Kummer schließlich auffliegen ließ, hat sich in einen Cañon im Norden Malibus zurückgezogen. Holger Hötzel hat damals die Geschichte für das Magazin *Focus* recherchiert, er war der Westküstenkorrespondent des Burda-Verlags.

»Ich hab Kummers Interviews gern gelesen. Sie waren ja lustig und gut geschrieben«, sagt Hötzel. »Aber sie haben natürlich genau das Klischee bedient, was die in den deutschen Chefredaktionen von einem Hollywood-Reporter hatten. Die dachten, wir hängen abends mit den Stars rum. Kummer war wie ein ständiger Vorwurf. Bei mir lag er eher so in der Luft, aber der Kollege vom *Stern* hat richtig Ärger mit seinem Chefredakteur wegen Kummer bekommen. Wir sahen aus wie Versager neben ihm. Die Idee, mal etwas über ihn zu machen, lag auf der Hand. Es war eine reine Fleißarbeit. Ich hab die Interviews übersetzt und zu den Agenten der Stars gebracht. Das war alles.«

Hötzel hat Kummer nur kurze Zeit überlebt.

»Ich bin ja hier ursprünglich hergekommen, um das Image von Burda aufzubessern. Die *Bunte* hatte ja mal diese Geschichte gedruckt, in der behauptet wurde, dass Tom Cruise zeugungsunfähig sei. Danach hat in Hollywood keiner mehr mit uns geredet. Ich habe alles versucht, aber es gibt hier keinen Zugang. Es gibt 20 Minuten, und wenn der Star schon ein bisschen müde ist, oft nicht mal die. Irgendwann haben sie das Büro zugemacht. Jetzt gibt es hier in Los Angeles vor allem Freelancer, die machen alles, weil sie das Geld brauchen. Die meisten Geschichten, die man in den deutschen Boulevardzeitungen über Hollywood-Stars liest, sind ausgedacht. Ich bin wirklich froh, dass es vorbei ist. Ich habe gerade gestern wieder davon geträumt, dass die *Bunte* anruft und sagt: Interview mal Michael Douglas zum Tod seines Bruders.«

Hötzel hat mit seiner Frau ein Unternehmen für Kinderbekleidung aufgemacht. Er ist 45, er hat drei Kinder, er will nicht mehr nach Deutschland zurück. Er wirkt zufrieden.

»Am Ende sind wir doch alle nur benutzt worden. Ich und der Tom Kummer auch«, sagt Hötzel.

Er sei jetzt ironischerweise zum ersten Mal in der Situation, sagt Kummer, dass er durch das Tennis wirklich Kontakte nach Hollywood habe. »Kontakte, von denen Journalisten bloß träumen können.«

Kummer steht wieder im Farmers Market, ein paar Wochen nach unserer ersten Begegnung. Er war den ganzen Tag mit seinem Sohn surfen, sagt er. Wir setzen uns an die verlassene Bar eines chinesischen Restaurants. Er muss sich anhören, was in Deutschland über ihn zu erfahren war. Dass er Edelstricher war, dass sie ihn bei *Tempo* in den Keller sperrten, dass er Drogen nahm, dass er beim Tennis nicht gewinnen wollte, dass sein Vater ihn nicht liebte. Es ist nicht einfach, das alles auszusprechen, aber Kummer lächelt.

»Das ist alles Bullshit«, sagt er. Und erzählt eine andere Geschichte.

Die geht so: Sein Vater starb, als er 13 war. Hans Kummer, sein leiblicher Vater. Der war Funktionär im Schweizer Sportverband. Er hat nie Druck auf Tom Kummer ausgeübt, er hat ihm natürlich gefehlt, weil er keinen hatte, der ihm half, Ratschläge gab. Sie waren auch nicht reich. Tom Kummer ist in Länggasse aufgewachsen, das ist ein Arbeiterviertel in Bern. Da haben die Toblerone-Arbeiter gewohnt. Im Tennis hat er verloren, weil er andere Dinge im Kopf hatte. In seiner New Yorker Zeit hatte er gelegentlich Kontakte zu wohlhabenden Kunstbesitzern, war aber kein Stricher für alte, reiche Männer. Er hat auch nie was für den *New Yorker* geschrieben. Und Drogen, klar hat er auch in L. A. Drogen genommen, aber nur am Wochenende.

»Fiktive Biografien sind natürlich Teil von mir. Ich will nicht ausschließen, dass es damals verschiedene Erzählungen von mir gegeben hat«, sagt Kummer. »Die Geschichte, dass meine Mutter mich als Krankenschwester in Afghanistan gezeugt hat, hab ich vor vielen Jahren mal Pipilotti Rist erzählt. Mit der hatte ich mal 'ne kleine Affäre, bevor sie richtig berühmt wurde. Die wollte alles wissen. Sie hat mir ja immer gesagt: ›Du siehst aus wie ein Südländer‹, da hab ich gedacht: Scheiß drauf.

Afghanistan, bitte schön, klingt doch gut. Du musst die Leute mit dem Scheiß füttern, den sie sich einbilden. Ich hab damals ambitionierte, erfolgreiche Leute kennengelernt, die sehr hungrig waren nach einer Phantasie. Da wollte ich natürlich nicht den Flow unterbrechen, indem ich erzähle: Ich bin neben der Schokoladenfabrik groß geworden. Es ist kein Minderwertigkeitsgefühl oder so. Ich hätte ja auch sagen könne, ich stamme von einem König ab. So glamourös ist das ja nun auch nicht: Krankenschwester in Afghanistan.«

Kummer grinst, in seinem Gesicht verschwimmen all die verschiedenen Charaktere. Der Familienvater, der Starreporter, der ungeliebte Sohn, der Straßenkämpfer, der Tennislehrer, der Aktionskünstler, der Hochstapler. Seine Interviewpartner waren immer nur Nebenfiguren. Selbst die großen Stars.

Im Film »Almost Famous« ruft ein Junge, der Reporter werden will, den berühmten Rockkritiker Lester Bangs an einem Samstagabend an und wundert sich dann, dass er in der wichtigsten Nacht der Woche zu Hause ist. Lester Bangs antwortet: »Natürlich bin ich zu Hause. Ich bin immer zu Hause. Ich bin uncool.«

Es ist eine bittere Erkenntnis. Für uns alle.

Das David-Lynch-Interview klappt leider auch nicht, sagt Kummer. Er deutet an, dass Tom Cruise eine Möglichkeit wäre.

Am Ende legt er ein schmales Buch auf den Tisch wie einen Beweis. Es ist ein Band mit Fotografien von Nan Goldin, die Anfang der achtziger Jahre entstanden sind. Er heißt »Die Ballade von der sexuellen Abhängigkeit«. Kummer schlägt eine Seite auf. Sie zeigt ihn verschwitzt in einem Unterhemd in irgendeiner Bar in Berlin. Darunter steht sein Künstlername. Kummer schaut erwartungsvoll, vielleicht will er mit dem Bild beweisen, dass er existiert hat. Dass es ihn einmal gab. Aber das Foto sagt nichts. Da ist nur ein junger, dünner Mann mit einem flehenden Blick.

Ein unbeschriebenes Blatt.

Mauermädchen

*Wie zwei Berlinerinnen,
die am 9. November 1989 geboren wurden,
langsam in ihrem eigenen Leben ankommen*

Es ist schwer zu sagen, ob Torsten Harmsen am 9. November 1989 gegen fünf Uhr morgens von der Geburt seiner Tochter Laura träumte oder von Egon Krenz. Man kann aber sagen, dass er noch an die 10. Tagung des SED-Zentralkomitees dachte, bevor er ins Bett ging, denn Harmsen hat ein Wendetagebuch geführt, in dem man seinen persönlichen Revolutionsherbst des Jahres 1989 detailliert nachvollziehen kann.

Er schreibt über Fruchtwasserspiegelungen seiner Frau, über die lustigen Transparente der Demonstranten auf dem Alexanderplatz, über seine Kohlenlieferung, über den Entwurf eines Reisegesetzes für DDR-Bürger, den Rücktritt der Regierung Stoph, die Diskussionen in der Redaktion der *Berliner Zeitung*, für die er als Redakteur arbeitete, er zitiert Stefan Heym und die Westnachrichten. Er sorgt sich um sein Kind, das eigentlich schon am 30. Oktober geboren werden sollte, und immer wieder um sein Land, aus dem täglich Tausende in den Westen fliehen. Er versucht, persönliche und gesellschaftliche Interessen in Übereinstimmung zu bringen, wie es seine Partei von ihm fordert, aber es ist nicht einfach. Am 8. November beginnt das 10. ZK-Plenum der SED, und seine Frau hat ein starkes Ziehen im Rücken.

»Oh Mann, musste denn alles auf einmal kommen!«, schreibt Harmsen in sein Tagebuch.

Abends sitzt er in der Redaktion und liest die Berichte des 10. ZK-Plenums Korrektur. Generalsekretär Krenz fordert die Erneuerung der SED. Das Politbüro tritt vollständig zurück, Harmsens Frau hat jetzt im Abstand von fünf Minuten Wehen. Als die Zeitung fertig ist, fährt er in die Wohnung seiner Schwiegermutter in die Ho-Chi-Minh-Straße und wartet auf den Anruf aus dem Krankenhaus Köpenick, wo seine Frau bereits im Kreißsaal liegt.

»Es ist die Situation für eine kämpfende Partei, ähnlich der KPD in der Weimarer Republik. Ja wir werden wieder kämpfen«, schreibt Harmsen am Abend des 8. November in sein Tagebuch. Der erste Eintrag am 9. November lautet: »Hurraa, ich bin Papa! Murkel kam heute um fünf Uhr auf die Welt. Ich schreibe in der S-Bahn, während ich ins Krankenhaus nach Köpenick fahre.«

Laura Harmsen ist 3050 Gramm schwer und 50 Zentimeter lang, ihr Vater sieht sie durch eine Glasscheibe, bemerkt das linke verklebte Auge und die leichten Spuren auf dem Kopf des Babys, die die Saugglocke verursacht hat, mit der es ins Leben geholt wurde. Dann fährt Harmsen in die Redaktion der *Berliner Zeitung* zurück, stößt mit den Kollegen auf seine Tochter an und korrigiert seinen Kommentar über die Angst vor neonazistischen und antisemitischen Tendenzen in der Herbstrevolution, der am nächsten Tag auf der Titelseite der *Berliner Zeitung* erscheinen wird. Abends, während draußen die Mauer fällt, schreibt Torsten Harmsen in sein Tagebuch, dass die Ausreisewelle nicht abebbt, das Neue Forum legalisiert wird und die *Berliner Zeitung* einen neuen Chefredakteur bekommen hat. Erst am Morgen des 10. November erfährt der Leser seines Tagebuchs, dass auch eine neue Zeit angebrochen ist.

»Gestern (an Lauras Geburtstag): eine historische Entwicklung. Heute war die Grenze zu Westberlin offen. Nahezu ohne Kontrolle konnten Massen von DDR-Bürgern hinüber und wurden wie Helden empfangen. Nachts begann die Sache und weitete sich zur Massenpsychose aus. In den Westmedien gab es kein anderes Thema mehr als die ›deutsche Einheit‹, schreibt Harmsen. In atemlosen Sätzen skizziert er die Szenen an der Grenze, er schwankt zwischen Freude und Angst und schöpft neuen Mut aus der Kundgebung der SED im Berliner Lustgarten. »Wir finden zu uns selbst zurück!«, schreibt Harmsen. »Ein herrliches Gefühl.«

Für ein paar Tage werden die gesellschaftlichen zu persönlichen Interessen und tragen den Chronisten Harmsen weg von seiner Familie. Erst am 14. November findet er zu seiner neugeborenen Tochter zurück.

Unter dem Eindruck der letzten Wochen formuliert er eine Art Segen für Laura.

»Werde groß mein liebes Mädchen. Wache auf als freier, mündiger Mensch. Und lass dich nicht von uns zu sehr deformieren, die wir geprägt sind von vielem, was wir jetzt loswerden wollen. Auch wir nabeln uns ab. Du bist neugeboren. Auch wir sind es in diesen Tagen. Auch wir erkennen die Welt nicht wieder. Werde mit uns groß und glücklich. Auch wir lernen jetzt neu laufen. Wir werden zusammen lernen.«

Fast 18 Jahre später sitzt seine Tochter still und blass am Wohnzimmertisch ihrer Eltern in Berlin-Köpenick. Ihre Mutter sitzt ihr gegenüber. Draußen auf dem Flur hört man ihren Vater Seiten aus seinem Wendetagebuch kopieren, das kindlich und offen klingt jetzt, zart fast. Laura fühlt nicht viel, wenn sie an den Tag denkt, an dem die Mauer fiel, vielleicht ist sie auch schon zu oft danach gefragt worden. »Ich hab ja nichts getan, ich bin geboren worden, das ist alles«, sagt sie.

Es ist ein einfaches, schmuckloses Wohnzimmer, es ist alles da, was man braucht: ein Tisch, vier Stühle, ein Fernseher, eine Couch und eine kleine Musikanlage. Harmsen wohnt schon sein Leben lang in Köpenick – bereits sein Großvater hat hier gelebt –, 1988 zog er mit seiner Frau in eine kleine Wohnung am Bahnhof, die sie bekamen, nachdem sein Vater einen vierseitigen Protestbrief an SED-Generalsekretär Erich Honecker geschrieben hatte. Die ersten beiden Jahre ihrer Ehe hatten die Harmsens noch abwechselnd im Studentenwohnheim in Leipzig und in den Wohnungen ihrer Eltern verbracht. Laura hat keine Erinnerung an die Wohnung, in der sie ihre ersten drei Lebensjahre verbrachte. Sie hat eine vage Vorstellung vom Leben ihrer Eltern in der DDR. »Es war ziemlich niedlich«, sagt sie.

»Niedlich?«, fragt ihre Mutter.

»Die Tapeten oder so. Viele Muster, so Siebziger-Jahre-mäßig. Es hat nichts so richtig zusammengepasst.«

Sie hat die Filme »NVA« und »Sonnenallee« gesehen, und

natürlich hat sie mit ihren Eltern gesprochen, oder die haben mit ihr geredet, und daraus ist ein Bild entstanden von der Zeit, in der sie gezeugt wurde. Es fällt Laura leichter, darüber zu sprechen, wie es nicht war, damals. Vor ein paar Tagen hat sie zusammen mit ihrem Vater den Fernsehfilm »Die Frau vom Checkpoint Charlie« gesehen. Und so war es nicht, auf keinen Fall.

»Es war nicht so, dass jeder jeden bespitzelt hat«, sagt Laura. »Natürlich gab es das, aber doch nicht überall. Das Leben war normaler als in dem Film. Man ging in die Schule und dann nachmittags halt zu den Pionieren und den FDJlern, das war ja auch gar nicht so schlecht. Es gab ein Gemeinschaftsgefühl, man hat was Sinnvolles gemacht, Altstoffe gesammelt zum Beispiel, außerdem konnte man auch nicht anders.«

»Wie meinst du denn das?«, fragt ihr Vater.

»Na ja, wenn man so groß wurde wie ihr, kam man ja auch nicht auf die Idee, großartig zu rebellieren oder so.«

Harmsen erzählt, dass sie als Pioniere niemals im Kreis saßen wie die Pioniere im Film mit Veronica Ferres und dass er seine Pionierbluse auch nicht täglich trug, sondern höchstens zweimal im Jahr. Seine Tochter schaut auf den Tisch. Man fragt sich, wie das Wort Pionierbluse in ihren Ohren klingt. Niedlich wahrscheinlich.

Es sind volkstümliche Positionskämpfe, die viele Ostler führen, seit sie den Eindruck haben, Veronica Ferres und Florian Henckel von Donnersmarck nähmen ihnen ihre Geschichte weg. Eine Tür scheint ins Schloss zu fallen, und sie werfen sich dagegen, indem sie sagen, Ulrich Mühe hätte in »Das Leben der Anderen« gar nicht auf dem Dachboden sitzen können, um Sebastian Koch abzuhören, weil da ja immer die Wäsche aufgehängt wurde. Vielleicht redet Harmsen über Ausstattungsdetails des Sozialismus, weil auch er seine Gefühle aus dem November 1989 nicht mehr zurückholen kann. Die kopierten Seiten aus seinem Tagebuch liegen auf dem Tisch wie eine alttestamentliche Schriftrolle. Er ist erstaunt darüber, wie sehr und wie lange er gehofft hat, sagt er. Als seine Tochter in diesem Frühjahr nach Rostock fuhr, um gegen den G-8-Gipfel zu demonstrieren, ist er nicht mitgegangen.

»Ich hatte nicht mehr den inneren Drang«, sagt er. »Ich habe mich gefragt, was es bringt, gegen diese Leute zu demonstrieren, die ja eigentlich vernünftige Gespräche führen. Aber zu dem Irak-Kriegsding vor ein paar Jahren bin ich noch mit dir hingegangen.«

»Deine Zeit ist vorbei, Papa«, sagt Laura. »Du hast doch resigniert.«

»Vielleicht«, sagt Harmsen und schaut seine Tochter stolz an, als habe sie seinen Staffelstab übernommen, jetzt, da er müde geworden ist. Harmsen hat ein Buch geschrieben, in dem er seiner Tochter die Zeit der Mauer als ein Märchen erklärt. Es heißt »Die Königskinder von Bärenburg« und war kein großer Verkaufsschlager, aber eigentlich hat er es ja auch nur für Laura geschrieben. Es ist noch etwas zu früh, um zu sagen, ob der Segen wirkt, den er im November 1989 gesprochen hat. Sie haben ihr Kind nicht deformiert, aber etwas von ihnen lebt in ihm weiter.

»Wir kämpfen wieder!«, schrieb er in sein Tagebuch.

»Es ist schon lustig, wenn man was hat, wogegen man sein kann«, sagt seine Tochter 18 Jahre später.

Wogegen ist sie denn?

»Ich finde es ungerecht, dass die acht größten Industriestaaten unter sich über Dinge entscheiden, die die ganze Welt betreffen. Die haben doch vor allem ihre eigenen Interessen im Kopf. Sie haben sich da oben im totalen Luxus abgeschottet«, sagt sie. Sie wollte eigentlich mit einer Freundin fahren, aber deren Eltern haben es verboten, und so hat ihre Mutter sie zum G-8-Gipfel nach Heiligendamm begleitet. Es hat ihnen beiden gut gefallen. Die positive Energie, der ernsthafte Spaß erinnerten Laura an den Karneval der Kulturen der Welt, ihre Mutter eher an die Pfingsttreffen der FDJ.

»Es hat mir Mut gemacht, dass es noch junge Leute gibt, die sich für eine Sache einsetzen, die mehr Werte im Kopf haben als die Marken ihrer Hosen und Turnschuhe«, sagt die Mutter.

Laura nickt, sie denkt an ihre Altersgenossen, die abends vorm Einkaufsforum Köpenick stehen, rauchen, trinken und ab und zu ihre Handys kontrollieren. Die meisten sind auch schon in der Ausbildung, sagt sie, und es klingt wie eine Entschuldigung. Sie versucht die Tür offenzuhalten, so lange wie möglich. Sie geht auf ein sprachorientiertes Gymnasium, wo sie Englisch, Französisch und Spanisch lernt. Nach dem Abitur möchte sie als Au-pair ins Ausland gehen, am liebsten nach England, dann würde sie gern noch ein soziales Jahr in Südamerika machen. Danach will sie etwas studieren, bei dem die Sprachen und das Soziale irgendwie zusammenfließen, etwas Sinnvolles, sagt sie, das sei das Wichtigste. Ihr Vater nickt.

Fühlt sie sich als Ostdeutsche?

»Ich komme ja kaum in den Westen, mir fehlt der Vergleich«, sagt sie. Sie hat gehört, dass die Ostler offener sein sollen als die Westler, aber sie kennt kaum Westler. Immer wenn das Jubiläum näher rückt, ihr Geburtstag, wird sie für die Lokalzeitungen neben einem Mauerstück fotografiert, meist vor der Eastside-Gallery.

Laura Harmsen ist ein wenig berühmt geworden, denn sie gehört zu den 66 Berliner Mauerkindern, deren Geburtstag die Vereinigung der Berliner Volkswagen-Händler jedes Jahr im November feiert. Die erste Geburtstagsfeier fand im Hotel Inerconti statt. Damals konnten die Mädchen schon laufen, die Jungen krabbelten noch. Dreimal wurden die Mauerkinder vom Regierenden Bürgermeister im Roten Rathaus empfangen, zweimal war es Diepgen, einmal Wowereit. Sie besuchten das Varieté Chamäleon, den Friedrichstadtpalast, den Funkturm und eine Mountain-Climbing-Anlage, sie sahen ein Alba-Berlin-Basketballspiel und eine Vorstellung des Zauberers David Copperfield.

Bei den jährlichen Treffen der Novemberkinder wurden immer Reden gehalten, in denen jemand, meist eine VW-Person, vom Glück des Mauerfalls, von der historischen Stunde sprach, in der die Kinder geboren wurden. Die Reden wurden mit den Jahren immer kürzer, weil die Kinder kein Interesse zeigten.

Wie sollen sie dieses Glück empfinden? Sie haben die Mauer nie gesehen, da ist es schwer, sich zu freuen, dass sie weg ist. Es ist unmöglich, sich zu einem solchen Geschichtsbrocken in Verbindung zu setzen. Aber es wird verlangt.

Laura Harmsen war jedes Jahr dabei und spürt wohl, dass man irgendetwas Besonderes von ihnen erwartet. Etwas Symbolisches. Aber es ist schwer, ein Symbol zu sein. Die anderen Mauerkinder werden dicker oder dünner, die Haare wachsen oder fallen, sie verändern sich, sie entfernen sich von einander, sie vergessen sich. Am ehesten kann sich Laura noch an Miriam erinnern. Mit der hat sie sich zwischendurch ein paar Mal getroffen, aber das ist auch schon lange her. Ob die aus dem Westen oder aus dem Osten kam, weiß sie nicht, und es ist auch schwer zu sagen.

Miriam Khalife wurde am 9. November 1989 in Westberlin geboren und hat bis heute immer dort gelebt. Sie hat schwarze Augen, spricht ein leicht kippelndes Deutsch und lernt seit dem 1. September in einem Friseursalon namens Romano Capelli in Schöneberg. Aber sie hat auch einen Großvater in einem Ostberliner Neubaugebiet.

Ihre Mutter Caroline wurde 1966 in Berlin-Friedrichshain geboren, die Eltern ließen sich scheiden, Caroline wuchs mit Mutter und zwei Schwestern in Hohenschönhausen auf, irgendwann lernte Carolines Mutter einen Palästinenser kennen und reiste mit ihren Töchtern in den Libanon aus. Caroline Khalife war 18 Jahre alt, als sie im Januar 1985 mit einer Interflug-Maschine nach Beirut flogen. Sie musste ihre Lehre als Druckerin abbrechen, und ihr leiblicher Vater stemmte sich gegen die Ausreise seiner Töchter, aber Caroline entschied sich, mitzugehen. Es war eine Bauchentscheidung, aber als sie die warme Luft spürte, die ihr in Beirut entgegenschlug, wusste sie, dass sie alles richtig gemacht hatte.

Die Familie ihres Stiefvaters empfing sie herzlich, sie sagt, dass diese Tage in Beirut die glücklichsten ihres Lebens waren. Es waren nicht viele Tage, der Bürgerkrieg im Libanon hielt immer noch an, und nach zwei Monaten beschloss die Familie, das Land wieder zu verlassen. Kurz bevor sie abflogen, gestand ihr der jüngere Bruder ihres Stiefvaters seine Liebe. Sie fand ihn nicht unsympathisch. Sie flogen nach Deutschland zurück, verbrachten ein bisschen Zeit in Gießen und kamen im April, drei Monate nachdem sie losgeflogen waren, wieder in Berlin an, im Westen diesmal. Wenig später folgte der verliebte Bruder ihres Stiefvaters, ihr Onkel gewissermaßen. Noch im selben Jahr, 1985, heiratete sie ihn und begann, wie sie es nennt, eine Familie aufzubauen. Sie zeugten sechs Kinder. Miriam war das zweite.

»Es war natürlich ein bisschen riskant, denn ich kannte ihn ja gar nicht richtig, aber er ist wirklich ein Lieber«, sagt Caroline Khalife.

»Glück gehabt«, sagt ihre Tochter Miriam.

In der DDR hatte Caroline Khalife nichts mit Religion am Hut gehabt, sie war bei den Pionieren und in der FDJ, aber nun, auf der anderen Seite der Mauer angekommen, begann sie sich mit dem Islam zu beschäftigen. 1986 fing sie an zu fasten und zu beten, 1989, kurz bevor Miriam geboren wurde, band sie dann das Kopftuch um. Sie hat es seitdem nicht wieder abgenommen, seit 18 Jahren, auch ein Jubiläum. Ihre beiden Schwestern, die damals mit ausreisten, haben auch Muslime geheiratet und sind ebenfalls zum Islam konvertiert, ihre Mutter sowieso. Sie leben alle hier in Neukölln.

»Meine große Tochter hat einen Inder geheiratet, ebenfalls einen Muslim, und lebt in Dubai. Und meine Miriam probiert das Kopftuch auch manchmal«, sagt Caroline Khalife und schaut ihre Tochter verzückt an.

»Nein, nein, Mama«, sagt Miriam. »Ich arbeite im Friseursalon, da geht das nicht. Außerdem habe ich auch gar keine Lust, also noch keine Lust, weißt du. Ich finde meine Haare schön, ich mach sie jeden Tag anders, ich will die auch zeigen.«

Ihre Mutter lächelt nachsichtig. Das gibt sich schon. Sie hat als Jungpionier angefangen, und jetzt ist sie seit 18 Jahren Muslimin. Die Dinge schütteln sich mit der Zeit zurecht. Es hat auch ein paar Jahre gedauert, bis sie ihren Vater in ihr neues Leben eingepasst hatte.

Miriam wurde am 9. November 1989 um 11 Uhr vormittags in eine Welt geboren, in der es nicht nur Tanten mit Kopftuch gab und Onkel, die Wasserpfeife rauchten, sondern auch einen Opa mit blauen Augen, der in einer Neubauwohnung in Ahrensfelde lebte und in der Adventszeit gelegentlich als Weihnachtsmann arbeitete. Jahrelang wusste Miriam nichts von dem

Mann in der anderen Welt. Er tauchte irgendwann plötzlich auf und öffnete Miriam Khalife eine Tür zur Vergangenheit ihrer Familie, die sie bis dahin nicht kannte.

»Er ist ein richtiger Opa«, sagt Miriam Khalife. »Einer, der mir zuhört, der mir Dinge erklärt und Schokolade mitbringt. Es war natürlich gewöhnungsbedürftig. Wenn es hieß, wir fahren zu Opa, hatte ich immer das Gefühl, wir fahren ins Ausland. Und es war ja auch ein bisschen so. Die Leute da sind schon anders drauf«, sagt Miriam, und ihre Mutter lächelt.

Wie denn anders?

»Krasser. Die Hosen haben so viel Schlag wie bei uns vor fünf Jahren. Und natürlich berlinern die auch viel mehr«, sagt sie.

Neulich hat ihr Opa mit Miriam eine Tour durch den Osten gemacht, er hat ihr das Nikolaiviertel gezeigt, den Fernsehturm, das Rote Rathaus und die Ruine des Palasts der Republik, bevor der ganz weg ist. Eine Spur. Vor ein paar Tagen hat sie ihren Opa zum ersten Mal allein mit der S-Bahn besucht. Sie sagt es so stolz, als hätte sie den Ärmelkanal durchschwommen. Im Sommer sind sie jetzt oft auf dem Wochenendgrundstück ihrer Ostverwandtschaft in Teupitz, einer Kleinstadt in Brandenburg. Sie gehen gern zum Nikolassee, einer kleinen Kiesgrube im Wald. Die Kinder baden, und Caroline Khalife sitzt mit ihrem Kopftuch am Strand und schaut zu. Die Brandenburger reagieren interessiert auf sie, aber nicht unfreundlich, sagt Miriam.

Im November 2007 feiern sie ihren 18. Geburtstag in der VW-Niederlassung Unter den Linden. Sie sind volljährig, und die Patenschaft von Volkswagen endet. Ein paar Tage vor der Party treffen sich ein paar der Mauerkinder zu einem Fototermin im Alten Postfuhramt in der Oranienburger Straße. Sie mustern sich wie bei einem Blind Date. Man spürt, dass sich die Jugendlichen miteinander messen. Sie standen, wenn man so will, gemeinsam an der Startlinie und können nun, nach 18 Jahren, sehen, wie weit sie gekommen sind.

Carolin Großwendt ist aus Wien angereist, wo sie an einem Privatkonservatorium tanzen lernt. Sie hat zwei verschiedene Outfits fürs Foto mitgebracht und auch ihre Mutter Heike, die alle zehn Minuten darauf hinweist, dass ihre Tochter »den Flieger« bekommen muss. Marius Kiefer hat lange blonde Haare und sieht auf die selbstverständliche Art gut aus, auf die Musiker gut aussehen. Er spielt Cello seit er fünf ist und geht aufs Händel-Gymnasium. Er sagt, dass er zu den letzten beiden Treffen nicht kommen konnte, 2005 war er mit seinem Schülerorchester in China, 2006 zum Schüleraustausch in New York. Carolin Großwendt hebt den Kopf, wie es nur Tänzerinnen können. Vanessa Hentrich aus Treptow hat eine neue Haarfarbe, dunkel jetzt, nicht so dunkel wie ihre Mutter, aber doch auf dem Weg dahin. In der neunten Klasse ist sie sitzengeblieben, und so richtig gut sieht es in diesem Jahr auch nicht aus. Sie würde gern was im medizinischen Bereich machen, sagt sie. Leuten helfen. Sie registriert die langen Beine von Carolin, den lässigen Blick von Marius Kiefer und klammert sich instinktiv an Dario Guerra und er sich an sie. Dario wohnt mit seiner Mutter in Ahrensfelde und sucht seit über einem Jahr nach einer Lehrstelle. Er trägt ein Basecap und eine weiße weite Jacke. Als die anderen über ihre Leistungskurse reden, sagt er, dass ihm heute beinahe sein Handy ins Klo gefallen ist. Vanessa kichert. Mercedes Messerschmidt sieht die beiden mit ausdruckslosem Gesicht an. Sie wirkt groß und sehr unabhängig zwischen den anderen, als hätte sie die weiteste Reise hinter sich. Mercedes ist mit ihrer Mutter in den 90er Jahren nach Falkensee gezogen, in den Speckgürtel Berlins. Sie geht jetzt in Spandau aufs Gymnasium und kennt die Bohème vom Prenzlauer Berg, aus der sie stammt, nur aus Legenden. Auch Björn Meisel lebt mit seiner Mutter in einer dieser Stadtrandsiedlungen, die auf dem brandenburgischen Acker wuchsen. Er würde gern seinen Vater kennenlernen, weiß aber nicht, wo der ist. Manchmal fährt er in das Neubaugebiet in Kaulsdorf, wo er seine ersten Lebensjahre verbracht hat. Aber die Häuser erzählen ihm nichts.

Vor 18 Jahren ist die Mauer gefallen. Alles, woran sie sich erinnern können, sind die verblassenden Erinnerungen ihrer Eltern. Sie sind in eine neue Zeit geboren, in eine Gesellschaft, mit der auch ihre Eltern, ihre Kindergärtner und ihre Lehrer keinerlei Erfahrungen hatten. Ihre Geschichte ist die Geschichte der Wende. Eine ziemlich wacklige, windige Zeit, die wenig Orientierung bot, aber dafür viele Möglichkeiten. Sind sie frei? Schwer zu sagen. Sie sind verschieden.

Draußen vor den hohen Fenstern des Postamtes wird es langsam dunkel, obwohl es den ganzen Tag lang nicht richtig hell war. Der Herbsthimmel hängt tief über den Straßen von Berlin, aber die Kinder hier drinnen leuchten. Sie wirken keineswegs verloren, vielleicht weil sie zusammenstehen und kaum Eltern dabei sind.

Laura Harmsen hat eine Taschenbuchausgabe von »A Streetcar Named Desire« dabei, in der sie liest, während sie auf den Fotografen warten. Miriam Khalife steckt in einer schillernden Bluse, sie hat ihre Haare auftoupiert, und die Lippen sind rot geschminkt. Es wirkt fast so, als möchte sie so viel Abstand wie möglich zwischen sich und ihre Mutter bringen, die mit ihr kommt und sich unter einer dunklen Kutte und einem verwaschenen Kopftuch versteckt hält.

Die beiden Mädchen nicken sich kurz zu.

Vater und Sohn

*Wie Cat Stevens als Yusuf Islam
unentwegt die Welt rettet*

Der Mann möchte die Welt retten, und das sieht man ihm an. Er wirkt wie ein alt gewordenes Kind. Er hat ein fast faltenloses, braunes Gesicht, sein schlanker Körper steckt in einem leichten grauen Anzug. Seine Augen sind jung, aber er hat den warmen, gütigen Blick einer Großmutter, einen fusseligen Bart – und natürlich den Stock. Es ist ein schöner langer Holzstock, er tippt neben ihm her auf den Bürgersteig der 58. Straße in Manhattan. Klick, klick, klick. Ein bisschen Gentleman, ein bisschen Hirtenjunge, ein bisschen Bischof.

Sein Gang ist leicht, wozu braucht er den Stock?

Der Mann hält kurz inne. »Oh, der Rücken peinigt mich gelegentlich«, sagt er mit schwingendem britischem Akzent, tippt den Stock elegant auf und blinzelt in den milchigwarmen Großstadtnachmittag.

Der Mann wurde 1948 als Steven Demetri Georgiou in London geboren, er wurde als Cat Stevens weltberühmt, konvertierte zum Islam, nannte sich Yusuf Islam, lebte mit seiner Familie jahrelang zurückgezogen in einer muslimischen Gegend Londons und ist am Vorabend nach New York gekommen, um noch einmal Cat Stevens zu sein. Ein Cat Stevens allerdings, der im Dienst Yusuf Islams steht. Ein bisschen verwirrend, aber so muss man es wohl sagen. Er ist jetzt 55 Jahre alt, neben ihm läuft sein älterer Bruder David, ein großer, kräftiger Mann in einem Sportjackett, der ihn managt.

Yusuf Islam ist einerseits hierher gekommen, um die US-Niederlassung seiner Wohltätigkeitsorganisation Small Kindness zu eröffnen, die Geld für Kinder und Familien in Krisengebieten sammelt. Für das Kosovo, Albanien, Bosnien und seit kurzem auch für den Irak. Andererseits ist er hier, um heute Abend die DVD »Majikat« mit dem Live-Mitschnitt eines seiner US-Konzerte aus dem Jahr 1976 zu präsentieren. Damals war er noch Cat Stevens, gerade noch. Die Erlöse der DVD fließen zum großen Teil in sein Hilfswerk. Man kann die Dinge schlecht voneinander trennen.

»Ich verfolge immer noch dasselbe Lebensziel wie zu meinen Zeiten als Sänger. Ich möchte die Welt zu einem besseren, friedlicheren Ort machen«, sagt er, und man ahnt, dass er jetzt, da er die Ecke zur Fifth Avenue erreicht, wohl eher Yusuf Islam ist. Er kommt in dieser Rolle nur etwa dreißig Meter weit, dann rempelt ihn ein betrunkener New Yorker von hinten an. Der Mann sieht abgerissen aus, riecht schlecht und trägt eine fadenscheinige Reisetasche auf dem Rücken.

Yusuf Islam lächelt ihn freundlich an. Weil der Betrunkene damit nicht gerechnet hat, bleibt er stehen und sagt: »Ich bin Nick Massi junior. Sagt dir das was?« Yusuf Islam lächelt, schüttelt leicht den Kopf. Sein Bruder David stellt sich mit seinem breiten Kreuz neben ihn wie ein Bodyguard. Er hat die kräftigen Züge der schwedischen Mutter geerbt, Yusuf kommt eher nach dem feingliedrigeren griechischen Vater.

Nick Massi zieht eine Brieftasche aus der Hose, klappt sie auf und zeigt ein abgegriffenes altes Schwarz-Weiß-Foto einer Band, die aussieht wie eine Tanzkapelle aus den sechziger Jahren.

»The 4 Seasons«, sagt Nick Massi. »Und das da ist mein Daddy, er war Gründungsmitglied.«

»Musik verbindet, mein Sohn. Ich bin auch Musiker«, sagt Yusuf Islam.

Nick Massi sieht ihn ungläubig an. Ein Mann im Anzug und mit Stock, ein Musiker wie sein Dad?

»Wie heißt du?«, fragt er.

»Yusuf«, sagt Yusuf Islam, und als er in das ahnungslose Gesicht des betrunkenen Mannes sieht, seufzt er und gibt auf.

»Du kennst mich vielleicht als Cat Stevens.«

»Cat«, ruft Nick Massi; Tränen schießen ihm in die Augen, er fällt dem schmächtigen Mann um den Hals und hält ihn lange fest. Sie stehen wie ein Tanzpaar auf der Fifth Avenue.

»Diese Gefühle löst er in vielen Menschen aus«, sagt Cat Stevens' Bruder David leise. »Wir müssen dankbar sein für diese Begegnung. Sie zeigt, dass es noch Hoffnung gibt.« Dann schaut er in den blassen New Yorker Himmel.

Cat Stevens löst sich aus der Umklammerung und geht in Richtung Central Park, Nick Massi aber weicht nicht von seiner Seite. Er singt jetzt mit einer rauen Stimme ein Lied, das er vor ein paar Jahren geschrieben hat, wie er sagt. Es heißt »I Believe«, und er möchte, dass Cat Stevens es auf seine nächste Platte nimmt. Cat Stevens summt kurz mit, dann lächelt er. Nick Massi sieht aus, als würde er sofort mit der Zusammenarbeit beginnen wollen. David verspricht, dass sie sich bei ihm melden werden. Wie, ist nicht klar, aber sie haben jetzt die Tür zu ihrem Hotel erreicht. Abschied ist ein scharfes Schwert. Nick Massi fällt seinem Idol ein letztes Mal um den Hals, er klammert. »Schalom, mein Sohn«, murmelt Cat Stevens, macht sich frei, läuft ein paar Schritte in die Lobby und wird wieder zu Yusuf Islam. Nick Massi steht weinend in der Tür.

»In dem Hotel ist schon Laurence Olivier abgestiegen«, sagt David stolz im Aufzug. Es ist keine leichte Aufgabe, sowohl Yusuf Islam als auch Cat Stevens zu managen.

Zum Interview in dem Hotelzimmer schaltet auch Yusuf Islam ein Diktiergerät ein. Er habe schlechte Erfahrungen mit Journalisten gemacht, sagt er. Ende der achtziger Jahre zitierte ihn die britische Boulevardpresse mit den Worten: »Cat says: Kill Rushdie.« Stevens hatte auf die Frage, was er von Rushdies Buch »Die satanischen Verse« halte, unter anderem gesagt, dass nach islamischem Recht eine solche Blasphemie die Todesstrafe nach sich ziehe. Später sagte er, dass er dies nur referiert habe. Niemals wollte er dazu aufrufen, jemand anderen zu töten. Seine Bemerkungen seien aus dem Zusammenhang gerissen worden. Aber das hörte keiner mehr. Seine Platten wurden verbrannt und platt gewalzt, viele Radiostationen spielten seine Hits nicht mehr.

»Zeitungen suchen nach einfachen Bildern. Aber so kann man die fremde Welt und Kultur nicht verstehen. Dazu muss man eine lange, mühsame Reise machen. Wie ich«, sagt er.

Cat Stevens hat rund 40 Millionen Alben verkauft. Er schrieb ein halbes Dutzend Welthits und war nicht mal 30, als er sich aus dem Showgeschäft zurückzog, in das er sich so besessen hineingearbeitet hatte. Mit 18 Jahren hatte er seinen ersten Hit, mit 19 erkrankte er an Tuberkulose, seitdem war er auf der Suche nach einer Religion, die ihm half, die Welt zu verstehen, sagt er. Er wurde als Christ erzogen, aber in der Bibel fand er keine Antworten; er probierte Buddhismus und auch Tarot-Karten aus; nebenbei nahm er eine Platte nach der anderen auf. Nichts half richtig. Mitte der siebziger Jahre ertrank er beinahe beim Baden im Pazifik, in letzter Sekunde trug ihn eine Welle an Land, worauf er beschloss, sein Leben Gott zu widmen. Wenig später brachte ihm sein Bruder von einer Israel-Reise den Koran mit.

Cat Stevens hörte auf, Popstar zu sein. Hatte er nie wieder ein Lied im Kopf, das er aufschreiben wollte?

»Meine Energie ging in andere Richtungen. Ich habe mich mehr auf Schulen konzentriert, die ich gründete. Meine Familie. Viele Rockstars verlieren irgendwann den Kontakt zur Realität. Die Motivation der ersten Jahre reicht nicht lange. Reich und berühmt zu werden genügte am Anfang auch mir. Aber jetzt will ich die Welt zum Besseren verändern«, sagt er.

Er legt den Kopf schief und stützt die Hände auf den Knauf seines Holzstockes, den er zwischen seinen Beinen aufgestellt hat. In diesen Momenten scheint er einem seiner alten, sanften Lieder entstiegen zu sein. »Morning Has Broken«, vielleicht, »Moon Shadow«, »Wild World«, »Lady d'Arbanville« – das Lied, das er seiner damaligen Freundin Patti d'Arbanville widmete – oder eben »Peace Train«.

Er wirkt wie »Father and Son« in einer Person. Eine kindliche, freundliche Sehnsucht nach Verständnis und Harmonie steckt in dem Mann. Sie trieb ihn in den siebziger Jahren als Botschafter zur Unicef und später als eine Art unabhängiger Friedensemissär in die irakischen Grenzgebiete. Anfang der Neunziger wurde er beim Versuch, britische Geiseln aus Bagdad auszulösen, selbst fast zur Geisel. Er taumelte voll mit gutem Willen durch die Welt, auf der Flucht vor seiner Vergangenheit.

Irgendwann aber entdeckte Yusuf Islam den Wert von Cat

Stevens wieder. Er gründete 1994 ein eigenes Plattenlabel. Er veröffentlichte Best-of-Alben und steckte große Teile der Einnahmen in sein Hilfswerk Small Kindness, das er Ende der neunziger Jahre begann. 2001 kam eine Vierfach-CD mit seinen Hits heraus, die Hälfte des Geldes spendete er dem Fond für die Opfer des 11. September. Nach dem jüngsten Irak-Krieg begann Small Kindness seine Hilfe für Bagdad. In ein paar Stunden wird Islam die US-Dependance eröffnen. Er ist in das Land zurückgekehrt, in dem er so viele Platten verkaufte wie nirgendwo auf der Welt.

So ein Land kann eigentlich nicht nur böse sein, glaubt er.

»Es ist schwer für Amerika, die einzige Supermacht zu sein. Sie sind in einer Identitätskrise. Die Mehrzahl der amerikanischen Seelen würden doch lieber in Frieden leben. Aber sie haben offensichtlich nicht die richtige Führung, um das zu tun. Sie leben in ständiger Furcht. Aber diese Angst könnten sie leicht überwinden, wenn sie mehr von der Welt wüssten. Wenn sie verstehen würden, dass es nicht notwendigerweise eine Bedrohung ist, wenn jemand die Welt anders sieht als man selbst. Vielleicht kann ich dabei helfen. Ich kenne beide Welten«, sagt er.

Glaubt er wirklich, mit seinen Liedern Menschen wie den amerikanischen Präsidenten überzeugen zu können?

»Bush interessiert mich nicht. Es gibt eine Wahl, da wird der Präsident rausgeworfen. Ich bin an langfristigen Allianzen und Lösungen interessiert«, sagt er und sieht auf die kleine rote Aufnahmelampe seines Diktiergeräts.

»Das ist mir alles viel zu politisch jetzt«, sagt er.

»Die Welt ist politisch, Steve«, sagt sein Bruder David aus der Ecke der Hotelsuite.

Yusuf Islam sieht ihn nachdenklich an. Dann lässt er sich vom Fotografen die Bilder zeigen, die der von ihm gemacht hat. Er wählt die aus, auf denen er am weisesten aussieht. Wie ein Heiland.

Ein paar Stunden später steht er zwischen einem Uno-Mitarbeiter und einem Musikmanager auf der Bühne des kleinen Kinos im Tribeca Film Center. Im Saal sitzen Journalisten und Fans. Der Uno-Mitarbeiter sagt, dass die kleinen Dinge wie

Small Kindness jetzt wichtig seien wie nie. Zivilcourage werde immer mehr zu einer entscheidenden Kraft in der Welt. Der Manager sagt, dass die »Majikat«-DVD mit den Aufnahmen von der letzten US-Tour aus dem Jahr 1976 alle großen Hits und ein 35-minütiges Exklusivinterview mit Cat Stevens enthalte.

Der Mann mit dem Stock winkt ins Publikum, ein bisschen Cat Stevens, ein bisschen Yusuf Islam. Er zeigt ein paar Lichtbilder von bosnischen Kindern und wünscht den Gästen viel Spaß bei der Vorführung des Konzertes, das im Februar 1976 in Williamsburg, Virginia, aufgezeichnet wurde.

Dann geht er von der Bühne, auf seinen Platz, der sich fast mathematisch genau in der Mitte des Kinos befindet. Der Film beginnt, Cat Stevens singt auf der Leinwand mit weißem Hemd und wehenden Haaren vor kreischenden Fans »Moon Shadow«. Yusuf Islam sitzt im Saal, den Kopf ein bisschen schief gelegt, die Hände ruhen auf seinem Stockknauf. Ein ernsthafter, weiser Mann zu Gast in seinem eigenen Popkonzert.

Für einen Moment stimmt alles im Leben des Mannes. Die wilde, wilde Welt steht still.

Das Irrenhaus von Friedrichshagen

*Wie sich ostdeutsche Eltern
eine Traumschule zusammenbauten,
in der es ihre Kinder einmal besser haben sollen*

Seine Jünger sagen, Tilman Wacker sei einst ein Engel erschienen, um ihm zu verkünden, dass er die Reinkarnation von Rudolf Steiner sei; seine Feinde behaupten, er sei ursprünglich Autotester für eine Motorsportzeitschrift gewesen. Wenn man Wacker eine Weile zuhört, glaubt man beides. Er könnte ein Testfahrer sein, dem einmal ein Anthroposophenengel erschienen ist. Tilman Wacker ist ein kleiner, älterer Herr mit vorspringender Nase, gurgelndem süddeutschen Akzent, dichten Augenbrauen und etwas zu langen weißen Haaren. Er sitzt in seinem Friedrichshagener Arbeitszimmer vor einem Bücherregal, das mit den Werken Rudolf Steiners zugestellt ist, es riecht nach Gemüseeintopf, und manchmal rumpelt es in Wackers Bauch. Er redet leise von Disziplin, Erkenntnis, natürlicher Autorität, Zahnwechsel und Geschlechtsreife, wie ein Lehrer aus der »Feuerzangenbowle«.

Ein Studium hat Tilman Wacker nicht abgeschlossen, aber es heißt, er könne eine Amsel, die am Fenster vorbeifliegt, rhetorisch in 20 Minuten mit dem gesamten Weltenlauf verknüpfen. Er soll fernerotische Wirkung auf Mütter haben und selbst die schwierigsten Kinder beruhigen können. Einmal, so heißt es, habe er dem Lehrerkollegium seiner Schule erklärt, warum farbige Schüler anders erzogen werden müssen als Weiße. Er soll wundervolle Tafelbilder zeichnen können und ist überzeugt davon, dass Kinder ihre Teller leer essen, im Winter Mützen tragen und am Morgen eine Stunde lang durch gymnastische Übungen durchblutet werden müssen.

Man kann nur ahnen, wie es um das Berliner Schulsystem bestellt ist, wenn jemand mit diesen Eigenschaften zur Lichtgestalt von Eltern und Lehrern wurde. Im sorgenvollen Gemurmel um Pisa-Studien, Rütli-Schule, Autoritätsdebatten, Rechtsradikalismus, Gewalt und Flatrate-Trinken wirkt Wacker, der neben einem ausgestopften Fuchs auf einer Patchwork-Decke sitzt, manchmal wirklich erstaunlich überzeugend.

Tilman Wacker ist 67 Jahre alt und kam Anfang der neunziger Jahre als Missionar nach Berlin-Köpenick. Er hatte an verschiedenen Rudolf-Steiner-Schulen in der Schweiz gearbeitet, weil er sich in den siebziger Jahren mit dem Bund der Freien Waldorfschulen Deutschlands überworfen hatte.

Wacker betrachtete die deutschen Waldorffunktionäre als unbewegliche Vereinsmeier, die Steiner falsch verstanden, der Bund der Waldorfschulen sah in Wacker eine dogmatische Nervensäge. Für den Osten aber schien er selbst den Waldorffunktionären der richtige Mann zu sein. Es gab eine Menge Eltern, die kein Vertrauen zu den alten staatlichen Ostschulen hatten, aber auch keins zu den neuen freien, die ihnen entweder zu kirchlich oder zu abgehoben schienen. Mit diesen Eltern gründete Wacker 1993 die Waldorfschule Südost in einer ehemaligen Fabrik an der Spree. Die Schule entwickelte sich gut, aber Wacker wollte das Werksgelände in eine Art anthroposophische Schulinsel mit Bootshafen verwandeln. Er bekam Finanzierungsprobleme und wurde aus der Schule gedrängt.

Mit ein paar getreuen Eltern zog Wacker noch weiter in den Osten, nach Berlin-Friedrichshagen, wo im Jahr 2000 die Novalis-Schule gegründet wurde.

Friedrichshagen passte gut zu Wackers Plänen, denn dort hatte sein Idol Rudolf Steiner um die Jahrhundertwende mit einem stadtbekannten Dichterkreis um Wilhelm Bölsche und Peter Hille zusammengehockt. Wacker kam gewissermaßen nach Hause. Die Novalis-Schule bezog eine leerstehende Gießerei, in der einst der Engel für die Berliner Siegessäule und auch das Reiterstandbild des Alten Fritz gefertigt wurden. Auch das gefiel Wacker, der ja Großes vorhatte.

Fünf Jahre lang arbeitete die Novalis-Schule ohne jegliche staatliche Unterstützung, erst danach begann der Senat, die freie Einrichtung mit monatlich bis zu 80 000 Euro zu unterstützen. Wacker fand Lehrer, die für wenig Geld arbeiteten, und Eltern, die die Fabrik in ihrer Freizeit zu einer hellen, freundlich aussehenden Schule ausbauten. Sie verschrieben sich seiner Idee, die Wacker in einem halbstündigen Vortrag mit vielen Substantiven erklären kann, der schwer zu verstehen ist, aber plausibel klingt. Wacker sagt, ihm gehe es um die »Erziehung zur Freiheitsfähigkeit«, den »völlig freien Erkenntnisgewinn zwischen Lehrern und Schülern«, er wolle »aus Menschenkenntnis Schule gestalten«. Was er meint, ist: Die Eltern und die Waldorfpädagogen sollen ihn mit ihren Rezepten und Ratschlägen in Ruhe lassen.

Er will eine Wackerwelt, keine Waldorfwelt.

Das habe wunderbar funktioniert, sagen Eltern, die ihn bewundern. Ihre Kinder hätten sich an der Novalis-Schule zu schöpferischen, glücklichen Menschen entwickelt. Seine Kritiker sagen, er habe die Schule in eine Sekte verwandelt, in der nur er als Guru entschieden habe, was richtig und was falsch sei.

Wackers Kritiker setzten sich schließlich durch. Ende vorigen Jahres tauschte der Elternvorstand den alten Geschäftsführer durch den ehemaligen Bankangestellten Peter Schneider aus, den sie über die Internet-Agentur Anthrojob in Süddeutschland aufgetrieben hatten, sie erteilten Tilman Wacker Hausverbot und bestellten einen anthroposophischen Mediator, der zwischen Lehrern und Eltern vermitteln sollte. Nach drei Sitzungen gab der Mediator auf, vielleicht, weil er auch nicht genau wusste, worum es eigentlich ging.

Anfang März entließ der Elternvorstand die gesamte Lehrerschaft und schloss die Schule vorübergehend. Die Lehrer konnten sich einzeln neu bewerben. Aber die Pädagogen beharrten auf ihren alten Arbeitsverträgen und auch auf Tilman Wacker, ihrem Mentor. Sie treffen sich einmal wöchentlich zu einer Exillehrerkonferenz in der Wohnung des ehemaligen Schulleiters. Zusammen mit dem neuen Geschäftsführer organisierte der Elternverein ein neues Kollegium und öffnete die Schule nach zehn Tagen wieder. Sie haben erst mal das Novalis aus dem Namen der Schule gestrichen.

Der neue Geschäftsführer Peter Schneider sagt, die zuständige Senatsmitarbeiterin habe ihnen zu diesem rigorosen Schnitt gratuliert. Das überrascht.

Die Schüler laufen jetzt jeden Morgen durch ein Spalier aus Ex-Lehrern, die ihre »Lehrbereitschaft demonstrieren«, um dann am Tor von einem neuen Lehrer mit Handschlag begrüßt zu werden. Von drinnen, aus dem Lehrerzimmer, schauen Mitglieder des Elternvorstands hinter den Gardinen zu. Manchmal wird ein Rasensprenger eingeschaltet, um die alten Lehrer vom Bürgersteig zu vertreiben. Ein paar der alten Kräfte unterrichteten Kinder in ihren Wohnungen.

Einmal ist eine alte Unterstufenlehrerin aufs Gelände vorgedrungen und hat versucht, mit einigen ihrer ehemaligen Schüler Unterricht durchzuführen. Peter Schneider, der neue Geschäftsführer, sagt, die Lehrerin habe ihm Schläge angedroht, als er sie der Schule verwies. Er habe gehofft, dass sie zuschlage, damit er endlich etwas Justitiables in der Hand habe. Sie habe es dann aber doch bei der Drohung belassen. Leider, sagt Schneider.

Peter Schneider sitzt in seinem orangegestrichenen Chefzimmer und überlegt, welchen Namen die Schule bekommen könnte.

»Was halten Sie von Morgenstern?«, fragt er.

Wie der Dichter?

»Nein, wie der Stern am Morgen. Hoffnung, Neuanfang und so weiter«, sagt Schneider, schreibt den Namen auf ein weißes Blatt Papier und schaut es an. Draußen geht gerade wieder der Sprenger an und macht den ehemaligen Russischlehrer Kühl, den ehemaligen Werklehrer Alex und die ehemalige Unterstufenlehrerin Poletti nass. Schneider kichert. Dann kommt Frau Jaeche ins Zimmer, um einen Stundenplan zu kopieren. Sie trägt bunte Wollzöpfe in den Haaren und ist Mitglied des Elternvorstands, der jetzt die Schule regiert. Sie hat eine Tochter an der Schule, war früher mal Eisenbahningenieurin und dann arbeitslos. Sie ist einst aus einem Bauchgefühl an die Schule gekommen, weil sie den Staatsschulen misstraute. Jetzt leitet sie hier zusammen mit einer arbeitslosen Heilpraktikerin und einer ehemaligen Kellnerin die Schule, was natürlich ziemlich ungewohnt für sie ist.

»Oder wir nennen sie Hardenberg-Schule«, sagt Schneider.

»Was?«, fragt Frau Jaeche.

»So hieß doch der Novalis mit richtigem Namen«, sagt Schneider.

»Echt?«, fragt Frau Jaeche.

»Ich glaub, ja«, sagt Schneider. Frau Jaeche zuckt mit den Schultern und sieht aus dem Fenster, wo zwei Mädchen vorsichtig über den Schulhof tippeln wie über dünnes Eis. Die Mädchen tragen lange Kleider und Kopftücher, sie sehen aus, als seien sie aus einer anderen Zeit angereist.

Peter Schneider nimmt ein neues Blatt und schreibt den Namen Hardenberg drauf. Nach einer Weile sagt er: »Auf jeden Fall möchten wir jetzt eine richtige Waldorfschule werden. Das ist der Weg.«

Er rollt seinen Stuhl an den Computer und klickt die Internet-Seite mit den berühmten Waldorfschülern an, auf die er gern geht, wenn er mal nicht weiterweiß. »Sarah Wiener, Jennifer Aniston, Christian Quadflieg, Michael Ende«, ruft Peter Schneider. »Sandra Bullock und, na ja, gut, ein Sohn von Beate Uhse«.

Er lehnt sich in seinem Bürostuhl zurück und lächelt wie ein Kind. Er selbst war auch Waldorfschüler, in Mannheim, Helmut Kohls Sohn Peter war in seiner Schule und ein behindertes Mädchen, die Anke. Er selbst lernte damals Schlagzeug, machte dann aber doch eine Banklehre.

Schneider zog Anfang des Jahres nach Friedrichshagen. Er mag es, er spürt den Geist von Steiner immer noch, sagt er, und er findet auch seinen orangefarbenen Raum schön. Orange ist seine Lieblingsfarbe, weil er als Kind mal einen orangefarbenen Spielzeugsportwagen hatte, sagt er. Es gefällt ihm auch, dass die Schwierigkeiten, in denen die Novalis-Schule steckte, mit Tilman Wacker zu tun hatten, mit dem sich schon Schneiders Vater herumschlug, als der in den siebziger Jahren die Mannheimer Waldorfschule gründete. Schneider sagt, er habe in einem Kalender seines verstorbenen Vaters den Namen Wacker gefunden, hinter dem mit rotem Stift ein »Nein« stand. Und schließlich war Peter Schneider altersmäßig bereit für einen Neuanfang. Er ist 40 Jahre alt.

»Ich befinde mich im 41. Lebensjahr«, sagt er, weil ihn das näher an die 42 heranbringt. Mit 42, so hat Rudolf Steiner, der das menschliche Leben in Siebenjahresschritten misst, festgestellt, bietet sich noch einmal die Möglichkeit für einen Neuanfang.

Das ist gelungen, kann man sagen.

Seit Schneider hier ist, hat die kleine Schule am Berliner Stadtrand nicht nur ihren Mentor Tilman Wacker abgeworfen, die gesamte Lehrerschaft ausgetauscht, ihren Namen und ihren Vorstand gewechselt – sie hat auch etwa die Hälfte ihrer Schüler verloren. Der Berliner Senat hält zwar erst mal die Füße still, möchte aber jetzt wöchentlich die aktuelle Schülerzahl gemeldet haben. 118 waren es in dieser Woche, sagt Schneider, die beiden Mädchen auf dem Hof zählen dazu, obwohl sie seit über sechs Wochen nicht mehr am Unterricht teilnehmen.

Sie laufen draußen durchs sommerlich warme Friedrichshagen zurück zu ihrer Wohnung, wo ihre Eltern gerade die Sachen packen, um nach Greifswald aufzubrechen, in die Zukunft.

Ihre Eltern, Barbara Otto und Thoralf Wendt, wuchsen in Ostdeutschland auf, wie die meisten Eltern, die ihre Kinder an die Novalis-Schule schickten. Beide hatten keine besonders guten Erinnerungen an ihre Schulzeit in der DDR, und so suchten sie nach einer Alternative. Es sollte keine konfessionell geprägte Schule sein, und sie sollte nicht im Westen liegen, weil Wendt nach einem zweijährigen ABM-Abenteuer in Baden-Württemberg »die Schnauze vom Westen jestrichen voll« hatte. Es blieben nicht viele Möglichkeiten, sie waren froh, als sie die Novalis-Schule fanden. Gleich zu Beginn lernten sie Tilman Wacker kennen, der sich als Mentor der Lehrer vorstellte. Wacker erklärte ihnen seine Idee einer völlig freien Schule, in der Lehrer und Schüler zusammen um Erkenntnisse ringen. Sie waren begeistert von der Idee und auch von dem Mann, der einerseits weich war, andererseits Autorität ausstrahlte. So wie Wacker sollte die Schule ihrer Kinder sein.

»Ick hatte ja verschiednet ausprobiert. Ick hab mich lange mit Alchemie beschäftigt, ick hab im Neuen Forum mitjemacht, dit Hanfmuseum jegründet und ooch ma zwei Jahre lang eenen Bioladen in der Großbeerenstraße betrieben«, sagt Wendt. »Aber hier lief irgendwie allet zusammen.«

Sie zogen von Lichtenberg an den Berliner Stadtrand, wo erst ihre Tochter Sophie und dann auch die zwei Jahre jüngere Lara eingeschult wurden.

Wer nicht in der Lage war, Schulgeld zu bezahlen, half mit, das alte Gebäude der ehemaligen Gießerei herzurichten, eine Option, die Wacker allen Eltern einräumte. Wendt, der als Elektriker und Veranstaltungstechniker gearbeitet hatte, verlegte elektrische Leitungen und baute in einer Fabrikhalle eine große Bühne für die Theateraufführungen, mit Lichtanlage. Seine Frau, eine studierte Gewandmeisterin, entwarf und schneiderte Kostüme und unterrichtete Handarbeit, alles unentgeltlich. Es waren anstrengende, aber glückliche Jahre, sagt Wendt. Die Probleme begannen seiner Erinnerung nach erst im Jahr 2005, als der Senat die Schule subventionierte.

»Geld«, so sagt Thoralf Wendt, »iss ein Werk des Teufels.«

Wahr ist wohl, dass die Eltern, die beim Ausbau der Schule mithalfen, durch die öffentlichen Zuwendungen das Gefühl bekamen, auch inhaltlich mitreden zu können. Die Lehrer wiederum sahen dadurch ihre Autonomie bedroht. Sie wollten die Eltern nicht am Unterricht hospitieren lassen und weigerten sich, darüber Auskunft zu geben, wie die Senatsgelder unter ihnen aufgeteilt wurden.

Jeder stritt sich mit jedem. Wenn man sich umhört, erfährt man, dass einer der alten Lehrer mal einen Schüler auf den Stuhl gestellt haben soll, weil er glaubte, der sei vom Teufel besessen. Ein anderer habe eine Schülerin in den Hintern getreten. Einer der Wacker-Gegner soll drogensüchtig sein, ein anderer suche auf der Internet-Seite www.poppen.de unter Angabe seiner Penislänge nach Swingerbekanntschaften mit Vorliebe für Ledergeruch. Die Hälfte der Schüler leide unter Aufmerksamkeitsstörungen, nicht wenige stünden unter Psychopharmaka. Ein Schüler habe mal eine selbstgeschossene und -gebratene Taube als Pausenbrot mit zur Schule gebracht, weil seine Eltern ihm nichts zu essen machten.

Thoralf Wendt und seine Frau haben ihre Töchter nicht wieder in die Schule zurückkehren lassen. Manchmal wurden sie von einer entlassenen Lehrerin zu Hause unterrichtet, aber weil das keine Dauerlösung war, hat sich Wendt bei anderen Waldorfschulen umgehört. Die meisten waren jetzt, mitten im Schuljahr, vollbelegt, nur in Greifswald ergab sich eine Chance. Sie haben noch keine Wohnung dort, können aber erst mal im Haus eines ehemaligen Waldorfschülers in der Nähe von Greifswald unterkommen. Die beiden Kaninchen und die Katze will Wendt später nachholen. Im Moment kann nur mit, was neben der Familie in den alten Opel Corsa passt.

Der Aufbruch wirkt kopflos, aber Thoralf Wendt hat nachgerechnet. Er ist 42, seine Frau ebenfalls. Nach Steiner ein perfekter Zeitpunkt für einen Neuanfang. Wendt nimmt ein paar T-Shirts von der Wäscheleine und stopft sie in eine Reisetasche, dabei schwärmt er von den pädagogischen Fähigkeiten Tilman Wackers und versucht die drei Grundpfeiler der Steinerschen Lehre zusammenzubekommen, findet aber nur zwei.

Hat er denn jemals etwas von Rudolf Steiner gelesen?

»Ick hab verschiedene Versuche untanommen«, sagt Wendt. Er steht auf dem kleinen Hof, breitschultrig, die Arme abgewinkelt, bereit, irgendwo zuzupacken, wenn er nur wüsste, wo. Seine Eltern waren Wissenschaftler, Karrieristen, wie er sagt, sie schoben ihn zu seiner Großmutter ab, später zu einer Stiefmutter. »Ick konnte mit acht lesen und schreiben, aber ick hatte trotzdem 'ne beschissene Kindheit«, sagt Wendt. Das will er seinen Töchtern ersparen. Wie die anderen Eltern der Schule hat auch er nur etwas Gutes gewollt.

Er und seine Frau sind Hartz-IV-Empfänger, sie haben so viel in der Schule gearbeitet, bis sie dachten, sie gehöre irgendwie auch ihnen. Ein Lehrer, der die Schule vor Jahren verlassen hat, sagt, viele der ostdeutschen Eltern hätten in der Novalis-Schule eine Art seelische Ersatzheimat gefunden.

Vielleicht ist es kein Wunder, dass ausgerechnet ein nichtgläubiger Ostberliner Vater Wackers Welt zerschlug. Er heißt Martin Schneider und arbeitet als Schichtingenieur in einem Vattenfall-Kraftwerk. Schneider hat seine drei Töchter nur auf eine anthroposophische Schule geschickt, weil seine »Frau in der Schwangerschaft so 'n Tick bekam« und er keinen Ehekrach wollte.

»Ick hab mit Anthroposophie nüscht am Hut«, sagt Schneider. »Ick brauch keene Lebenshilfe. Ick komm so klar.«

Martin Schneider ist ein kleiner, untersetzter Mann mit einem ausrasierten, pechschwarzen Schnurrbart und schläfrigem Blick. Er kennt Wacker schon seit seiner Zeit in der Treptower Waldorfschule Südost. Als Wacker für sein Großprojekt Geld unter den Eltern sammelte, borgte ihm Schneider 10 000 Mark und folgte Wacker auch an die Novalis-Schule nach Friedrichshagen. Aber irgendwann, etwa zu der Zeit, als der Senat anfing, die Schule zu fördern, begann sich Schneider von Wacker zu entfernen. Wacker sagt, Schneider sei eifersüchtig auf ihn gewesen, weil seine drei Töchter lieber in die Schule gingen als nach Hause. Schneider sagt, er wollte wissen, was mit dem staatlichen Geld passierte, wie es unter den Lehrern verteilt wurde. Wacker gab ihm keine Auskunft, weil er der Meinung ist, »dass sich Eltern aus schulischen Dingen herauszuhalten haben«. Wie Rudolf Steiner betrachtet Wacker den Lehrer als Künstler. Der Ingenieur Martin Schneider ist für ihn »ein Schlosser oder so was, der Schalter drückt, wenn ein Lichtlein blinkt«.

»Ein Arzt fragt seinen Patienten ja auch nicht um Rat«, sagte Wacker.

Das sah Martin Schneider anders. Er wollte Tilman Wacker aus Friedrichshagen austreiben wie den Teufel. Er brachte zunächst seine drei Töchter in Sicherheit. Im vorigen Sommer nahm er sie von der Novalis-Schule, dann zerschlug er das System Wacker. Auf einer Elternversammlung organisierte sich Schneider eine Mehrheit im Elternvorstand und vertrieb damit Wacker und seine Jünger.

Martin Schneider will sich jetzt aus dem Elternvorstand zurückziehen. Er hat hier nichts mehr zu tun. Die Schule ist bei seinem Exorzismus ja leider praktisch mitgestorben. In einer Fragestunde des Berliner Abgeordnetenhauses gab es ein paar Informationen zur Zukunft der Schule, die nicht besonders hoffnungsvoll klingen. Der Staat wartet noch das Schuljahr ab, um zu entscheiden, ob sich eine weitere Subventionierung lohnt. Eine Lizenz für die Oberstufe gibt es jetzt schon nicht mehr. Die wenigen verbliebenen Schüler der zehnten und elften Klasse wurden zusammengelegt, die fünfte und zwölfte Klasse wurden wegen Schülermangels aufgelöst, für das neue Schuljahr gibt es sieben unverbindliche Anmeldungen, darunter ist der Sohn des neuen Geschäftsführers. Die ehemaligen Lehrer wollen gezählt haben, dass nur noch 57 Schüler regelmäßig zum Unterricht erscheinen. Der Bund der Freien Waldorfschulen hat sich vom Projekt in Friedrichshagen öffentlich distanziert. Ein Hellersdorfer SPD-Politiker namens Huhn würde die Trümmer der Novalis-Schule gern in seinen Wahlkreis holen, um damit eine neue Waldorfschule zu gründen.

Auch Tilman Wacker hat mit Friedrichshagen abgeschlossen. Er schimpft auf den Ortsteil mit seiner versoffenen Boheme, die evangelische Kirche, die in jeder unabhängigen Gruppierung gleich eine Sekte sehe, auf den Bund der Freien Waldorfschulen, das Berliner Schulgesetz mit seinem einengenden Regelwerk, auf Deutschland und immer wieder auf die Eltern, die nicht bereit waren für seine Idee einer völlig freien Erkenntnissuche.

»Am Anfang kannten die Ostleute hier Waldorf gar nicht, die wollten einfach etwas Neues«, sagt Wacker. »Aber wahrscheinlich fehlt ihnen das Bewusstsein und die Phantasie.«

Vielleicht geht er mit seiner Lebensgefährtin nach Italien, vielleicht mit seinem entlassenen Lehrerkollegium nach Schöneiche, einem Vorort von Berlin. Sie haben ein paar brandenburgische Kleinstädte sondiert und in Schöneiche ein verlassenes Hortgebäude gefunden, in dem sie eine neue Novalis-Schule gründen könnten. Bedarf an freien Schulen gibt es in Ostdeutschland überall. Die meisten haben lange Anmeldelisten. Der Osten bleibt ein weites, unbeackertes Feld für die reine anthroposophische Lehre, und auch Rudolf Steiner hatte es oft nicht leicht.

Bei Einbruch der Dunkelheit trifft Thoralf Wendt mit seiner kleinen Familie in einem Dorf vor den Toren Greifswalds ein, um ihr neues Leben zu beginnen. Sie parken den Opel Corsa in der Einfahrt eines großen Gutshauses, in dessen Tür kurz darauf ein hochgewachsener Mann in einem buntgemusterten Wollpullover erscheint. Das ist Ekkehard Schutsch, ihr Gastgeber.

»Habt ihr Hausschuhe dabei?«, fragt Schutsch.

Ein paar Minuten später sitzen Wendt, seine Frau und seine beiden Töchter in der großen, aufgeräumten Küche der sechsköpfigen Familie und trinken Tee. Auri Schutsch stillt ihr jüngstes Kind. Wendt ist müde, auf der langen Fahrt in dem kleinen Auto ist ihm ein Bein eingeschlafen, aber Schutsch hält eine kurze und trotzdem sehr grundsätzliche Begrüßungsrede für seine vertriebenen Gäste. Im Wesentlichen kann man sie so zusammenfassen: Die deutsche Gesellschaft steht in Flammen, weil sie sich nicht um ihre Kinder kümmert.

Schutsch hat vor ein paar Wochen einen Brief an die Bundesfamilienministerin Ursula von der Leyen aufgesetzt, in dem er ihr Kinderkrippenkonzept kritisiert und die Schulpflicht an sich in Frage stellt. Jeder Bürger solle das Recht haben, seine Kinder so zu erziehen, wie er es für richtig hält. Seine Augen leuchten, als sei auch ihm einst ein anthroposophischer Engel erschienen.

Ekkehard Schutsch hat eine Westberliner Waldorfschule durchlaufen, Maschinenbau studiert und irgendwann seine Karriere abgebrochen, um ein neues Leben zu beginnen. Er kennt Tilman Wacker aus Berlin und bewundert ihn. Vielleicht eifert er ihm sogar nach. Zunächst versuchte Schutsch, in einer alten Fabrik im Harz eine anthroposophische Schule zu eröffnen, jetzt hat er sich mit seiner Frau und den vier Kindern hierher nach Mecklenburg-Vorpommern zurückgezogen, um etwas Neues auszuprobieren. Vielleicht hat es mit ökologischem Landbau zu tun, damit hat sich ja Rudolf Steiner auch beschäftigt, sagt er. Es gibt wenig, womit sich Steiner nicht beschäftigt hat, aber das trifft ja auch auf Kim Jong Il zu. Irgendwann kraucht Thoralf Wendt mit vollem Kopf ins Bett. Es geht immer weiter.

Am nächsten Morgen steht er im riesigen Garten des Guts und raucht eine Zigarette.

»Eigentlich wollt ick ja erst ma keen neuet Projekt anfangen hier. Aber ick spüre schon wieder, wie ick rinrutsche«, sagt er, schnippt die Kippe weg und mustert eine alte, verwitterte Feldsteinscheune.

Das macht der Onkel allein

*Wie der Boulevardjournalist Josef Depenbrock
einmal die Zukunft der Tageszeitung retten wollte*

Es ist ein stiller Weg zum Geschäftsführerbüro von Josef Depenbrock im 11. Stock des Berliner Verlags. Die Kollegen in den Büros links und rechts des schmalen Ganges sind schon zu Hause, weil sie Feierabend oder den Verlag verlassen haben, so genau kann man das nicht sagen zurzeit. Vor ein paar Tagen haben der Vertriebschef des Verlags und der Chef der Personal- und Rechtsabteilung ihre Schreibtische ausgeräumt.

Der Gang ist nicht so eng und ostig, wie es der Medienredakteur der *Süddeutschen Zeitung* geschrieben hat, es ist einfach nur ein Gang zwischen weißgestrichenen Wänden, an denen Bilder hängen, die Fotografen der *Berliner Zeitung* aufgenommen haben.

Am Ende des Ganges steht der Schreibtisch der Sekretärin Dagmar Rother, die in den letzten 15 Jahren in den Vorzimmern der Chefredakteure Michael Maier, Martin Süskind und Uwe Vorkötter sowie des Herausgebers Erich Böhme saß. Jetzt ist sie zum ersten Mal die Sekretärin eines Chefredakteurs und Geschäftsführers gleichzeitig, denn Josef Depenbrock macht hier seit vorigem Sommer beides. Ein Schreibtisch steht in der 13. Etage bei der Redaktion, einer hier im 11. Stock beim Verlagsmanagement.

Frau Rother läuft zwischen beiden Schreibtischen hin und her. Zwei Chefsekretärinnenschreibtische, eine Chefsekretärin, auch so kann man das Prinzip Depenbrock erklären.

Dagmar Rother bietet einen Kaffee an und einen Platz auf der schwarzen Ledercouch, denn Josef Depenbrock redet im Moment noch mit seinem britischen Verleger David Montgomery, der gerade von einer Zusammenkunft mit dem Redaktionsausschuss der *Berliner Zeitung* zurückgekehrt ist. Der Ausschuss hatte in offenen Briefen Montgomery nahegelegt, die Zeitung zu verkaufen, und Depenbrock aufgefordert, zurückzutreten. Sie glauben, dass Montgomery die Zeitung ausbluten lässt, um seine Aktionäre zu befriedigen – und sie glauben, dass ihm Josef Depenbrock dabei behilflich ist. Sie erkennen kein Konzept, keine Strategie, mit der Montgomery die Zeitung in die Zukunft führen will. Sie erkennen nur seinen Willen zu sparen. 19 Journalisten haben die *Berliner Zeitung* in den letzten Monaten verlassen. Dazu kommen einige Verlagsmanager, die nicht mehr bereit waren, mit Depenbrock zusammenzuarbeiten. Er hat nicht versucht, die Leute zu halten, weder in seiner Funktion als Chefredakteur noch in der als Geschäftsführer.

Die Auflage der *Berliner Zeitung* sinkt, der Aktienkurs der Mecom-Gruppe, die Montgomery führt, ist abgestürzt. Die *Berliner Zeitung* scheint ins Getriebe der internationalen Finanzwelt geraten zu ein, womöglich ist sie ein Symbol für den Niedergang des gedruckten Wortes, die Couch steht am Ende der alten Welt. Man stellt sich vor, dass die beiden Männer dort hinter der Tür sich in einem letzten Gefecht anbrüllen, weinen, ringen, wimmern, aber es ist ganz still, und irgendwann geht die Tür auf, und David Montgomery verlässt, mit einer Tasse Tee in der Hand, entspannt den Raum.

Zurück bleibt Josef Depenbrock. Ein rundlicher, nicht sehr großer Mann in einem hellblauen Hemd und einer gelockerten Krawatte, der ein wenig an Wormtail erinnert, den emsigen, aber unglücklichen Gehilfen von Lord Voldemort in »Harry Potter«. Aber das kann man sich auch einbilden, nach all dem, was man so über Josef Depenbrock gehört hat.

Einer der 19 Redakteure, die die Zeitung verließen, glaubt, eine literarische Figur in ihm zu erkennen. Es gibt Kollegen, die Depenbrock erst belächelten, dann mochten und jetzt fürchten. Und es gibt welche, bei denen ist es genau umgekehrt. Jemand sagt, Depenbrock sei völlig überfordert, wisse es aber nicht. Ein anderer sagt, er sei nicht intelligent, aber schlau. Einer sagt, Depenbrock erinnere ihn an ein Kind, einer sagt, man dürfe ihn nicht unterschätzen.

Literarische Figur? Josef Depenbrock ist erkältet. Seine Augen sind entzündet, seine Nase ist verschwollen. Gelegentlich schüttelt ihn ein Hustenanfall, den er mit Fisherman's-Friend-Lutschbonbons bekämpft.

»Ich hab die becksche Grippe«, sagt Depenbrock. Er führt in sein Geschäftsführerzimmer, das sehr aufgeräumt wirkt. Ganz oben im Bücherregal, dort, wo er sowieso nicht rankommt, stehen ein paar Nachschlagewerke wie festgeklebt, auf dem großen Chefschreibtisch liegen ein Duden, ein englisches Wörterbuch und ein Tischrechner. Der Rechner steht in der Mitte. Depenbrock rechnet Dinge gern persönlich durch, heißt es. Wenn einer der Verlagsmanager ihn von der Notwendigkeit irgendeiner Investition oder Personalie überzeugen will, sucht Depenbrock Rat bei der kleinen Rechenmaschine. Zahlen lügen nicht.

Diese Erkenntnis hat Depenbrock, dessen Vater Malermeister im Westmünsterland war, zu einem wohlhabenden Mann gemacht. Depenbrock hat Anteile an der *Hamburger Morgenpost* gekauft, die Zeitung saniert und gewinnbringend verkauft, er baut am Hamburger Hafen ein Wohnhaus, ist Großaktionär der Cash Medien AG und betreibt nebenbei ein Kreuzfahrtmagazin namens *Azur*.

Ein Feuilletonist, der das Blatt vor kurzem verlassen hat, sagt, dass Depenbrock sein Selbstbewusstsein auch aus dem gelegentlichen Blick auf sein Bankkonto und Aktiendepot zieht. Das mache ihn als Chefredakteur nicht unangenehm, weil er niemandem etwas beweisen müsse. Der Redaktionsausschuss aber hat jetzt gegen die Doppelfunktion als Geschäftsführer und Chefredakteur Klage eingereicht.

Auf der letzten Betriebsversammlung hat Josef Depenbrock gesagt, er könne nachts ruhig schlafen. Man fragt sich, wie er das hinbekommt.

»Ich hab doch gewusst, dass ich hier nicht der Gute-Laune-Bär sein kann. Wenn man Topmanager in so einem Projekt ist, geht das nicht«, sagt Depenbrock. »Natürlich ist es bei der Begleitmusik, die wir kriegen und die ja nun echt durchmischt ist, nicht einfach, Vertrauen aufzubauen.«

Kann man denn jemandem trauen, der sowohl die Interessen einer Redaktion als auch die Interessen eines Verlags vertreten muss?

»Ach wissen Sie, in jeder deutschen Tageszeitung agieren die Chefredakteure doch in Wahrheit auf einer Ebene mit der Geschäftsführung. Ich hab mich ja nicht drum gerissen, Geschäftsführer der *Berliner Zeitung* zu werden. Als Chefredakteur kann man der Belegschaft immer gut von seinem heldenhaften Kampf mit der Geschäftsführung berichten, selbst dann, wenn man mit kleiner Beute nach Hause kommt. Aber ich hab gedacht, bevor sie mit einem Headhunter irgendeinen Manager suchen und mir vor die Nase setzen, mach ich's doch lieber selbst. Ich bin doch im Herzen Journalist. Es ist doch der beste Beruf, den es gibt.«

Depenbrock streckt die Arme nach oben wie bei einer gymnastischen Übung. Er erzählt eine Geschichte aus seiner Zeit als Volontär im Lokalteil der *Westfälischen Nachrichten*. Nachdem sie von der Geschäftseröffnung einer Bäckerei berichtet hatten, kam am nächsten Morgen der Bäckergeselle mit einem Kuchenblech, um sich zu bedanken. Depenbrocks Lokalchef schickte den Gesellen weg, weil er sich nicht bestechen lassen wollte.

»Wenn du so was als junger Mensch erlebst, brauchst du keine Ethikbücher mehr«, sagt Depenbrock.

Er redet dann natürlich auch von der i-Pod-Generation, von Internet-Redaktionsverlinkungen, modernen Newsrooms, Synergien, Agendasetting und davon, dass man das Bundesbüro der Zeitung stärker als Goalgetter-Ressource nutzen muss, aber all das wirkt, als langweile es ihn selbst. Deswegen kehrt er immer wieder zu Anekdoten aus seiner Zeit als Lokalredakteur bei den *Westfälischen Nachrichten* und als Chef der *Hamburger Morgenpost* zurück. Es sind seine Erfolgsgeschichten, und wahrscheinlich findet man in ihnen seine Philosophie, wenn man es denn Philosophie nennen will.

Depenbrock hat in der Lokalredaktion gelernt, dass man täglich sechs Seiten mit vier Redakteuren füllen kann. Er sagt, dass er keine Angst mehr hat, seit er als verantwortlicher Redakteur mal zwei Stunden vor Redaktionsschluss einen halbseitigen weißen Fleck auf der Titelseite hatte. Er war kurz davor, die Pressemitteilung der Bundespost über ihre neuen Sondermarken in den freien Raum zu stellen, als ihm einfiel, dass ein Institut in der Nähe Umzugspläne habe. Ein paar Telefonate, der Platz war gefüllt, am nächsten Tag gab es Lob vom Chefredakteur, sagt er.

Es erinnert ein wenig an Kischs Geschichte vom Mühlenbrand, nur die Schlussfolgerungen sind unterschiedlich. Kisch erkannte als junger Mann, dass es nichts Verblüffenderes gibt als die einfache Wahrheit, Depenbrock, dass man nicht viele Redakteure braucht, um einen weißen Fleck zu füllen.

»Soll ich Ihnen vom Zehnpunkteplan erzählen?«, fragt er.

Bitte.

»Also, in Hamburg kam mal ein Redakteur zu mir, der war ganz aufgeregt, weil er für sich keine Urlaubsvertretung fand. Ich hab ihm eine Stunde gegeben, um die zehn wichtigsten Punkte aufzuschreiben, die ohne ihn überhaupt nicht funktionieren. Nach einer Stunde kam er wieder, ich hab mir das durchgelesen und gesagt: ›Das mach ich alles mit, wenn Sie im Urlaub sind‹«, sagt Depenbrock und lächelt.

Josef Depenbrock ist sein eigener McKinsey-Berater. Er traut niemandem, weil jeder natürlich für sich selbst wirbt, im Journalismus besonders. Er hat keine Lust, sich um die Vögel zu kümmern, die im Nest am lautesten schreien, sagt er. Er sagt, dass er Beratungsinstitute nicht mag, weil die nur durch die Lande ziehen und sich wichtigtun mit ihren Powerpoint-Präsentationen. »Am Ende der Gespräche hatte ich immer das Gefühl, die haben was von mir gelernt. Und dann wollten sie noch dafür bezahlt werden«, sagt er.

Hat er denn niemanden, mit dem er sich berät?

Depenbrock schweigt einen Moment, als suche er, ob es da vielleicht doch jemanden gibt. Aber wenn, dann findet er ihn im Moment nicht.

»Ich glaub, man lernt am meisten, wenn man durch die Räume geht und mal guckt. Wenn man die Leute da fragt, was sie da eigentlich machen. Warum, wieso, weshalb?«, sagt er.

Als Jens Weinreich, der bisherige Sportchef bei der *Berliner Zeitung,* vor ein paar Wochen zu einem Gespräch über Dienstreisen, Themen und fehlendes Personal zu Depenbrock ging, empfing der ihn mit den Worten: »Und? Wollen Sie sich nicht auch langsam mal neu orientieren?« Weinreich verließ seinen Chefposten und wurde Autor.

Er sagt, dass er mit Depenbrock eigentlich weniger Probleme hatte als mit anderen Chefredakteuren, weil er ihm nie in die Arbeit reinredete. Aber der Sport hat im letzten Jahr mit ihm drei Redakteure verloren, die nicht ersetzt wurden. Irgendwann greift man auch über diesen Weg in die Arbeit ein. Die *Berliner Zeitung* ist immer noch die beste Tageszeitung Berlins, aber das kann kippen.

Man hat nicht den Eindruck, dass Depenbrock den Weggang der 19 namhaften Redakteure bedauert, auch, weil er mit der Kategorie »namhaft« nichts anfangen kann. Er findet »fleißig« besser. Er hat 15 junge Redakteure eingestellt, die jahrelang als Pauschalisten arbeiteten, etwas, was seine Vorgänger nie getan hätten, wie selbst die Betriebsrätin des Verlags eingesteht. Die 15 sind sicher billiger als altgediente Redakteure, aber Depenbrock glaubt auch, dass sie hungriger sind.

Als Geschäftsführer hat er einen Essensgeldzuschuss gewährt, aber wenn man ihn nach inhaltlichen Verbesserungen fragt, erzählt er die Geschichte eines Fotografen, der ein Bild mitbrachte, auf dem keine Menschen zu sehen waren. Es müssen doch Menschen zu sehen sein, sagt er. Er redet viel über Bilder, wahrscheinlich fühlt er sich da sicherer.

Er fühlt sich wohl, wenn er über sein Kreuzfahrtmagazin *Azur* reden kann, das er sich mit einem Kumpel beim Bier ausdachte. Solvente Zielgruppe, interessante Werbekunden, sagt er. Zwei Layouter, ein Redakteur, los geht's, sagt er. Wir haben es einfach gemacht, sagt er. Aber eine Tageszeitung funktioniert langsamer, träger, sie ist das Produkt ihrer Geschichte. Das ist ihr Wert, es macht sie verlässlich. Und es gibt keine deutsche Tageszeitung, die in den letzten 20 Jahren eine aufregendere Geschichte hatte als die *Berliner Zeitung*.

Als die Mauer fiel, gehörte die Zeitung der SED, die wenig später zur PDS wurde. Ihr alter Chefredakteur war am 1. November zurückgetreten, der neue, Hans Eggert, stellte sich einem Vertrauensvotum seiner Redakteure. Eggert sagt, dass bereits im Januar 1990 der Verlag Gruner + Jahr in Berlin erschien, weil er sich für die Zeitung interessierte. Sie mochten den Titel und wohl auch die Auflage, die damals bei 420 000 lag, hatten aber keine Erfahrungen mit Tageszeitungen und schon gar keine mit Ostberliner Tageszeitungen.

Als Gruner + Jahr-Chef Gerd Schulte-Hillen auf einer Redaktionsversammlung gefragt wurde, was er an der Zeitung verbessern würde, schlug er vor, öfter mal ein Tierfoto auf der Titelseite zu drucken. Da das nicht reichte, überredete Schulte-Hillen den früheren *Spiegel*-Chefredakteur Erich Böhme, als Herausgeber der Zeitung nach Berlin zu gehen.

Böhme fuhr im verlagseigenen Wartburg durch Berlin, schrieb Leitartikel, in denen er vorschlug, alle Stasi-Akten in die Spree zu werfen, und warb, wo er konnte, für das Blatt.

Ein knappes Jahr nachdem Böhme weg war, musste Hans Eggert gehen, dessen Dialekt, Seidenblousons und Vergangenheit Gruner + Jahr immer fremd geblieben waren. Sie wollten jetzt einen richtigen, vorzeigbaren Chefredakteur haben, der ihnen eine Weltstadtzeitung machte, und sie waren bereit, Geld für diese Zeitung auszugeben.

Sie fanden den Österreicher Michael Maier, der in seinem ersten Auftritt vor der Redaktionsversammlung von Liebe und Charme redete. Maier verpflichtete Spitzenkräfte des deutschen Feuilletons und ließ einen bekannten amerikanischen Designer nach Berlin einfliegen, um die Stadt zu schnuppern. Es war ein wunderbares Experiment, so funkelnd, dass Gruner + Jahr Maier bald zum *Stern*-Chefredakteur machte, wo er wenig später scheiterte.

Martin Süskind wurde Chefredakteur, ein politischer Journalist der Bonner Jahre, mit gutem Draht zu Johannes Rau. Er passte nicht mehr richtig in die Zeit und wusste anfangs wohl auch nicht, dass er eingestellt worden war, um zu sparen. Süskind machte noch eine Liste mit 20 Mitarbeitern, die entlassen werden sollten, dann wurde er durch Uwe Vorkötter ersetzt, der bis dahin die *Stuttgarter Zeitung* geleitet hatte.

Vorkötter ist ein Mann der Zahlen, er wusste, was von ihm

erwartet wurde, er machte die Zeitung rentabel. Dennoch entschloss sich Gruner + Jahr, die Zeitung an den Holtzbrinck-Konzern zu verkaufen, weil sie nicht in die Welteroberungspläne von Bertelsmann-Chef Middelhoff zu passen schien. Weil aber Holtzbrinck bereits den Berliner *Tagesspiegel* besaß, schaltete sich das Kartellamt ein.

Drei Jahre lang steuerte Vorkötter eine Zeitung, von der niemand genau wusste, wem sie eigentlich gehörte. Sie landete dann erst mehrheitlich bei einer amerikanischen Investorengruppe und schließlich ganz in den Händen des britischen Verlegers David Montgomery, der dann mit seiner Mecom-Gruppe Zeitungen in den Niederlanden, Norwegen, Dänemark und Osteuropa aufkaufte.

All diese Jahre formten die *Berliner Zeitung*. Sie ist eine Zeitung, deren Selbstbewusstsein und Selbstverständnis sich aus den Verwerfungen der Wende, der Aufbruchstimmung und den Zweifeln der Eggert- und Böhme-Jahre, dem ästhetischen, verschwenderischen und angriffslustigen Ansatz der Maier-Zeit, dem politischen, sozialdemokratischen Geist der Süskind-Phase und dem pragmatischen, vernünftigen Kurs der Vorkötter-Ära mischt.

Die *Berliner Zeitung* ist wahrscheinlich das einzige ernstzunehmende gesamtdeutsche Tageszeitungsprojekt, und ihre Redakteure sind zu Recht stolz darauf. Man kann nur vermuten, was sie empfanden, als im Mai 2006 Josef Depenbrock in der Tür stand und sagte: Ich bin der Neue.

Kurz vor 21 Uhr schiebt Frau Rother einen großen Einkaufswagen in den Raum. Er ist gefüllt mit Mappen, die dem Chefredakteur Depenbrock zur Unterschrift vorgelegt werden – oder dem Geschäftsführer Depenbrock, je nachdem. Ein Beamtenwagen.

Ein ehemaliger Redakteur erinnert sich, dass Depenbrock nach dem Weggang eines Verlagsmanagers mal gesagt hat: »Wieder 'ne Unterschriftenmappe mehr.« Der Wagen ist schon sehr voll. Die Chefsekretärin verabschiedet sich nach Hause. Auch Depenbrock macht gleich Feierabend.

Was macht er heute noch?

»Ins Bett gehen«, sagt Depenbrock.
»Und die Mappen?«
Er winkt ab.
»Frau Rother sagt mir ja manchmal: ›Das eilt!‹«, sagt er und lächelt. »Was eilt, entscheidet der Onkel.«

Für einen Moment hat man die Vision, dass Depenbrock irgendwann ganz allein hier sitzt. Der letzte Mann der Zeitung. Einer, der alles macht, weil es so am günstigsten ist. Vielleicht ist das die Zukunft der Tageszeitung. Der Onkel.

Am nächsten Morgen frühstückt Depenbrock mit seinem Verleger Montgomery im Hotel de Rome, wo Montgomery absteigt, wenn er in Berlin ist. Sie sitzen auf einer halbrunden Lederbank, zwischen ihnen die *Berliner Zeitung* vom Tage. Es ist acht Uhr, aber Montgomery wirkt so munter, als sei er schon seit Stunden auf den Beinen, bereit, die Welt zu erobern. Er sieht aus wie ein Geschäftsmann, nur seine silbrigen Haare sind eine Spur zu lang im Nacken, aber vielleicht ist selbst das Kalkül. Es könnte illustrieren, dass immer noch etwas in ihm steckt, das gegen den Manager rebelliert; der Journalist Montgomery.

Er sei im Herzen ein Journalist geblieben, sagt er immer wieder, er liebe Zeitungen, sonst wäre er nicht hier, er flicht es in seine Sätze, die von der Zukunft handeln, vom Handel mit Informationen, Gefühlen und Erfahrungen.

Eigentlich kann man das Diktiergerät nach dem Frühstück in die Spree werfen und abschreiben, was Montgomery in anderen Interviews in aller Welt erzählte, was er auf Redaktionsversammlungen sagte, das, was er wahrscheinlich auch seinen Investoren sagt. Es ist die Geschichte vom Journalisten, der nicht mehr auf Zeitungen und Fernsehsender angewiesen ist, sondern frei mit seinen Informationen handelt. Eine neue Journalistenfigur, die ihre Informationen in verschiedene Kanäle gießt, um sie noch wertvoller zu machen.

Es geht um das »Inhaltegeschäft«, sagt David Montgomery. Er redet von Freiheit, von Freude und von Enthusiasmus. Er erklärt nicht, er analysiert nicht, er beantwortet keine Fragen, er benutzt für einen Konzernchef auch erstaunlich wenig Zahlen. David Montgomery predigt. Er versucht, die Zweifel der Ungläubigen zu zerstreuen.

»Die Kollegen der *Berliner Zeitung* denken, wir wollen die Qualität der traditionellen Tageszeitungen mindern. Aber das ist nicht der Fall. Wir wollen diese reichen Inhalte auf vielfältigere Weise ausnutzen. Wir sitzen alle in einem Boot«, sagt er über seine Sitzung mit dem Redaktionsausschuss.

Konnte er sie denn beruhigen?

»Nein«, sagt Montgomery. »Aber das ist auch nicht meine Aufgabe. Das Deutschlandgeschäft leitet Josef.«

Depenbrock nickt, Montgomery redet weiter, irgendwann erscheint eine Kellnerin mit einem Teller und fragt: »Mister Montgomerys Omelett?« Montgomerys Omelett. Nicht schlecht. Montgomery kennt den Besitzer des Hotels, ihre Kinder gehen zusammen zur Schule.

Man hat den Eindruck, dass Depenbrock in seiner Grippe versackt. Montgomerys Gesicht ist hager, Depenbrock sieht verschwollen aus, Montgomerys Anzug wirkt wie maßgeschneidert, Depenbrocks so, als hätte er ihn sich in letzter Sekunde von einem Nachbarn geborgt. Sie sitzen auf der Rundbank wie Laurel & Hardy.

Wie sind sie eigentlich zusammengekommen?

»Soll ich das sagen, Josef?«, fragt Montgomery.

»Klar«, sagt Depenbrock.

»Er hat meine Schwester geheiratet«, sagt Montgomery.

Es war ein Witz, natürlich. Schade eigentlich, denn es wäre eine gute, schlüssige Erklärung gewesen. Die Wahrheit ist, dass Gerd Schulte-Hillen Depenbrock ins Gespräch brachte, der Mann, der schon Erich Böhme zur Zeitung geholt hatte. Schulte-Hillen war stark davon beeindruckt, wie geschickt Josef Depenbrock die *Hamburger Morgenpost* saniert hatte, an der er verzweifelt war.

Schulte-Hillen glaubte, dass Depenbrock der richtige Mann für die neuen schwierigen Zeiten war, weil er unkonventionell und unabhängig vorgeht. Weil er nicht daran glaubt, dass etwas richtig ist, weil es immer so gemacht wurde, sagt Schulte-Hillen. Deswegen schlug er ihn als Geschäftsführer vor. Er ahnte, dass die *Berliner Zeitung* Schwierigkeiten mit einem Boulevardmann haben würde, und hätte gern Vorkötter als Chefredakteur behalten oder einen seiner Stellvertreter befördert.

Montgomery war das alles zu kompliziert. Er mag einfache, rigorose Lösungen. Es gab ja damals einen Geschäftsführer, mit dem er den Deal abgewickelt hatte. Sie brauchten einen Chefredakteur. Und weil Depenbrock nun schon mal im Gespräch war, nahm Montgomery eben den als Chefredakteur. Rückblickend wirkt es wie ein Zufall.

»In Deutschland werden die besten Zeitungen Europas verlegt, inklusive dieser hier«, sagt David Montgomery und tippt auf die frische *Berliner Zeitung,* die zwischen ihm und Depenbrock auf der Bank liegt. Die *Berliner Zeitung* von gestern beispielsweise sei viel besser als der *Guardian,* der *Daily Telegraph* und die *Times* gewesen, die er in London auf dem Flughafen gelesen habe.

Aber er kann doch die Zeitung gar nicht lesen.

»Ich kann schon erkennen, welche Themen behandelt werden und wie sie gewichtet sind«, sagt er. Er hat eine Dreiviertelstunde über das Geschäft mit Inhalten geredet, die er gar nicht kennt. Er besitzt weit über hundert verschiedene Zeitungen, die meisten an Orten, deren Sprache er nicht spricht. Heute Nachmittag ist er in Holland, wo er vielleicht erzählt, dass das *Dagblad de Limburger* besser ist als der *Guardian.*

Neben diesem Mann wirkt der angeschlagene Depenbrock mit seiner Doppelfunktion als Chefredakteur und Geschäftsführer und dem Kreuzfahrtmagazin an der Seite wie ein Fels in der Brandung.

Neun Tage später stellt Montgomery in London den Analysten und Investoren die Mecom-Bilanzen des Geschäftsjahres 2007 vor. Die *Berliner Zeitung* löst sich in den Zahlen der deutschen Mecom-Gruppe auf, die wiederum in das Bilanzenmeer des gesamten Konzerns fließen.

Die Kollegen der *Berliner Zeitung* haben große Hoffnungen mit diesem wichtigen Termin verbunden. »Wir wollen ja den Kapitalismus nicht abschaffen, wir wollen nur weiter eine gute Zeitung machen«, sagt Regine Zylka aus dem Redaktionsausschuss. Sie dachten, dass ihre Proteste irgendwie zu den Analysten vordringen könnten, aber als David Montgomery am Abend von den zwölfstündigen Gesprächen zurückkehrt, sagt er, dass es keine einzige Frage zur *Berliner Zeitung* gab.

»Sie wussten von den Problemen in Berlin gar nichts«, sagt er. »Es ging mehr um Holland.«

Entsprechend gelassen ist Josef Depenbrock weiter östlich, in Berlin. Er sitzt diesmal in seinem Chefredakteurszimmer in der 13. Etage. Es gibt keine Bücher, kein Bild an der Wand, aber durch eine große Glasscheibe sieht man Frau Rother im Vorzimmer.

Josef Depenbrock hat drei Bildschirme vor sich, auf einem schaut er nach, ob die Zahlen aus London schon da sind. Auf dem Bildschirm daneben wird er gleich beginnen, einen Leitartikel zum fünfjährigen Jubiläum der Agenda 2010 zu schreiben. In der Redaktionskonferenz heute Vormittag fand sich kein Autor.

So muss es der Onkel wieder allein machen.

Die deutsche Maschine

*Wie Wissenschaftler, Archivare und Politiker
darum ringen, welches Bild man
im nächsten Leben vom vorigen hat*

Ein- bis zweimal im Jahr fährt ein kleiner Lieferwagen in Magdeburg-Sudenburg vor, wo man einen DDR-»Polizeiruf« der achtziger Jahre drehen könnte, ohne einen Stein zu verrücken, lädt drei bis vier atmungsaktive Papiersäcke auf und fährt sie quer durch die Republik nach Zirndorf bei Nürnberg, wo man eine »Derrick«-Episode der achtziger Jahre drehen könnte, ohne einen Stein zu verrücken. In den Säcken befinden sich Akten, die Mitarbeiter der Staatssicherheit 1989 in ihren letzten Dienststunden mit bloßen Händen zerrissen, vier- bis zwölfmal pro DIN-A4-Seite, weil ihre Schreddermaschinen heißgelaufen waren.

Es ist eine Reise, zu der eigentlich nur deutsche Säcke aufbrechen. Sie hat lange vor Magdeburg begonnen und wird – wie es aussieht – auch nicht in Zirndorf enden, wo Georg Schleyer und seine Kollegen die Säcke öffnen.

Schleyer gehört zu den 50 Mitarbeitern des Bundesamts für Migration und Flüchtlinge, aus denen die Projektgruppe Zirndorf 1995 geformt wurde. Die Boten, Kraftfahrer, Sekretärinnen und Sachbearbeiter wurden frei, nachdem das deutsche Asylrecht verändert wurde. Sie kümmern sich seitdem nicht mehr um Asylbewerber, sondern puzzeln im Auftrag der Birthler-Behörde in 41-Stunden-Wochen mit Gleitarbeitszeit Stasi-Schnipsel zusammen. Im Schnitt braucht ein Sachbearbeiter ein Jahr für einen Sack. 434 Säcke haben sie so in den letzten 13 Jahren geleert, zu knapp 900 000 Aktenseiten zusammengefügt und nach Berlin geschickt. Irgendjemand hat ausgerechnet, dass die Schnipsel aus den insgesamt 16 000 Säcken, die in Magdeburg warten, zu etwa 45 Millionen Seiten zusammengesetzt werden könnten, was eine sechs Kilometer lange Aktenschlange ergäbe, die man dem bereits 173 Kilometer langen Stasi-Archiv hinzufügen könnte.

Der Ausstoß der Zirndorfer Projektgruppe ließ zuletzt nach, weil Mitarbeiter, die in Ruhestand gingen, nicht ersetzt wurden. Momentan arbeiten hier noch neun Leute, und heute Morgen sind nur Ernst Schrödinger und Georg Schleyer da. Alle anderen sind krank oder im Urlaub. Schrödinger und Schleyer beenden gerade die Arbeit an einem Sack aus der ehemaligen Bezirksverwaltung Frankfurt (Oder), der zur Hälfte mit der Akte eines IM »Maik« gefüllt war.

»Schlimmer Finger«, sagt Schrödinger.

Jetzt machen sie eine Pause, weil gerade Andreas Petter aus Berlin eingetroffen ist, der die Projektgruppe »Manuelle Rekonstruktion« von der Zentrale der Stasi-Unterlagen-Behörde aus leitet.

Petter ist 35 Jahre alt, trägt eine randlose Brille, gutgewachsene Koteletten, seine Hände sind ein bisschen zerkratzt, weil seine Katze heute Nacht verrückt gespielt hat, in Berlin-Schöneberg, wo er wohnt. Er stammt aus Torgau, hat in Halle an der Saale Geschichte studiert, in London gelebt, als Referendar im Bundesarchiv gearbeitet, bevor er als Projektleiter Manuelle Rekonstruktion bei der Stasi-Unterlagen-Behörde anfing. Er hat sich aus dem Osten heraus in die Welt bewegt und ist nun wieder zurück. Dabei ist er zu der Überzeugung gelangt, dass die Quelle in den letzten Jahren unterbewertet wurde. Es gab zu viele Auseinandersetzungen mit Meinungen über Geschichte und zu wenige mit den Quellen, sagt Petter. Er soll Zirndorf näher an Berlin binden. Er erwähnt Foucault, Geschichtsschreibung als Maßnahme zur Festigung der Macht. Schrödinger und Schleyer starren durch ihn durch.

»Wir haben eine Parallelbewegung im Überlieferungsbereich«, sagt Petter.

»Kaffee?«, fragt Schleyer.

»Gern«, sagt Petter.

Georg Schleyer stellt einen Teller mit Keksen auf den Tisch und läuft dann langsam mit der Thermoskanne herum und schenkt ein. Wie Ernst Schrödinger stammt er aus Franken, er ist von Anfang an bei der Projektgruppe, seit 1995. Er trägt ein blaues Jackett, das sehr eng wirkt, und eine Krawatte, die ihm der Landrat geschenkt hat, weil er sich ehrenamtlich um den Sportverein seines Dorfs kümmert. Schleyer hat rotrasierte Wangen und sieht aus wie ein Busfahrer. Schrödinger ist kleiner und drahtiger, er war früher mal Amateurboxer, Fliegengewicht, bevor er zur Bundeswehr ging und von da in die Poststelle des Bundesamts für die Anerkennung von Flüchtlingen. Er puzzelt jetzt seit acht Jahren Akten zusammen.

»Das Spezielle an den Stasi-Akten ist ja, dass lebendige Erinnerung mit schriftlicher Erinnerung konkurriert«, sagt Petter.

Das mag für ihn stimmen, aber bei den Sachbearbeitern in Zirndorf gibt es wenig lebendige Erinnerung. Schrödinger ist 1975 einmal zu den deutschen Boxmeisterschaften über die Transitautobahn nach Westberlin gefahren, Schleyer hat am ungarischen Balaton einst einen Ostdeutschen kennengelernt, und ihr Kollege Heinz Lay, der gerade im Urlaub ist, hat bis heute nicht die Grenze überquert. Alles, was sie über das Land dort wissen, wissen sie aus den Akten. Die haben sich alle gegenseitig bewacht, sagt Schleyer. Man konnte niemandem trauen, nicht mal den Leuten in der eigenen Familie, erklärt Schrödinger, der gerade in IM »Maiks« Akte gelesen hat, dass auch dessen Lebensgefährtin bei der Stasi war.

»Die Leute waren doch völlig gestört«, sagt Georg Schleyer und erzählt die Geschichte seiner Balaton-Bekanntschaft, die irgendwann in seinem Dorf auftauchte. Schleyer war dabei, ihm einen Job zu besorgen, sogar der Pfarrer begrüßte den ostdeutschen Ankömmling in der Predigt, aber dann verschwand der Mann einfach, tauchte kurz in einer Dortmunder Laubenkolonie auf, redete wirres Zeug und ging schließlich wieder zurück in den Osten. Schleyer hat ihn da mal besucht, die Vorhänge waren zugezogen, alles ganz dunkel, er wird die Leute dort nie verstehen.

»Über so was haben wir uns ja noch nie unterhalten«, ruft Petter. »Das machen wir jetzt mal. Ich habe ja lange in Archiven der Nazi-Zeit gearbeitet. Das nimmt einen doch ganz schön mit, was man da liest.«

»Ach was, da muss man selbst mit fertig werden. Wir sind doch gestandene Mannsbilder. Ich war 16 Jahre freiwillig beim Roten Kreuz. Da sieht man ganz andere Sachen«, sagt Schleyer.

Haben sie eigentlich irgendeine Art von Qualifikation für die Aktenrekonstruktion?

»Wie soll man sich denn dafür qualifizieren? Die Arbeit gibt's doch sonst gar nicht. Die ist doch einmalig«, sagt Schleyer.

»Gesunder Menschenverstand«, sagt Schrödinger.

»Es ist natürlich 'ne Erfahrungssache. Wenn ich zu viel auf einmal aus dem Sack hole, wird's unübersichtlich«, sagt Schleyer. Er beschreibt, wie sie die Aktenschnipsel schichtweise aus den Säcken heben, so wie sie die Stasi-Leute damals in die Säcke geworfen haben, bloß andersrum. Über seinem Schreibtisch hängt sein Motto: »Wenn die Arbeit richtig gut von der Hand geht, wenn es nur so flutscht, dann macht es richtig Spaß«. Das hat er sich selbst ausgedacht. Ein Kalenderspruch von Georg Schleyer.

Die Puzzler aus dem Frankenland sind, wenn man so will, die Vorgängermodelle der Stasi-Schnipsel-Maschine, die das Fraunhofer-Institut für Produktionsanlagen und Konstruktionstechnik in Berlin gerade entwickelt. Die Zirndorfer haben eine ganze Menge brisanter Fälle aufgedeckt in den vergangenen Jahren. Sie haben Akten von Sascha Anderson gefunden, von Heinrich Fink, von der Terroristin Silke Maier-Witt, die eines Berliner Sportarztes und die eines thüringischen Bischofs. Natürlich haben sie auch jede Menge Speisepläne aus Stasi-Kantinen zusammengepuzzelt und irgendwelche langweiligen Parteitagsdirektiven. Sie arbeiten zuverlässig, aber langsam, eine Art Stasi-Schnipsel-Dampfmaschine.

»Wir haben mal ausgerechnet, dass es 500 Jahre dauern würde, wenn wir in diesem Tempo weitermachen würden«, sagt Günter Bormann, Referatsleiter der Stasi-Unterlagen-Behörde. »Und wenn man den Urlaub noch mit reinrechnet, kommt man schnell auf 700 Jahre. Das ist natürlich absurd. Deswegen haben wir beschlossen, die automatische Rekonstruktion in Auftrag zu geben. Es war eine politische Entscheidung.«

Im Jahr 2000 schrieb die Behörde den Wettbewerb für eine Machbarkeitsstudie »der virtuellen Rekonstruktion vorvernichteter Stasi-Akten« aus. Es meldeten sich ein paar große Unternehmen. Eines von ihnen schlug vor, die 16 000 Säcke nach Vietnam zu fliegen und von Vietnamesen zusammenpuzzeln zu lassen, die billiger und fingerfertiger seien als die Deutschen. Die Experten des Unternehmens hatten ausgerechnet, dass es sechs bis sieben Jahre dauern würde, wenn man tausend Vietnamesen an die Sache setzte.

»Das ging rein rechtlich nicht«, sagt Joachim Häußler, der von der Birthler-Behörde als Projektleiter für die automatische Rekonstruktion eingesetzt wurde. »Die Akten dürfen den Boden des Grundgesetzes nicht verlassen. Wir können da nicht jeden hergelaufenen Hustensaftschmuggler ransetzen.«

So bekam das Fraunhofer-Institut in Berlin den Zuschlag und damit Dr. Bertram Nickolay, der dort die Abteilung Sicherheitstechnik leitet. Nickolay entwickelt seit Jahren Verfahren zur Fingerabdruckidentifikation, Unterschriftenanalyse und Gesichtserkennung, er arbeitet mit Zollbeamten und Kriminalisten in ganz Deutschland zusammen und wurde schnell zum Herzen des Projekts.

Nickolay stellte ein Team von Spitzenleuten zusammen und entwickelte ein Verfahren, das die zerrissenen Schnipsel digital erfasst und nach Merkmalen wie Farbe, Linierung, Schriftbild oder Textur sortiert. Die Kennzeichen bleiben so lange im Rechnersystem, bis die früheren Nachbarn der Schnipsel gefunden sind, und werden dann zu einer Seite zusammengefügt. Dazu braucht man Hochleistungsrechner und -scanner sowie ein Gerät, das die Schnipsel glättet, bevor sie gelesen werden.

Für Nickolay stand fest, dass es das wert ist. Er ist ein kleiner runder Mann mit wenigen, aber langen silbrigen Haaren, die er kunstvoll um seinen Kopf wickelt. Er stottert leicht, auf eine seltsame, singende Weise, vor allem wenn sich seine Rede in Genitivketten von Gesetzesordnungen verstrickt. Manchmal verstreichen drei, vier Sekunden bis er das B von Bundesamt oder das D von Durchführungsbestimmung herausbringt, und man könnte denken, dass ihm eine Maschine, die verlorene, zerstückelte Wörter und Sätze zusammenfügt, deshalb besonders am Herzen liegt. Aber das stimmt nicht.

Bertram Nickolay ist überzeugt davon, dass jedem großen technischen Fortschritt eine gesellschaftliche Idee zugrunde liegt. Für Joachim Häußler, den Projektleiter der Birthler-Behörde, ist die Maschine ein surrendes, kaltes Gewirr von Algorithmen. Für Bertram Nickolay ist sie ein Automat gegen das Vergessen.

Häußler ist ein Beamter, Nickolay ist ein Erfinder. Häußler sammelt Modelleisenbahnen, er hat 40 Triebwagen und 150 Personen- beziehungsweise Güterwaggons, seine Spur ist H0. Bertram Nickolay sammelt jiddische Lieder und andere Dinge, die in die Geschichte fallen und darin unterzugehen drohen. Er hat in jahrelanger Arbeit eine CD mit Liedern aus dem Warschauer Ghetto herausgebracht, er unterstützt die »Verschwiegene Bibliothek« der Büchergilde Gutenberg, in der verbotene Werke der DDR-Literatur herausgegeben werden, er trifft sich regelmäßig mit einem chilenischen Poeten, der unter Pinochet das Land verlassen musste, und war ein guter Freund des ostdeutschen Bürgerrechtlers und Dichters Jürgen Fuchs. Fuchs saß für seine Überzeugungen im Stasi-Gefängnis, er starb 1999 an Krebs, und bis heute ist nicht ausgeschlossen, dass er von der Staatssicherheit verstrahlt wurde.

Es war eine politische Entscheidung, auch für Bertram Nickolay. Allerdings stehen die Dinge in der Politik längst nicht so fest wie in der Naturwissenschaft.

In der Machbarkeitsstudie hatte Nickolay ausgerechnet, dass seine Maschine die Schnipsel in den 16 000 Säcken in drei bis vier Jahren zusammensetzen könnte. Die virtuelle Rekonstruktion würde etwa 35 Millionen Euro kosten. In Politikerkreisen wuchs diese Zahl auf 50 Millionen, manche reden heute noch von 70 Millionen. Das sind die Gegner des Projekts, sagt Nickolay, die falsche Zahlen streuen, um die Maschine zu diskreditieren. Immer öfter hörte er, dass die Entscheidung für seine Maschine eine politische Entscheidung sei, manche sprachen auch von einer hochpolitischen Entscheidung. Politische Entscheidungen fraßen offenbar viel Zeit und hochpolitische noch viel mehr. Er versuchte zu erkennen, wo die Linien dieser Auseinandersetzung verliefen, aber das war alles ziemlich verwirrend. Allein in der CDU gab es erbitterte Feinde und ergebene Freunde des Projekts.

Für Klaus-Peter Willsch, der für den Rheingau-Taunus-Kreis im Bundestag sitzt, ist der Einsatz für die Stasi-Schnipsel-Maschine eine Fortführung seiner Aktionen mit der Jungen Union. Er war schon in den frühen Achtzigern zu den Jahrestagen des 17. Juni in Ostberlin und hat dagegen protestiert, dass die Bundesbahn die DDR-Fahrkarten am Auslandsschalter verkaufte. Arnold Vaatz aus Dresden dagegen glaubt, dass die Maschine der Birthler-Behörde nur dazu dienen soll, ihre Existenz zu rechtfertigen. »Das einzige Interessante wäre doch mal die Verstrickung der westdeutschen Gesellschaft zu untersuchen«, sagt Vaatz. »Das westdeutsche Establishment, das untersucht die Birthler-Behörde nicht, die will doch bloß am Leben bleiben wie jede andere bürokratische Behörde auch.«

Die Bundestagsabgeordnete Beatrix Philipp aus Düsseldorf wiederum glaubt, dass die Maschine gegen die Verklärung der DDR-Diktatur wirken kann. »Ich krieg das Nervenzucken, wenn ich lese, wie wenig die jungen Leute heute noch über die Mauerzeit wissen«, sagt sie. Sie hat fast im Alleingang durchgesetzt, dass Nickolay die sechs Millionen Euro bekommt, die er für die Pilotphase benötigte. Sie hat sich auch das Wort Stasi-Schnipsel-Maschine ausgedacht, weil ihr »virtuelle Rekonstruktion vorvernichteter Stasi-Akten« viel zu kompliziert klang. Sie hat in Bundestagsdebatten über die Maschine geredet und in Briefen und Telefonaten dafür gesorgt, dass die sechs Millionen in dem Haushaltsentwurf blieben, aus dem sie immer wieder herausgefallen waren.

Während die Politiker aus Innen-, Haushalts-, und Kulturausschüssen sich die Bälle zuspielten, fiel Nickolays Team auseinander. Einige Wissenschaftler verließen das Institut und die Stadt, weil sie nicht darauf warten wollten, ob das Projekt nun in irgendwelchen Haushaltsnachträgen auftauchte oder nicht. Nickolay begann zu denken wie ein Politiker. Einfacher.

Zum Auftakt des Pilotprojekts hängte er zwei Flatscreen-Monitore an eine Wand und stellte einen Scanner davor, durch den er ein paar Schnipsel schickte, die dann auf den Bildschirmen zusammengesetzt wurden. Es waren immer dieselben Schnipsel, immer dieselben Bilder. Die automatische Rekonstruktion der Stasi-Akten als »Sendung mit der Maus«. Die Maschine entschlüsselte nichts, sie lieferte Schnittbilder für japanische, französische und englische Fernsehberichte aus der seltsamen Welt der Deutschen, die eifrig im Aktenanlegen und eifrig im Aktenzerreißen waren, aber auch ganz vorn dabei, wenn es darum ging, die zerrissenen Akten wieder zusammenzusetzen.

Einige der Fernsehteams besuchten anschließend auch das Sacklager in Magdeburg. »Viele wundern sich natürlich über den Aufwand, den wir hier betreiben«, sagt Jörg Stoye, der die Außenstelle der Behörde in Magdeburg leitet. »Und neulich war ein russisches Team hier, die fragten mich, warum die Stasi die Schnipsel nach dem Zerreißen nicht einfach auf einen großen Haufen geschüttet und durcheinandergerührt hat, statt sie ordentlich in Säcke zu verpacken.«

Und was hat er ihnen gesagt?

»Dass das wohl unserer Mentalität widerspricht«, sagt Stoye.

Nickolay sagt, dass das internationale Medienecho auf die Stasi-Schnipsel-Maschine sehr viel größer war als das auf das MP3-Musikformat, das ja auch in einem Fraunhofer-Institut entwickelt worden war. Die Maschine ist der größte PR-Erfolg der Institutsgeschichte, und so ist man ziemlich verwundert, wenn man sie schließlich sieht.

Bertram Nickolay zieht eine Tür auf, und da steht eine Frau an einem Bügelbrett, die ein paar Aktenschnipsel plättet, damit der Scanner sie auch richtig lesen kann. Der Scanner sieht aus, als könne man ihn bei Media Markt für 200 Euro kaufen. Es sind noch zwei andere Frauen im Zimmer, die Aktenschnipsel vorsortieren. Sie tragen Kittel. Es gibt einen Raum, in dem die Säcke aus der Birthler-Behörde angeliefert und die zusammengesetzten Aktenpakete gelagert werden, und eine klimatisierte Kammer, in der zwei dicke schwarze, surrende Blöcke stehen. Das sind die Hochleistungsrechner, die die Koordinaten der Schnipsel vergleichen sollen. Die Frauen hinterm Bügelbrett schauen kurz auf, Dr. Nickolay nickt. Es ist, als stecke der Chef einer kleinen, chinesischen Wäscherei kurz den Kopf rein.

Nickolay schließt die Tür schnell. Die Funktionsweise der hochkomplizierten Maschine ist für Laien ohnehin schwer zu verstehen. Man sieht die Algorithmen nicht. Bis jetzt gibt es noch keine spektakulären Funde, und die Frau mit dem Bügeleisen zerstört die Bilder im Kopf, die er braucht. Bertram Nickolay hatte die Idee einer Maschine, die mit den Sünden der Vergangenheit gefüttert wird und am Ende irgendetwas Erlösendes ausspuckt. Eine gute deutsche Maschine. Aber manchmal wirkt sie wie eine verzweifelte deutsche Maschine, in der Ingenieurskunst, Bürokratie und der Wille zur Selbstkasteiung durcheinanderrumpeln, bis alles auseinanderfliegt.

Das Projekt zieht die seltsamsten Gestalten an, sagt Nickolay. Manche seien am Rande des Nervenzusammenbruchs, besessen und beseelt, manche so rechts, dass er ihnen schnell erzählte, dass er sich für jüdische Kultur einsetzt, um sie wieder loszuwerden. Es gibt die kühlen Rechner aus den Haushaltsausschüssen, die Archivare mit ihren vernünftigen, langweiligen Argumenten und die selbsternannten Stasi-Jäger, sagt er. Es gibt Leute, die wollen Rache, Leute, die wollen Ruhe, und Leute, die wollen Gerechtigkeit.

Vor ein paar Wochen trafen sich einige der Archivare, Politiker, Wissenschaftler und Beamten, mit deren Energie die Maschine betrieben wird, im Fraunhofer-Institut, um über den Stand der Arbeit zu beraten. Sie haben alle ihre Obsessionen, Ängste und Hoffnungen, aber darüber redeten sie nicht. Es ging vor allem um die Sackauswahl.

Im zweiten Jahr der Pilotphase soll die Maschine richtig arbeiten, sie soll Schnipsel aus 400 Säcken zusammensetzen. Etwa so viel, wie die Zirndorfer in 13 Jahren geschafft haben. Nickolay will brisantes Sackmaterial, solches aus der Hauptverwaltung Aufklärung zum Beispiel, um am Ende der Pilotphase Ergebnisse vorzeigen zu können, mit denen er die Politiker überzeugen kann, Geld für die Hauptphase lockerzumachen.

Beim Treffen forderte die Abgeordnete Beatrix Philipp Marianne Birthler auf, »dem Nickolay jetzt wirklich die richtigen Säcke zu schicken«. Angelika Menne-Haritz wiederum, die Vizepräsidentin des Bundesarchivs, erklärte, dass man nur durch

»größtmögliche Spreizung bei der Sackauswahl« ein repräsentatives Bild von dem bekommt, was in den 16 000 Säcken ist. Diese Vorgehensweise »ist aus wissenschaftlicher, archivtechnischer, wirtschaftlicher und personalwirtschaftlicher Sicht Schwachsinn«, hält Nickolay in einer zweiseitigen Stellungnahme zur Sackauswahl fest.

Er ahnt, dass er mit seiner Maschine in einen Streit zwischen der Behörde und dem Bundesarchiv gerät, das die Stasi-Akten gern in seinen Regalen sähe. Bei ihnen, so argumentieren die Archivare, könne man sie besser mit dem anderen Schriftgut vergleichen, das die DDR hinterließ. Die Birthler-Behörde solle erst einmal die vollständigen Akten erschließen, statt sich um zerrissene zu kümmern, sagen sie. Den Archivaren ist der Ansatz der Behörde zu reißerisch, für die Behörde riechen die Archive nach Tod. Den einen geht es um Opfer und Täter, den Archiven um die Geschichte. Die schriftliche Erinnerung kämpft mit der lebendigen. Der Streit kochte so hoch, dass sich sogar Angela Merkel einschaltete; ein Ende der Behörde sei ein falsches Signal, sagte sie.

Wenn es nach Dr. Nickolay ginge, würde er die 173 Kilometer Stasi-Akten aus der Behörde gleich mitdigitalisieren. Er frage sich sowieso manchmal, was die vielen Menschen in der Behörde den ganzen Tag lang machten, sagt er.

Ein paar Tage später, an einem sonnigen Sommermorgen, möchte Bertram Nickolay seine Idee nach Europa tragen. Vom historischen Flughafen Berlin-Tempelhof aus, das gefällt ihm. Er wartet auf die Morgenmaschine nach Brüssel, wo sich heute Berlin und Brandenburg vor Europaabgeordneten als die Bundesländer präsentieren, die sich auf Sicherheitstechnik spezialisiert haben. Nickolay hat den Filettermin bekommen, wie er das nennt. Er ist mit seinem Vortrag um zwölf Uhr dran, direkt vor dem Mittagessen, wenn noch alle Europaparlamentarier anwesend und halbwegs aufmerksam sind. Nickolay wird ihnen vom universellen Kern seiner Maschine berichten. Sie könnte den Chilenen und Argentiniern helfen, die Akten ihrer Diktaturen zu ordnen, sagt er. Die Maschine könnte Steuerfahndern behilflich sein und auch den Behörden, die die Hinterlassenschaften der Staatssicherheitsdienste der anderen Ostblockstaaten verwalten. Neulich war eine Delegation aus Tschechien zu Besuch bei Nickolay, auch die Slowaken, Rumänen und Polen haben Interesse.

Es ist wichtig, die Idee aus Deutschland wegzubekommen, weg von den Beamten und all dem Staub. Am Ende dieses Sommers muss Nickolay seinen Geldgebern aus der Politik beweisen, dass die Versuchskette prinzipiell funktioniert. Es ist der dritte Meilenstein der Pilotphase. Ein Breakpoint, sagt Nickolay. Wenn er den nicht schafft, wird das Projekt abgebrochen. Dann stirbt seine Idee.

Erst einmal stirbt der Flug nach Brüssel. Ein Mitarbeiter von Brussels Airlines erklärt, dass aus einer der Jet-Turbinen Öl tropft. Der nächste Flug geht erst in drei Stunden, damit wäre der Filettermin nicht zu halten. Dr. Nickolay ruft in Belgien an und erfährt, dass die Organisatoren nicht in der Lage sind, seinen Vortrag auf den Nachmittag zu verschieben. Sie versuchen nicht mal, ihn zu überreden, doch noch zu kommen. Die Idee muss in Deutschland bleiben, bei den Akten. Und wenn man ehrlich ist, gehört sie da auch hin. Die Tschechen haben 800 Säcke mit Schnipseln, die Slowaken 300, die Polen 900, wir haben 16 000. Das ist Weltrekord.

Nickolay schleicht mit seinem Rollenkoffer durch die Flughafenhalle. Er redet von den »Kräften in der Behörde«, die ihm die »minderwertigen Säcke« liefern. In manchen fanden sie Holzstücke und vergammelte Nahrungsmittel. Er sei als Techniker natürlich gegen Verschwörungstheorien, aber er habe bei diesem Projekt unerklärliche Dinge erlebt, sagt Nickolay und schaut auf die Abflugtabelle. Für einen Moment scheint es nicht ausgeschlossen, dass auch Brussels Airlines Teil der Verschwörung sein könnte.

Nickolay steht auf dem Flughafen Tempelhof wie ein Symbol des Kampfes lebendiger und schriftlicher Erinnerung. Es zerreißt ihn fast. Er denkt an Jürgen Fuchs, seinen Freund.

Beatrix Philipp denkt an die Freundin ihrer Mutter in Magdeburg, die sie als Kind immer zu Weihnachten besuchte, an die unfreundlichen Grenzbeamten. Klaus-Peter Willsch denkt an die SPD-Politiker, die sich in den siebziger Jahren vom Traum der deutschen Einheit verabschiedeten, Arnold Vaatz denkt an das linke westdeutsche Establishment. Angelika Menne-Haritz vom Bundesarchiv denkt daran, dass Archive auch therapeutische Wirkung für eine Gesellschaft haben, weil sie das Vergessen ermöglichen. Woran Marianne Birthler denkt, wenn sie an die Maschine denkt, war leider nicht herauszufinden. Sie war in zehn Wochen nicht in der Lage, einen einzigen Satz zu der Stasi-Schnipsel-Maschine zu sagen.

»Wir müssen das Projekt bis zum nächsten Jahr am Leben halten«, sagt Bertram Nickolay, »2009 ist Jubiläumsjahr, 20 Jahre Mauerfall, dann wagt niemand, so ein Projekt abzubrechen.« Das ist nicht mehr der Satz eines Technikers, so reden Politiker. Nickolay ist hineingeraten in die Parallelbewegung im Überlieferungsbereich.

Sie lassen in diesen Tagen noch einen Imagefilm über Nickolays Erfindung drehen. Einen Werbespot von einem Filmteam, das sonst für »Terra X« arbeitet. Vielleicht hilft es ja. Ansonsten bleiben immer noch Georg Schleyer und Ernst Schrödinger in Zirndorf.

»Ich kenn das Lager mit den Säcken in Magdeburg und die Maschine da in Berlin. Ich habe keine Angst um meinen Arbeitsplatz«, sagt Schleyer. »Wir machen hier weiter.«

Wenn man ihn sieht und hört, kann man sich vorstellen, dass es ihn noch in 500 Jahren gibt, beziehungsweise in 700, wenn man den Urlaub mit einrechnet. Jegliche lebendige Erinnerung an die DDR wäre tot, selbst Deutschland existierte nicht mehr, und der Mann in der zu engen blauen Jacke würde mehr über das untergegangene Land erzählen als die Akten, die er zusammenpuzzelt.

Quellennachweis

Die ewigen Jagdgründe
entstanden für dieses Buch im Januar 2010

Das Leben neben dem anderen
Erstveröffentlichung im Spiegel vom 5.3.2007;
nominiert als einer von drei Texten für den
Henri-Nannen-Preis 2008 in der Kategorie Reportage

Die lange Flucht
Erstveröffentlichung im Spiegel vom 7.9.2006

Die Schläferin
Erstveröffentlichung im Spiegel vom 9.11.2009;
dafür Auszeichnung durch das Medium Magazin
als »Reporter des Jahres« 2009

Hunderttausend Dollar, plus Spesen
Erstveröffentlichung im Spiegel vom 3.5.2004
unter dem Titel *Der Machtflüsterer;*
nominiert für den Henri-Nannen-Preis 2005
in der Kategorie Reportage

Tod im Paradies
Erstveröffentlichung im Spiegel vom 23.3.2009

Die Erziehung des FC Bayern
Erstveröffentlichung im Spiegel vom 28.7.2008

Pamelas Prinz
Erstveröffentlichung im Spiegel vom 29.9.2008;
nominiert für den Henri-Nannen-Preis 2009
in der Kategorie Humor

Deutsche Mädels sind zuverlässig
Erstveröffentlichung im Spiegel vom 17.5.2007
unter dem Titel *Männer sind knapp im Moment*

Beer forever
Erstveröffentlichung im Spiegel vom 24.1.2007
unter dem Titel *Ein Bier auf das Paradies*

Der diskrete Charme der Bourgeoisie
Erstveröffentlichung im Spiegel vom 1.10.2007
unter dem Titel *Die Stadt der guten Täter*

Der ewige Krieg
Erstveröffentlichung im Spiegel vom 14.11.2005

Der Fluch der Teppiche
Erstveröffentlichung im Spiegel vom 20.12.2008

Der Hollywoodreporter
Erstveröffentlichung im Spiegel vom 27.9.2004

Mauermädchen
Erstveröffentlichung im Spiegel vom 5.11.2007
unter dem Titel *Die Früchte der Revolution*

Vater und Sohn
Erstveröffentlichung im Spiegel vom 24.5.2004
unter dem Titel *»Musik verbindet, mein Sohn«*

Das Irrenhaus von Friedrichshagen
Erstveröffentlichung im Spiegel vom 25.6.2007

Das macht der Onkel allein
Erstveröffentlichung im Spiegel vom 17.3.2008
unter dem Titel *Der letzte Mann*

Die deutsche Maschine
Erstveröffentlichung im Spiegel vom 4.8.2008;
Auszeichnung beim Hansel-Mieth-Preis,
der Agentur Zeitenspiegel 2009

Weitere Titel von Alexander Osang im Ch. Links Verlag

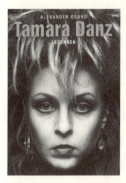

Alexander Osang

Tamara Danz

Legenden

4. Auflage, 200 Seiten
83 Abbildungen, Klappenbroschur
ISBN 978-3-86153-505-8
19,90 € (D); 20,50 € (A)

»Entstanden ist ein vielschichtiges Porträt, das mit Legenden aufräumt, derer sich mancher zu Lebzeiten und später gern bediente.«

Börsenblatt

Alexander Osang

Die stumpfe Ecke

Alltag in Deutschland
25 Porträts und ein Interview

3. Auflage, 208 Seiten
25 Abbildungen, Klappenbroschur
ISBN 978-3-86153-259-0
16,90 € (D); 17,40 € (A)

»Alexander Osang ist ein Meister, wenn es gilt, mit kurzen, fast nebensächlichen Bemerkungen über momentane Situationen, Lebensumstände oder Denkweisen Auskunft zu geben.«

Südwestfunk

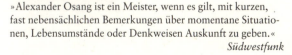

www.christoph-links-verlag.de

Alexander Osang
Lennon ist tot
Roman
Band 15797

Eigentlich ist Robert Fischer aus Berlin zum Studieren nach New York gegangen. Dort aber entwickeln sich die Dinge anders als geplant. Auf einer kleinen Insel vor der Küste gerät er in ein geheimnisvolles Haus, in dem einmal John Lennon gelebt hat. Dessen Leben und Lieder ziehen Robert immer mehr in ihren Bann. Betritt er eine neue Welt oder verliert er endgültig den Boden unter den Füßen?

»Alexander Osang gibt
den alten Geschichten genauso viel Raum und
Anstand wie dem Leben.«
Die Zeit

Fischer Taschenbuch Verlag